Dorothee Sölle

Gesammelte Werke

Band 12:
Gegenwind. Erinnerungen

Dorothee Sölle

Gesammelte Werke

Herausgegeben von
Ursula Baltz-Otto und Fulbert Steffensky

Band 12:
Gegenwind. Erinnerungen

KREUZ

www.kreuz-verlag.de

Umschlaggestaltung: Bergmoser + Höller Agentur, Aachen
Foto Sölle: © Brigitte Friedrich, Köln

Satz: de·te·pe, Aalen
Druck: fgb · freiburger graphische betriebe
www.fgb.de

Gedruckt auf umweltfreundlichem, chlorfrei gebleichtem Papier
Printed in Germany

ISBN 978-3-7831-2776-8

Inhalt

Gewidmet meinem Sohn Martin
dem »Existenzialisten«
wie ein jüdischer Freund ihn als Baby
Martin Heideggers wegen nannte
der dem heiligen Martin von Tours folgend
lieber alte Leute pflegte
als Kriege vorzubereiten
dem Skeptiker
der mit Distanz zum dritten Namenspatron
dem großen Martin Luther
und doch nicht ohne Protest lebt
höflicher als seine Mutter
verhaltener als seine Schwestern
verlässlicher als die ganze Bande
bis auf den heutigen Tag

Vorwort

Vor zwei Jahren schlug mir Johannes Thiele, Freund und Lektor, vor, meine Autobiografie zu schreiben. »Bist du verrückt? Ich bin doch kein abgehalfterter Politiker, hab' was Besseres zu tun!«, war meine erste Reaktion. Er ließ nicht locker. So kamen wir in ein produktives Geraufe über das, was wichtig und erzählenswert ist, was an manchen Stellen meiner Bücher und Gespräche schon vorformuliert oder angedeutet ist, was übernommen, was zusammengetragen und was ausgeschieden werden könnte. Das Ergebnis dieses Geraufes oder dieser heiteren *cooperatio* liegt hier vor. Danke, lieber Johannes. In jedem Gegenwind steckt auch ein Aufwind.

Es fehlt viel zu einer klassischen Autobiografie: Ich habe nichts über meinen Vater erzählt, nichts über die Begegnungen mit Hannah Arendt, Ernst Bloch, Gustav und Hilda Heinemann oder Johannes Rau, nichts von meinem Abscheu vor Häkeln und Stricken und nicht genug von meinen Lieblingsbeschäftigungen Schwimmen und Singen. Zu einigen zentralen Themen des Lebens habe ich mich lieber im Gedicht geäußert, Prosa bringt das Leben schon genug mit sich.

Während ich Korrektur lese, sitze ich im Haus eines befreundeten Schriftstellers auf der seltsamen Vulkaninsel Lanzarote, vor mir das Wunderbar-Tosende, Gefährlich-Glitzernde, das mich gestern nicht haben wollte und leicht verschrammt und blutig auf die schwarzen Riffe zurückwarf.

Schade, dass ich nie Segeln gelernt habe, vielleicht könnte ich dann besser mit diesem heimlichen Geliebten umgehen, in Wind und Gegenwind.

Lanzarote, im Oktober 1994 *Dorothee Sölle*

Streichhölzchen

Es muss in meinem ersten Schuljahr gewesen sein, ich war fünfeinhalb und ausgesprochen klein. Ich erinnere mich, meinen Vater sagen zu hören: »Das Kind wächst nicht, das Kind wächst nicht!« Die Lehrerin nannte mich »Streichhölzchen«. Das letzte Stück meines halbstündigen Schulwegs musste ich allein gehen. Auf der Marienburger Straße, einer Allee im Süden Kölns, raste ein Hund auf mich zu. Er schien mir riesig und unaufhaltsam. Ich erinnere mich deutlich, dass ich den Gedanken verwarf, seiner Rennbahn auszuweichen, weil ich überzeugt war, dann würde er mich ganz bestimmt fressen. Ich erinnere mich an die kalte Furchtlosigkeit in der Mitte der Furcht, die ich später während der Bombenangriffe in Luftschutzkellern empfand. An eine Art von Fatalismus aus Einsicht in die Größe der Gefahr.

Der Hund rannte mich um und raste weiter. Ich kam weinend nach Hause, weinend nicht vor Schmerz, sondern vor Scham. Meine drei älteren Brüder witzelten, ob der Hund wohl, als er mich »überfuhr«, etwas habe fallen lassen. Ich sagte, er sei größer als alle mir bekannten Hunde gewesen, eher ein Kalb. Darüber lachten alle.

Ich wusste, dass es in jeder nur denkbaren Hinsicht vorteilhafter war, ein Junge zu sein. Irgendetwas hinderte die meisten Frauen daran, Indianer zu werden, sie blieben Bleichgesichter. Meine Mutter sagte, dass Männer es besser haben. Nur in einem Punkt nicht: Sie könnten keine Kinder kriegen. Kinderkriegen fand ich aber nicht so wichtig wie zur See fahren, sich im Urwald einen Weg bahnen und Baumhäuser bewohnen.

Als ich zwölf war, übte ich Schwingen an unserer Teppichstange. Plötzlich merkte ich, nein, sah ich, dass ich einen Busen bekam. Eine winzige Erhöhung, wo vorher alles glatt war. Es war ein Schock. Bis dahin hatte ich geglaubt, eines Tages könnte ein Stück Gelenkknochen in mir aufspringen, sodass ich mit einem Mal größer und stärker würde. Mit dem Brustansatz waren diese Wunschträume zerstoben, es gab keine Transvestition, ich war zum Mädchen geboren und bestimmt. Anatomie, las ich später bei Freud, ist Schicksal; ein Satz aus der Sicht der Nichtbetroffenen, das bedeutet: der Herrschenden. An der Teppichstange habe ich nicht mehr geschaukelt.

Ich erinnere mich, dass ich im Herbst 1943, gerade vierzehn Jahre alt geworden, in der Kölner Straßenbahn ein Mädchen mit großen schwarzen Augen anstarrte. Es hatte einen dicken braunen Zopf und stand in meiner Nähe auf der hinteren Plattform. Es erschien mir wunderbar, geheimnisvoll und traurig, und ich überlegte verzweifelt, wie ich, die kleine dünne Blonde mit dem Bubikopf, es ansprechen könnte. Unsere Blicke trafen sich, und ich bildete mir ein, ein winziges Lächeln über ihr Gesicht huschen zu sehen. Dann stiegen am vorderen Eingang Soldaten – oder waren es Polizisten? – ein, mein Mädchen schaute sich wieder und wieder um und verließ, einem plötzlichen Entschluss folgend, die Tram. Beim Aussteigen verschob sich die Tasche, die sie an die Brust gedrückt hielt. Ich sah einen gelben Fleck und das Wort »Jude« in Schwarz darauf geschrieben. Ich wollte aussteigen, ihr nachlaufen, aber die Bahn fuhr schon wieder, und der Novemberregen klatschte an die Scheiben.

Bei dieser Gelegenheit lernte ich ein Stück meiner eigenen Feigheit kennen, im erotischen und im politischen Sinn, und ich erinnere mich, dass ich damals in der Linie 11, die durch das Severinsviertel fuhr, mit Entsetzen notierte, was in mir war. Wer bin ich denn, wenn ich nicht einmal aus der Bahn steigen und einem unbekannten Menschen, der mein Herz bewegt, nachlaufen kann?

Ein Klassenkamerad meines Bruders fragte, ob seine Mutter eine Zeit lang bei uns wohnen könne. Sie war Jüdin und zunächst durch die Ehe mit einem »Arier« geschützt, nun aber von Deportation bedroht. Diese Frau wohnte etwa sechs Wochen lang in meinem Elternhaus im obersten Stock im Fremdenzimmer. Wenn die Putzfrau kam, wurde sie eingeschlossen und musste vollkommen still sein.

Ich freundete mich mit Frau B. an und besuchte sie oft in ihrem Zimmer unter dem Dach. Bei Fliegeralarm gingen wir damals in einen etwas sichereren Keller über die Straße. Natürlich konnten wir sie nicht mitnehmen und hatten Angst, sie verschüttet oder verwundet wiederzufinden. Einmal war ich besorgt, was aus ihr würde. »Mach dir keine Gedanken«, sagte sie. »Mich kriegen sie nicht.« Sie öffnete ihre immer bereitliegende Handtasche, nahm etwas heraus und gab es mir in die Hand. Es war ein kleiner Glasflakon, und er fühlte sich kalt an. »Mich kriegen sie nicht«, sagte sie, »verstehst du?« Es war Gift, und ich kann noch heute fühlen, wie kalt das Glas in meiner Hand lag. An diesem Tage hörte ich auf, ein Kind zu sein.

Damals, in den Jahren von 1943 bis etwa 1946, war ich in natürlicher Opposition zu meinen Eltern und dem ältesten Bruder, der eine klare Sicht der politischen Lage hatte. »Spießig« war eines der Wörter, mit dem wir uns abgrenzten: von den Erwachsenen, die über die Versorgungsschwierigkeiten jammerten, von den Belanglosigkeiten der Lehrer, von dem sinnlosen Herumsitzen in Luftschutzkellern, in denen wir einen großen Teil der Kölner Schulzeit zubrachten. Dort holten wir ein Stück deutscher Jugendbewegung nach und sangen, was immer wir finden konnten: europäische Volkslieder, die Lieder des Zupfgeigenhansel, die nicht in unseren Büchern standen, Choräle, Marienlieder.

Wir hatten ein Kultbuch, es hieß »Konradin reitet«, ein zerfleddertes Reclambändchen von Otto Gmelin, es begann mit den Worten: »Ich habe dich reiten sehen, es war noch früher Morgen …« und »reiten« war unser Code-Wort. Nachdem ich die Herzliche-Grüße-Briefe hinter mir hatte, schlossen meine Briefe emphatisch mit »Wir reiten! – Dorothee«. Mit Realität hatte das nicht das Geringste zu tun, ich hatte nur einmal auf einem Pferd gesessen, es war unser Traum-Wort, unser *yellow submarine*, und wir teilten die Menschen ein in »ganz nett, aber reitet nicht« und »ich glaube, sie reitet«.

Das war die Welt meines Tagebuchs, eine verzauberte Innenwelt der Schwärmerei, in der die Adjektive »göttlich«, »einzig«,

»immens« eine Rolle spielten. Eine sehr unpolitische Welt, wenn man von dem einen großen Mythos »Deutschland« absieht. Es dauerte sehr lange, bis ich diese Faszination des »Deutschland trägt man im Herzen oder nirgends und nie!« durchschaute, und das Kriegsende festigte den tragischen Mythos eher, als dass es ihn entlarvte.

In meiner Erinnerung spielt der Hunger von Ende 1944 an eine zentrale Rolle. Ich lag im Bett und stellte mir Spaghetti vor. Wir fuhren aufs Land und lasen Birnen auf. Vor den Hamsterfahrten versuchte ich mich zu drücken, nachdem ich begriffen hatte, dass wir als Familie nichts zu tauschen hatten. Auch bevor mein Elternhaus Ende 1944 ausbrannte, konnten wir mit Klassikerausgaben und Klavierauszügen von Opern, die es bei uns zuhauf gab, nichts Essbares ergattern. Ich fror in den abgetragenen Mänteln meiner Brüder.

Als die Schulen im Herbst 1945 wieder öffneten, wartete ich viele Stunden, Frostbeulen an den Beinen, auf die Straßenbahn. Einmal gelang es mir, mich auf das Trittbrett der Bahn zu stellen und mich an die Außenseite zu klammern. Ich wurde erwischt und musste mit meinem Vater zu einer Art Militärgericht. Wir kamen mit einer Verwarnung davon, aber was mich am meisten wunderte, war, dass mein Vater, Jurist von Beruf, mich nicht ermahnte. Eher machte er Aufhebens von meinen politischen Überzeugungen und fragte einmal beim Mittagessen, ob ich denn im Ernst die Nazis verteidigen wolle. Ich ahnte damals, dass er die Wahrheit auf seiner Seite hatte, aber ich konnte es, auch vor mir selbst, nicht zugeben.

Ich versuchte, Deutschland, den Traum und die Nazis, die ich fast ausnahmslos widerlich oder trivial fand, zu unterscheiden. Als Kind hatte ich Thomas Mann im Radio aus dem Exil in Kalifornien zu uns sprechen hören. Die Eltern hatten sich bei Kriegsbeginn einen Volksempfänger angeschafft. Bei uns wurde Radio Beromünster gehört und Hilversum Twee, als Holland noch nicht besetzt war. Meine Eltern hatten viele jüdische Freunde, und ich wusste mit acht oder neun Jahren, was ein Konzentrationslager war. Wir wuchsen als Kinder von antinazistischen Eltern regelrecht in zwei Sprachen auf: eine offene, die man zu Hause sprach, in der von Erschießen, Folter, Verschleppung die Rede war, und eine draußen in der Schule, in der Offenheit lebensgefährlich war. In unserer Familie gab es eine Redensart: »Sei still, sonst kommst du ins KZ!« Merkwürdigerweise habe ich dieses Gefühl, in zwei Sprachen zu leben, auch nach dem Krieg nicht verloren.

Ich wusste damals viel, sicher nicht alles, sicher nichts von Auschwitz. Aber mir war zum Beispiel bekannt, dass das Haus, in dem meine Großmutter in Darmstadt wohnte, einem jüdischen Ehepaar gehörte. Die Hausvermieterin war sehr freundlich zu uns Kindern, wir mochten sie gern. Eines Tages, als wir wieder zu Besuch kamen, war sie verschwunden. Ich wollte wissen, wo sie sei, und die Antwort war deutlich genug: »Sie ist in ein Lager abtransportiert worden, und sie hat eine Postkarte geschrieben, dass es ihr »den Umständen entsprechend ganz gut geht«. Der Brief, den meine Großmutter ihr darauf nach Theresienstadt schrieb, kam mit dem Vermerk »Empfänger verstorben« zurück. Damals muss ich zwölf oder dreizehn Jahre alt gewesen sein.

Tagebuch einer Jugend

Ich kann sehr genau sagen, wann meine Kindheit aufhörte. Es war ein Gefühl, plötzlich völlig allein und hilflos aus dem Paradies vertrieben zu sein. Es war im Frühjahr 1943, an einem Frühlingsabend. Auf einmal wusste ich, dass ich kein Kind mehr war. Dann habe ich ein Gedicht über den blühenden Kirschbaum geschrieben. Dieser kleine Baum vor meinem Fenster im Garten hatte mir etwas Neues, Nie-Gehörtes mitgeteilt, Glück und Schmerz in einem. Aber »Erwachsenwerden« hätte ich das damals nie genannt. Ich habe den Verlust der Kindheit mit ungeheurem Schmerz empfunden. Die Kindheit lag hinter den sieben Bergen, und da war alles gut.

Ich war sehr lange Kind. Die Pubertät brachte für mich einen angstbesetzten Einbruch. Warum sollte ich da heraus, aus dem Land Ohneangst? Menschen, die das Kind in sich erstickt haben, sind mir immer unheimlich. Vertreibung ist Vertreibung, und plötzlich war ich aus der Welt des Vertrauens, des Spiels und der Fantasie vertrieben. Ich habe sehr gerne mit Puppen gespielt, sie jedoch nie ins Bett gebracht oder angezogen, das hielt ich für völlig überflüssig, aber unendliche Heerzüge und lange Abenteuerreisen habe ich mit ihnen gemacht und dabei ganze Romane erfunden.

Das alles war dann wirklich mit einem Schlag zu Ende, und dieses Ausgesetztsein, so verloren zu sein in der Welt, erlebte ich als äußerst schmerzhaft. Ich habe damals, glaube ich, viel Lebensangst gehabt, obwohl ich ansonsten, wie junge Menschen ja oft, fast völlig furchtlos war; ich fand es lächerlich, wenn Leute sich im Luftschutzkeller ängstigten. Aber die Angst, den Sinn des Lebens nicht zu finden oder mein Leben irgendwie kaputt zu machen, selbst nicht ganz zu sein, sondern nur halb, die war für mich sehr gegenwärtig.

Das wirkliche Erwachsenwerden, die Einwurzelung ins Leben hat für mich vielleicht erst angefangen, als ich selbst ein Kind hatte und immerhin 27 Jahre zählte. Diese lange Zeit dazwischen, ich weiß gar nicht, wie ich die benennen soll, diese Zeit der Suche, des Wartens, des Wanderns, auch im wörtlichen Sinn: Ich bin sehr viel gewandert, war unterwegs, auf großer Fahrt, die Unruhe des Jungseins, diese ganze Romantik der Entwicklungsjahre.

Konfrontiert mit Erinnerungen aus der Kindheit, aus verfehlter und uneingelöster Jugend zwischen 1945 und 1949, habe ich vor Kurzem ein altes Tagebuch von mir wieder hervorgekramt. Damit ist es mir seltsam ergangen: Meine Erinnerungen an Geschmack und Geruch jener Jahre und meine Notizen, die von der Suche eines jungen Mädchens nach sich selbst handeln, kommen einfach nicht zur Deckung. Begebenheiten, an die ich mich aufs Sichtbarste erinnere, Realitäten, Vorgänge, Erlebnisse – sie alle erscheinen nicht in dem so ungemein innerlichen Tagebuch. Dort finde ich viele Seiten über blühende Himmelschlüssel im Bergischen Land, Gewitter über dem Rhein und das Violinkonzert von Beethoven, aber nichts über die Bombennächte, den Anblick der brennenden Stadt, die Schlangen vor den Lebensmittelgeschäften, die Versuche, Kohlen zu »fringsen«, wie das später in Anlehnung an ein berühmtes Wort von Kardinal Frings genannt wurde.

Viele, viele Seiten meiner krakeligen Sütterlinhandschrift über die großen unglücklichen und manchmal glücklichen Lieben einer »Tochter aus gutem Hause«, Liebe zu einer Lehrerin, älteren Freundinnen und erste Annäherungen an Jungen und Männer meiner Generation. Geistige Entdeckungen, der Pathétique, der Matthäus-Passion, des Stundenbuchs von Rilke, des Werther werden gefeiert; die politische Realität des Alltags dringt nur von fern ein.

Ich sitze ratlos vor dieser doppelten Erinnerung und frage mich, was denn dieses Gespinst aus Freundschaft, Empfindung, Literatur und Musik, in dem wir lebten und webten, bedeutete – eine Flucht aus der Wirklichkeit? Ein Schutz gegen sie? Ein »Trost der Welt«, wie eines unserer Lieblingsgedichte hieß? Wer wäre ich ohne diese Jahre exzessiver Romantik? Inwieweit hat sie mich behütet und einen Schutzraum zum Wachsen hergestellt, inwieweit hat sie mich verführt, die überkommenen Lügen, nur verfeinert, weiterzufühlen und nachzudenken?

Falls es eine »innere Emigration« aus Nazideutschland gegeben hat, so hatten junge Menschen das größte, nämlich ein natürliches Recht darauf. Sich abzugrenzen und sich herauszuhalten ist nicht nur ein bürgerlicher Luxus, es ist eine Notwendigkeit, wenigstens den Traum von einem anderen Land zu träumen.

Und so finde ich in meinem Tagebuch Sachen, die mich teils beschämen, teils belustigen. Zum ersten Mal in meinem Leben habe ich mich ganz unsterblich in eine Lehrerin verliebt. Eine Freundin und ich dichteten sie an, dann kam sie an eine andere Schule, und das war für mich ein einzigartiges Unglück. Schließlich hat sich diese Schwärmerei zu einer Freundschaft entwickelt. Die Frau hat mir sehr geholfen, bei ihr habe ich das erste Mal ein Gefühl von Erwachsensein gehabt. Sie hatte eine Liebesbeziehung zu einem verheirateten Mann, der sich 1945 das Leben nahm, und das hat sie mir erzählt. Da war ich 15 Jahre alt und empfand ihre Offenheit als großen Vertrauensbeweis, noch nie hatte mich jemand so ernst genommen. Über einen Besuch bei der so geliebten Lehrerin und späteren Freundin Germaine heißt es:

Köln, den 19. Juni 1944

Als ich zu ihr kam, ziemlich spät, hörten wir zuerst eine Beethovensche Cellosonate (op.102) mit einem wundervollen 2. Satz. Sie stopfte dabei Strümpfe. Ich wollte ihr so gern helfen, aber sie wollte nicht. (Das Schaf.) Während ich den Kaffee aufsetzte, versuchte sie, Milch zu bekommen. Als sie wiederkam, fragte sie, was meine Eltern zu den politischen Ereignissen sagten. (Invasion, Vergeltung.) Ich erklärte ihr dann, dass ich mit ihnen nie darüber spreche, weil sie so blöde Ansichten haben. Sie wollen absolut den Krieg verlieren. Sie staunte nur ein wenig und fragte, wie meine Brüder dazu stünden. Ich sagte, dass Thomas und Otto es auch nicht wollen. Carl ist ja mehr materialistisch-spießig. Aber jetzt geht mir wieder etwas durch den Sinn, nämlich ein schönes Wort, das sie gesagt hat (als sie noch Strümpfe stopfte). Sie sprach davon, wie froh sie über die Vergeltung sei, denn »da sieht man doch, dass das deutsche Volk noch nicht zum Untergang reif ist«. Kurz darauf fügte sie – ihrem Strumpf zugewandt – hinzu: »Du bist ja auch noch nicht zum Untergang reif.«

In meinem Tagebuch taucht auch nicht der Direktor meiner Schule in Jena auf, der im Frühjahr 1945 jeden Montag vor versammelter Schule eine Rede hielt. »Wo aber Gefahr ist, wächst das Rettende auch« oder »Tritt auf dein Elend, dann stehst du höher!«. Er zitierte Hölderlin, und ich war verunsichert: War das mein Hölderlin? Vor dem Einmarsch der Amerikaner nahm er sich das Leben.

Jena, den 14. April 1945

Es ist so weit. Jena ist amerikanisch besetzt. Zwei Tage lang warteten wir in Bunker und Keller voll banger Erregung – nun sind sie da. Es ist viel Unruhe überall, ausländische Arbeiter ziehen plündernd herum, es gibt kaum mehr Lebensmittel, täglich wird alles schwieriger. In etwa zwei Monaten hoffe ich, dass wir heimkehren. In eine Heimat, die dann nicht mehr deutsch sein dürfen wird. Es ist bitter für uns.

Jena, den 3. Mai 1945

Der große Krieg geht seinem Ende zu. Der Führer ist an der Spitze der restlichen Truppen in Berlin im Kampf gegen den Bolschewismus gefallen. Fast alle Armeen haben bereits kapituliert.

Ich bemühe mich, nicht daran zu denken. Ich lese und lerne Hölderlin, Shakespeare und Sophokles.

Ich werde mir eine Rüstung schmieden. Morgen werde ich sie brauchen.

Schon 1944 hatten wir in Köln darauf gewartet, dass die Amerikaner einmarschierten. Die waren 30 Kilometer entfernt, wir konnten die Kanonen hören. Wir haben immer auf die Befreiung gewartet. Und dann mussten wir nach Thüringen fliehen und sind da von den Amerikanern überrollt worden. Später wurde Thüringen an die Russen übergeben. Aber ich kam vorher noch weg von dort, zusammen mit meinem Bruder Thomas. Da hatte ich das Gefühl: Das ist eine totale Katastrophe, wir werden nicht wieder in die Schule gehen können, der Morgenthau-Plan sieht vor, dass Deutschland nur noch etwa die Hälfte der Bevölkerung hat, die Industrie wird abgebaut, Intelligenz braucht man dann sowieso nicht mehr – das waren ungefähr die Gedanken, die mir durch den Kopf schossen.

Die Entnazifizierung trug nicht gerade zu meiner politischen Erziehung bei! Sie war eine willkürliche Maßnahme der Sieger, die keine Ahnung von den wirklichen Verhältnissen unter Hitler hatten.

Allerheiligen, den 1. November 1945

Germaine musste zum Schulamt, eventuell auch wieder vor die Engländer (CIC). Das wäre fürchterlich, wenn sie jetzt nicht mehr Lehrerin sein dürfte, weil sie in der Partei und im BdM war. Wofür sie jahrzehntelang gearbeitet und gekämpft hat, das liegt nun in der Laune eines Engländers! Wie bitter! R. sagte neulich, eigentlich hätte sie noch gar nicht begriffen, dass wir den Krieg verloren hätten. So geht es mir auch. In seiner letzten Konsequenz bin ich mir noch nicht darüber klar. Ich muss beinahe täglich wieder mit dem Gedanken ringen. Schon seit Monaten (seit der Kapitulation) schreibe ich nichts Politisches mehr auf. Ich kann es einfach nicht! Es kostet zu viel Kraft. Jetzt habe ich ein sehr tiefes Buch: J. M. Wehners ›Bekenntnis zur Zeit‹ geschenkt bekommen, aber es ist eine Qual, es zu lesen. In den Jahren 39/40 geschrieben, spricht es oft vom nun kommenden großen Tag der Deutschen – wie Hohn!

Germaine wurde im Oktober 1945 zunächst unter »may be employed« eingestellt, im Juni 1946 aber entlassen, weil sie zu »nazistisch« sei.

Karfreitag, den 19. April 1946

Sie sprach einmal über das Politische, es haben sie die Nachrichten über die Konzentrationslager so sehr erschüttert, sie fühle sich auch schuldig. Sie war immer so idealistisch. Ich kann sie darin nicht ganz verstehen, vielleicht weil ich persönlich kein Schuldgefühl habe, weil ich zu jung bin.

Die Auseinandersetzung wurde in der Schule nicht geführt, ebenso wenig wie später in der Universität. Niemand erklärte uns die deutsche Geschichte der Neuzeit und zeigte, an welche Traditionen, Tendenzen und Instinkte die Nazis hatten anknüpfen können. Niemand bearbeitete die dumpfen Gefühle der Ohnmacht gegenüber denen, die mehr Waffen und Bomben hatten, und den verletzten Stolz der vermeintlichen Opfer, die doch erst und vor allem Täter waren.

Köln, den 23. September 1945

Ernst Wiechert hat im Rundfunk zur deutschen Jugend gesprochen. Wir sind alle sehr traurig, denn er spricht Dinge, die uns nicht anrühren im Tiefsten, die ohne Farbe sind und verklingen, die ein Franz Werfel oder Thomas Mann auch hätten sprechen können. Ähnliches steht täglich in der Zeitung. Wir hatten kurz zuvor zusammen gelesen ›Eine Mauer um uns baue …‹ und nun dies!

Monate später schrieb ich einen Brief an Ernst Wiechert, der sich neben all den intensiven Subjektivismen in meinem Tagebuch erhalten hat. Darin heißt es:

Köln, den 8. April 1946

… Sind wirklich die schuldig, die geglaubt haben? Sagten Sie nicht einst selbst, dass die Reue nicht dadurch geringer würde, wenn sie an ein Unvollkommenes gewendet würde? Ist es nicht gerade richtig und natürlich für die Jugend zu glauben, wo die anderen skeptisch sind; anzubeten, wo die anderen verdammen, sich zu opfern, wo die anderen mit klugen Blicken durchschauen?

Ich habe nicht zu ihnen gehört; ich sah, ich wusste. Ich glaubte nicht an die Phrasen, ich habe an Deutschland geglaubt. Und das ist auch der Grund, warum ich so traurig bin: Es steht nichts in Ihren Worten von Deutschland.

Ich bekam keine Antwort und hatte dieses Dokument vor dem jetzigen Wiederlesen total verdrängt, es ist mehr als peinlich. Es ist der Versuch eines sechzehnjährigen Menschen, mit dem Gefühl einer Katastrophe, nämlich der Zerstörung nationaler Identität, umzugehen, und ich lese es heute mit Entsetzen über so viel Blindheit. All die guten anständigen Deutschen, die »gewiss an die Menschlichkeit, die Wahrheit, das Recht und die Liebe geglaubt« haben – wie ich schrieb –, waren in diesem Traum befangen: Ein furchtbares Schicksal hat uns alle, die wir doch Beethoven und Bach lieben, überfallen! Das uns angetane Unrecht – die Vertreibung aus dem Osten, die als Arbeitssklaven festgehaltenen Kriegsgefangenen, die industrielle Demontage – schreit zum Himmel, während wir das viel größere Unrecht, das wir den anderen europäischen Völkern angetan hatten, glatt verleugneten.

Es gab da kein Bewusstsein von »Wer Wind sät, wird Sturm ernten«, kein Eingeständnis der Verbrechen eben jenes mythischen »Deutschland«, das ich trotzig-verzweifelnd beschwor, keine Reue, kein Sühnezeichen, keine Umkehr. Heute frage ich mich, von welchen Institutionen, welchen Gruppen, welcher gesellschaftlichen Kraft eine Umkehr hätte kommen können. Warum war die Kirche, jedenfalls in meiner Erfahrung vor Ort, so stumm? Ob ein junger Mensch wie ich, in der damaligen SBZ lebend, denselben Brief hätte schreiben können? Hätte er nicht außer Ratlosigkeit und Trauer noch etwas anderes zu hören bekommen? Und wäre ihm nicht dieses elende Parfüm des tragischen Untergangs einer großen Sache schneller aus der Nase gekommen?

Eine andere umworbene Freundin, meine Griechisch-Lehrerin, deutete die Situation so:

9. November 1946

»Viele Menschen sind traurig jetzt. Ich bin auch traurig.« Später wagte ich es: Sie sagten doch neulich, Sie könnten manchmal platzen. (Sie weiß sofort Bescheid.) Warum platzen Sie denn nicht?

Und dann spricht sie zu mir. Nicht mit dem kindischen Optimismus unserer Zeit, mit viel Reife, nicht mit Verzweiflung, aber mit tiefem Ernst. »Siehst du, als ich Jungmädelführerin war, da stand ich auch auf verlorenem Posten. Und doch blieb ich, denn die Mädels, die durch meine Hand gingen, lernten etwas, wurden etwas.« Es sei wohl nur noch sehr wenig, was wir tun könnten, aber sie zum Beispiel wollte uns in die Welt des Altertums führen, eine Welt, aus der vielleicht einmal eine Erneuerung kommen könnte. So viele Worte (die deutsche Einheit) wären doch nicht fassbar und darum auch nicht zerstörbar. Vielleicht sei uns der Untergang bereitet. Doch auch Griechenland sei untergegangen, und wir zehrten noch heute von seinem einstigen Sein.

Am meisten geschämt habe ich mich beim Wiederlesen meines Tagebuchs über einen Eintrag, der vielleicht am deutlichsten macht, wie tief die Beschädigung selbst eines in mancher Hinsicht privilegierten Menschen, wie ich es war, ging.

1. November 1945

Neulich erfuhr ich durch Zufall: Papi ist Vierteljude, politisch verfolgt. Ich war entsetzt zuerst, es machte mir so Minderwertigkeitsgefühle, ich bin doch zu »naziverseucht« und sehe im Nichtarischen das Unreine, Mindere. Ich denke so oft – zum Beispiel wenn Germaine so lieb zu mir ist –, wenn sie das wüsste! Sicher wäre sie sehr enttäuscht. Ach, das ist ja Unsinn! Sie könnte sich darüber hinwegsetzen. Es ist ja auch nur ein Achtel.

Der letzte Satz dieses hilflosen 16-jährigen Mädchens, das ich gewesen sein muss, ist der ekelhafteste. So offen die Gesprächsatmosphäre in meinem Elternhaus war, in politischer und sexueller Hinsicht, so hatten die Eltern uns fünf Kindern doch diese Tatsache verschwiegen. Nur meine Mutter hat manchmal spielerisch bemerkt: »Na und, was wäre denn dabei, wenn ihr ein jüdisches Großmütterchen hättet?« Und natürlich ist dieses negative Gefühl später einmal in eine Art Stolz umgeschlagen. Ich habe gründlich umgelernt.

Hineingehalten ins Nichts

In der geistigen Auseinandersetzung dieses Teenagers, der ich war, sind noch zwei wesentliche Kräfte zu benennen: die Existenzphilosophie und das Christentum. Noch am Ende des Krieges hatte mein Bruder Thomas mir von einem Philosophen erzählt, der das Dasein als Geworfensein beschrieb. Ich war ganz hingerissen von einem Satz dieses Martin Heidegger: »Dasein ist das Hineingehaltensein in das Nichts«, schrieb ihn mir auf und suchte Halt in diesem Zettel, der lange Jahre auf meinem Schreibtisch lag.

Silvester 1946

So geht dieses Jahr zu Ende, und doch weiß und erhoffe ich weder Trost noch Hilfe von dem Kommenden. Wir sind noch nicht in der letzten Tiefe des Abgrunds. Vergraben in meine Bücher, Kleist und die Geschichte der Griechen, schaue ich zuweilen auf und horche: dass die Kriegsgefangenen nicht heimkehren dürfen, dass die Saar nicht mehr deutsch ist, dass die Demontage fortschreitet …

Ich gehe meinen Weg weiter, ohne Hoffnung, mit wenig Glauben, etwas müde. Nur die Forderung nach Haltung bleibt immer, alle Tapferkeit ist nötig in unserm »Geworfensein« …

Im Frühjahr 1948 hörte ich einen Vortrag über Jean Paul Sartre, der mich ungeheuer faszinierte. Die Unterscheidung von in sich ruhendem *en soi* und über sich hinausdrängenden *pour soi* und natürlich die Sartre'schen Dramen ließen mich einen Weg aus der Heidegger'schen Sackgasse ahnen.

März 1948

Wie ist doch alles täglich anders!

»Siehe, ich mache alles neu!«

Auf meinem Tisch liegt das Griechische Testament neben Jean Paul Sartres Fliegen. Was ist das Unheimliches, Tolles, Hohes, Tiefes, Gewaltiges, Großes? Ich höre mit Lore einen Vortrag über

Sartre. »Die Freiheit hat mich getroffen wie ein Blitz! Ich bin meine Freiheit!« Es ist nichts einfacher dadurch, aber alles gewusster, klarer. Dann folgt eine große Unterredung mit B., il maestro. Und er »zerstört mich am Boden«, macht mich völlig fertig. »Und wenn Ihr Verstand davon überzeugt ist, Ihr Herz ist nicht angesprochen! Man kann nichts beweisen, das weiß man in sich, untrüglich! Ich stelle mich hinter Bach und Beethoven, und das ist ein anderer Bezirk als der Sartres.« Ach, welcher Weg ist mein Weg? Bei Platon fand ich: Leben wie auf einem Berg.

Das war eine Auseinandersetzung mit einem deutschen Irrationalisten, der ein großer Musiker war. Ich war verliebt in ihn, wie alle sechs Mädchen unserer Schule, die einen Gesprächskreis mit ihm, um ihn bildeten. Auch diese Gespräche fanden im Raum einer geistigen Innenwelt statt, immer noch wenig berührt von politischen Entscheidungen, die in diesen Jahren fielen. Die Trümmer in meiner Stadt, Köln, waren noch nicht weggeräumt, und die in meiner geistigen Landschaft, Deutschland, diesem Wintermärchen, erst recht nicht. Was da von jenseits des Rheins hereinwehte, traf mich in der Tat wie ein Blitz. Langsam lichtete sich der Nihilismus, der so stolz auf seine Tiefe und Unversöhnlichkeit war.

Die Zeit von 1945 bis 1949, das Jahr, in dem ich Abitur machte, kommt mir nachträglich wie ein anfangloses Dunkel vor. Niemand hatte mir geholfen, die deutsche Katastrophe als die deutsche Befreiung zu begreifen. Im Zusammenbruch war nicht nur das Dritte Reich zusammengestürzt, sondern auch die Welt, die es nicht aufhalten oder hindern konnte, die Welt des deutschen Bürgertums. Es schien mir zunehmend unmöglich, dort wieder anzuknüpfen, wo meine Eltern vor 1933 gewesen waren: im liberalen Bürgertum.

Mein Verhältnis zum Christentum war kritisch-liberal und auf eine mir völlig unbewusste Art von den Nazis beschädigt. Ich respektierte die Kirche zwar, insofern sie die Formen des Widerspruchs gewagt hatte: Das Wort »Widerstand« schien mir zu groß, Dietrich Bonhoeffer war mir damals noch unbekannt.

Im Übrigen aber, in seiner Substanz, schien mir der Glaube ein unerlaubter Ausweg aus dem auszuhaltenden Dunkel.

Die Christen waren feige und unfähig, dem Nihilismus ins Gesicht zu sehen. Ich hatte eine vulgär-nietzscheanische Verachtung für das Christentum.

Am Abend vor meinem 18. Geburtstag (1947)

B. sitzt am Flügel und spielt das Adagio der Pathétique. Immer wieder zeigt er den Weg, weist hin, schafft Raum. Und doch ist er Christ, flieht irgendwo, wird blass. Ich bin manchmal so allein. Ich möchte, dass der Mensch kommt, der eine, der alle diese ist.

Die Begegnung mit der katholischen Reaktion, jener rheinisch-triumphierenden katholischen Dümmlichkeit, die sich in meiner Mädchenschule breitmachte, gab mir den Rest. Unser Religionsunterricht war so unmöglich, dass meine besten Freundinnen, eine Klasse über mir, geschlossen austraten. Ich brachte es nicht fertig, ihrem Boykott zu folgen, weil ich immer noch mehr wissen wollte. Vor allem über Jesus, den Gefolterten, der nicht Nihilist wurde.

Aber noch überwog meine bürgerlich-liberale Arroganz, ich sah wirklich nicht ein, dass man an die Jungfrauengeburt glauben musste, um die Bergpredigt zu verstehen. Eine neue Religionslehrerin erscheint in meinem Tagebuch. Sie las mit uns Heidegger und führte uns ein in ein Verständnis des Christentums, das dem der katholischen Restauration Adenauers diametral entgegengesetzt war. Ich erinnere mich, dass ich Goethes Iphigenie gegen das Menschenbild des Paulus im Römerbrief verteidigte.

9. Juni 1948

Und »Seien Sie doch Iphigenie!« war kein Spott, sondern eine Fahne. Sie sagte nicht: »Versuchen Sie zu glauben, anders geht es nicht«, sondern: »Gehen Sie Ihren Weg, verwirklichen Sie Ihre Ideale vom Adel des Menschseins.«

Der einzige Sinn des Lebens ist die Liebe. Alles andere zerfällt, zerflattert, ist nichtig. Nichts bleibt. Wenn es einen Sinn gibt, dann ist es dieser. Es kommt nur darauf an, ihn zu leben: Iphigenie zu sein.

Wirklich? Sind wir nicht immer, alle, »draußen vor der Tür«? Da schlägt man wie ein Irrsinniger gegen die Tür, aber sie ist zu. Es gibt keine Antwort. Es ist etwas anderes, ob man unter einem Dach steht oder mitten im Regen, im Wind, ob man vertraut oder ob man Angst hat, ob man weiß oder weglos ist.

Ich habe diese Weglosigkeit damals metaphysisch formuliert; dass die Weichen für mein Land bereits gestellt waren – gegen einen wirklichen Neuanfang in Neutralität und Unabhängigkeit –, das war mir nicht bewusst. 1949 begann ich klassische Philologie zu studieren, immer noch im Bannkreis der Kultur, die mich so fasziniert hatte. Ich machte mich auf, das Land der Griechen mit der Seele zu suchen. Und fand dort, im Studium, nicht mehr, als die bürgerliche Philologie zu bieten hatte. Das war zum Leben zu wenig. Der Nihilismus jener Jahre hatte mich hungriger gemacht. Aus einer Krise erwachend, fing ich endlich an, eine andere Form des Lebens zu suchen. Ich studierte Theologie, um »die Wahrheit herauszubekommen«. Man hatte sie mir lang genug vorenthalten. Langsam nistete sich ein radikales Christentum in mir ein.

Der existenzielle Nihilismus war kein Ort zum Bleiben und Wohnen. Manche vergaßen ihn oder richteten sich in der entstehenden Wohlstandsgesellschaft ein; es machte ihnen wenig, dass der Wohlstand mit der Remilitarisierung unseres Landes bezahlt wurde. Die Zeit für Reue, die Zeit für Umkehr verstrich umsonst. Ich versuchte, den »Sprung«, wie Kierkegaard es nannte, zu wagen, in die Leidenschaft für das Unbedingte, in das Reich Gottes. Ich fing damals an, Christin zu werden.

Aufwachen

Ich gehöre dem gleichen Jahrgang an wie Anne Frank. Zwanzig Jahre war ich alt, als ich ihr Tagebuch gelesen habe; damals, 1950, als die erste deutsche Ausgabe erschien, war sie schon fünf Jahre tot. Aber die Toten altern nicht, sie verblassen höchstens, was bei Anne kaum vorstellbar ist. Ich las ihre Eintragungen, als wäre ich dabei gewesen, im Hinterhaus in Amsterdam mit dem Blick auf die Grachten. Anne war für mich die Freundin, die ich schon so lange suchte: witzig, neugierig, intelligent, voller Einfälle, vital: Anne, die sarkastisch die Mundwinkel herabzog über das Gejammer der Erwachsenen über zurückgelassenes Porzellan, Anne, unausstehlich in ihrer Verachtung mittelmäßiger Dummheit, Anne, mit den Augen, die alle Welt vom Foto her kennt, voller Trauer und doch nicht jammerig.

Ich denke, dass viele Mädchen aus behüteten Familien mit einem hohen Bildungsanspruch dieses Buch verschlungen haben wie ich: als ein Buch für Mädchen, ein ehrliches Buch über die Ängste und Verzweiflungen des Jungseins. Damals kannte ich das Wort »Pubertät« noch nicht, ich hatte keine Distanz zu diesen Formen der Einsamkeit. Und Anne hatte genau geschrieben, was ich auch erlebt hatte: »Jeder findet mich übertrieben, wenn ich nur den Mund auftue, lächerlich, wenn ich still bin, frech, wenn ich eine Antwort gebe, raffiniert, wenn ich mal eine gute Idee habe, faul, wenn ich müde bin, egoistisch, wenn ich mal einen Löffel mehr nehme, dumm, feige, berechnend usw. usw. Den ganzen Tag höre ich nur, dass ich ein unausstehliches Geschöpf sei, und wenn ich auch darüber lache und so tue, als wenn ich mir nichts daraus machte, ist es mir wirklich nicht gleichgültig« (30. Januar 1943).

Waren meine Erfahrungen nicht ähnlich gewesen? Als Kind musste ich mich gegen drei ältere Brüder durchsetzen; ich wurde immer als die »Kleine«, als die »Dumme« behandelt. Ich musste Argumente bringen, wenn ich irgendetwas anmelden wollte.

Und doch ist diese psychologische Realität, die mich zur Identifikation hinriss, bloß das Äußere, das Liebenswerte und Bestechende. Das wirkliche Innen, so seltsam es klingen mag, die andere Stimme Annes, ihr Ernst, ihre Unbestechlichkeit, erscheinen gerade dort, wo wir Heutigen, in einer von der individuellen Psychologie beherrschten Kultur, es am wenigsten suchen würden: in der Wahrnehmung der unausweichlichen Brutalität des Außen. Die Geschichte der Anne Frank ist ja die exemplarische Geschichte eines der Opfer; sie erzählt, was »Untertauchen« bedeutet und wie Menschen versuchten, der Verfolgung zu entkommen. Dies war dann doch unvergleichbar mit meinen kleinen Evakuierungen, durch die ich viele verschiedene Schulen kennengelernt hatte und als das »neue Kind« in eine andere Klasse musste. Das schreckliche Alleinsein der Halbwüchsigen war das, was ich am meisten nachfühlte.

Anne denkt, fühlt, atmet und hofft gegen den Alltag und die Angst. Nicht nur jeder Tag, auch jeder Satz, den dieses Mädchen schreibt, ist den Mördern gestohlen, dem Leben zurückgegeben. Darin liegt ein Auftrag an alle, der über die Zeit des deutschen Faschismus vor einem halben Jahrhundert hinausgeht: Wo immer Menschen verfolgt, verschleppt, ermordet und verscharrt werden, da ist Anne Franks Stimme, die den Mordbeamten das Recht streitig macht, halb ein Kind, halb eine junge Frau, gegenwärtig.

Und doch ist es etwas Besonderes, als Deutsche Anne Frank zu erleben. Die Maschine des Todes, der sie ausgeliefert wurde, ist ja die, die mein Volk vorgedacht und ersonnen, gebaut, geölt und bedient hat, bis zum bitteren Ende. An einer Stelle, die ich in meinem zerlesenen Tagebuch angestrichen hatte, schreibt sie: »Welch ein Volk, diese Deutschen! Und dazu gehörte ich auch einmal. Nun hat Hitler uns schon lange staatenlos erklärt. Und eine größere Feindschaft als zwischen *diesen* Deutschen und den Juden gibt es nicht auf der Welt« (9. Oktober 1942).

Wie oft habe ich mir gewünscht, dass Hitler mich auch »staatenlos« gemacht hätte! Dass ich nicht dazugehörte! Anne Frank macht zwar einen Unterschied zwischen »diesen« Deutschen und anderen, und das spricht für ihre Fähigkeit zu differenzieren, sich genau auszudrücken. Aber für mich als Deutsche ist das nicht so einfach. Verstrickt waren schließlich alle, die nicht Widerstand leisteten, eingebunden in die verschiedensten Formen des Mitglaubens, Mitmachens und Mitprofitierens. Und zu diesen »Mitläufern« im weiten Sinn des Wortes gehörten auch alle die, welche die Kunst des Wegsehens, Weghörens und Stummbleibens eingeübt hatten. Es ist viel gestritten worden über kollektive Schuld und Verantwortlichkeit. Mein Grundgefühl ist eher das einer unauslöschlichen Scham: zu diesem Volk zu gehören, diese Sprache der KZ-Wächter zu sprechen, diese Lieder, die auch in der Hitlerjugend und im BdM gesungen wurden, zu singen. Diese Scham verjährt nicht, ja sie muss lebendig bleiben.

Die kollektive Scham habe ich verstanden, als ich nach dem Krieg zum ersten Mal in das Gastland Anne Franks kam, nach Holland. Ich traf dort auf Menschen, die nicht mit Deutschen sprechen wollten. Eine Passantin drehte sich um, als ich sie auf Deutsch nach dem Weg fragte. Sie konnte sehen, dass ich zu jung war, um eine aktive Rolle in einer Nazi-Organisation gespielt zu haben, aber das war für sie unwesentlich. Die Scham war in mir, und die Beschämung von außen kam hinzu.

Ich habe fast zehn Jahre meines jungen Erwachsenseins mit der Frage meiner Generation zugebracht: Wie konnte das geschehen? Was hatten meine Eltern dagegen getan? Auf welcher Seite standen meine Lehrer? Welche Traditionen meines Landes hatten »das«, wie wir immer nur sagten, vorbereitet? War Luther beteiligt, Wagner, Nietzsche? Oder Heidegger? Waren die Schulen nicht wie die Kasernen? Die Familien nicht dazu da, Untertanen zu produzieren? Wo warst du denn, als »es« passierte, so fragten wir die Erwachsenen. Jahrelang taten wir eigentlich nichts anderes, als diese Fragen zu stellen. Es ging uns wie Oskar, dem Trommler in Günter Grass' »Blechtrommel«: Wer wollte schon erwachsen werden und zu den Schreibtischtätern oder Mördern, Spitzeln oder Folterern, Bahnbeamten oder Krankenschwestern, die beteiligt waren, gehören?

Die schlimmste Antwort auf unsere vielen Fragen war die Verleugnung der Realität. Ungefähr so: »Wir haben doch davon nichts gewusst. Wir hatten keinen Kontakt zu Juden. Bei uns im Dorf gab es ›so was‹ nicht. Man hörte schlimme Sachen über Konzentrationslager, aber die waren doch nur für Kriminelle und Homosexuelle. Und Juden, ja.« Diese an tausend Stellen zu hörende Antwort machte die Scham noch unausweichlicher. Manchmal fragte ich hilflos zurück: »Haben Sie Anne Franks Tagebuch gelesen?«

Ich wollte es dann sehr genau wissen, wann, wo, auf welche Weise, von wem Juden ermordet wurden. Wenn ich heute einen Menschen meiner Generation und Bildungsschicht treffe, der nicht weiß, was Zyklon B ist, so werde ich unruhig. Ich habe später versucht, eine Theologie nach Auschwitz – und nicht vor oder jenseits dieses Ereignisses – zu entwickeln. Ich wollte keinen Satz schreiben, in dem nicht das Wissen von dieser in der Tat größten Katastrophe meines Volkes gegenwärtig ist oder gegenwärtig gemacht werden kann.

Wie bin ich zu dieser Position gekommen? Alles, was ich an politischer Aufklärung erfuhr, was mich aus dem trüben Nebel eines tragisch-irrationalistischen Deutschtums langsam herausführte, kam nicht aus Institutionen wie Kirche, Schule oder Parteien. Ich lernte aus meinem Elternhaus, von Augenzeugen, zurückkehrenden Emigranten, Flüchtlingen, Überlebenden. Ich las Eugen Kogons »Der SS-Staat« bald nach seinem Erscheinen, und langsam lichtete sich das Dunkel einer deutschen, romantischen, bildungsbürgerlichen Jugend.

Erst relativ spät geriet ich also in einen Aufarbeitungsprozess, der sich als lebenslänglich herausstellen sollte, geboren aus einem tiefen Gefühl der Scham. Kollektive Scham ist das Minimum, das ein Volk mit einer Geschichte wie der deutschen braucht. Sie enthält zugleich ein vorwärtstreibendes, veränderndes Moment. Wie ein großer deutscher Philosoph sagte, ist Scham »eine revolutionäre Tugend«. Ich glaube tatsächlich, dass sie in meinem Volk einiges verändert hat. Zu Beginn der Friedensbewegung in den Achtzigerjahren gab es einen Satz, der *so* nur in Deutschland gesagt werden konnte: »Diesmal kann keiner sagen, er habe es nicht gewusst« war auf Plakaten und an Häuserwänden zu lesen. Dass auf Rüstung Krieg folgt, auf mehr Polizeimacht mehr Möglichkeit des Staates zum Staatsterror, auf Hetze und Diffamierung anderer Rassen und Gruppen auch die Bereitschaft zur Verfolgung, ist bei uns erst spät und immer nur in Minderheiten begriffen worden.

So schäme ich mich heute wieder: über das Giftgas, das deutsche Industrielle den Feinden Israels geliefert haben, über die 18 Milliarden Deutsche Mark, die wir für den Golfkrieg übrig hatten, nicht für die Versorgung der von Cholera heimgesuchten Länder mit Trinkwasser. Ich brauche diese Scham über mein Volk, und ich will nichts vergessen, weil die Vergesslichkeit die Illusion nährt, es wäre möglich, ein Mensch zu werden auch ohne die Toten. In Wirklichkeit brauchen wir ihre Hilfe. Ich habe meine Freundin Anne Frank sehr gebraucht.

Sich seine Lehrer wählen ...

Ich muss bekennen, dass ich dank der bürgerlichen Behütung, die ich in meinem Elternhaus erfahren hatte, nur wenig Sinn für die Realität besaß. Ich wollte ganz einfach die Wahrheit wissen und dachte, dass man deswegen eben auf die Universität geht. Dass man mit dem Gelernten auch Geld verdienen, einen Beruf ergreifen muss, lag mir völlig fern. Ich dachte lediglich, dass ich mit Literatur und Theologie als Fachrichtung vielleicht einmal Lehrerin werden könnte. Der Gedanke, Pfarrerin zu werden, kam mir gar nicht in den Sinn. Ich habe mit unendlich viel Abschweifungen Philosophie studiert. Wir Mädchen waren an der theologischen Fakultät eine Minderheit, und alle waren eigentlich überdurchschnittlich begabt.

Bereits in den letzten Schuljahren war ich sehr fasziniert von einem nicht kirchlichen, aber radikalen Christentum. Ich hatte eine Religionslehrerin, die einen fantastischen, begeisternden Religionsunterricht gab und mir in dieser Frage viel geholfen hat: Marie Veit. In meinem Tagebuch aus jenen Jahren steht der mich heute erheiternde Satz: »Die neue Religionslehrerin ist umwerfend gut, leider Christ!« Das zeigt meine achtzehnjährige Arroganz, meine Vorstellung, Christen seien eben dumm, zurückgeblieben, feige und unklar. Bis ich mir zugab, dass das, was mich da faszinierte, viel stärker war als meine Weisheit, dauerte es noch einige Zeit. Auf dem Weg nach Athen merkte ich plötzlich, dass ich eigentlich nach Jerusalem wollte. Von Anfang an.

Marie Veit gehört zu den besten Theologinnen deutscher Sprache; das bedeutet in ihrer (und meiner) Generation, dass sie in der Bundesrepublik nicht die Karriere, die ihr zukäme, gemacht hat. Frauenspezifisch ist die Verzögerung: Erst relativ spät erreichte sie den Übergang von der Schule zur Hochschule, und noch zurückhaltender war sie mit Veröffentlichungen.

Marie Veit ist – und war schon, ehe das Wort aufkam – eine Theologin der Befreiung. Nicht im Sinne eines lateinamerikanischen Imports, sondern im Sinne der Notwendigkeit eines anderen Christentums nach der Erfahrung des deutschen Faschismus. In dieser historischen Situation habe ich sie erlebt, als sie 1947 in die Unterprima unseres Mädchengymnasiums in Köln trat, wenige Jahre älter als wir, bei Rudolf Bultmann promoviert, eine äußerst unbestechliche, exakte, Denkanstrengung und Redlichkeit fordernde und vorlebende Lehrerin.

Sie hatte eine unnachahmliche Art, meinen Unwillen gegen das Christentum zu unterlaufen, indem sie höflich fragte, ob ich denn Paulus meine oder Luther oder die Evangelien, wenn ich Jenseitsgesäusel oder hündische Demut attackierte. Eine wunderbare Lehrerin, die mir nie mein rotzfreches Geschwätz verbat, mich aber zur Klärung nötigte. Heute denke ich, sie hat meinen Zorn respektiert und meine Arroganz belächelt, sie hat unsere Intelligenz herausgefordert, weil sie Menschen einfach zutraute, dass sie der Erkenntnis und des Gewissens fähig sind.

So lasen wir damals, frierend und für Schulspeisung dankbar, Heidegger und Sartre, Bonhoeffer und Paulus und später nach der Schule Herbert Marcuse und Freud. Jahre später begründeten wir den Ökumenischen Arbeitskreis in Köln, aus dem sich dann das Politische Nachtgebet entwickelte. Marie Veit war eine der »Säulen« dieser Gruppe, in Rat und Tat, Sachkenntnis und theologischem Wissen, Organisation und Aktion. Ich erinnere mich auch an ihre unnachahmliche Fähigkeit, älteren Gemeindemitgliedern den Unterschied zwischen christlichem Glauben und bürgerlicher Wohlanständigkeit nahezubringen.

Marie Veits Stellungnahme zu den großen Auseinandersetzungen zwischen den Armen und den Reichen, den Waffenlosen und den Rüstungsprofiteuren, dem biblischen Glauben und der an der Macht teilhabenden Kirche ist seit Jahrzehnten gewachsen und erprobt. Sie denkt parteilich. »Bürgerlich« ist an ihr nur die Genauigkeit, die Präzision, die wissenschaftliche Zuverlässigkeit und eine sozusagen frühbürgerliche Bescheidenheit der Ausdrucksweise.

In den letzten Jahren ist mir meine alte Schullehrerin, ohne die ich nie zur Theologie gekommen wäre, immer mehr Vorbild als eine Lehrerin der Hoffnung geworden.

Auch andere Christen, die ich nach dem Krieg kennenlernte, auch welche aus dem Widerstand, haben mir geholfen. Sie kamen aus der aufklärerischen Tradition. Ich hatte nichts im Sinn mit einem Christentum, in dem man erst einmal irgendwelche Wunder, übernatürliche Begebenheiten genannt, akzeptieren musste. Ohne ein Stück Aufklärung, Entmythologisierung wäre ich nie über ein höfliches Interesse am Christentum hinausgekommen.

Die Alternative war für mich ein existenzalistischer Nihilismus oder ein existenzialistisches Christentum. Wenn man nicht in das Bürgertum und seine Ambivalenzen zurückwollte, konnte man in meiner Generation innerhalb der Traditionen der Mittelklasse nur Nihilist werden. Nietzsche, Gottfried Benn, Heidegger, Camus und Sartre waren die Gesprächspartner.

Aber es gab eine Alternative zu diesem Nihilismus: Da gab es das Gesicht eines Menschen, eines zu Tode Gefolterten vor zweitausend Jahren, der nicht Nihilist geworden war.

Was mich eigentlich in die Theologie gebracht hat, war Christus. Kann man behaupten, das, worauf es ankommt, ist die Liebe? Vorbilder oder Bilder von Menschen der Leidenschaft und der Hingabe haben mich immer angezogen, wie Maximilian Kolbe, der für einen anderen Häftling, welcher fünf Kinder hatte, freiwillig in den Todesbunker ging. Durch Apathie verliert man seine Seele, so viel ahnte ich schon.

Ich war zwanzig Jahre alt, als ich Sören Kierkegaard entdeckte. Ich steckte in einer dieser tiefen Sinn- und Identitätskrisen, von denen junge Leute in unserer Kultur heimgesucht werden. Es war 1949, und eine der philosophischen Konsequenzen meiner Generation auf die zurückliegenden europäischen Ereignisse war der existenzielle Nihilismus. Sartre, Camus, Heidegger benannten, wo wir standen. Kierkegaard galt als Vater dieser Väter, aber ich wusste nach den ersten zwanzig Seiten, dass er etwas hatte – oder versteckte? entzog? nur indirekt mitteilte? –, was die Väter nicht mit überlieferten: radikale Religion; Transzendieren, was der Fall ist; die Leidenschaft für das Unbedingte.

Über die törichten Jungfrauen im Evangelium, denen die Tür vor der Nase zugeschlossen wird, weil sie kein Öl für ihre Lampen haben, las ich bei Kierkegaard, dass sie »im geistigen Sinne unkenntlich« geworden waren, »weil sie die unendliche Leidenschaft verloren hatten«.

Kierkegaard verführte mich in die Religion. Ich verschlang ihn. Heute könnte ich sagen, dass ich mich in Sören verliebt hatte. Gibt es im Ernst eine bessere Methode, etwas zu lernen? Damals hätte ich diese Ausdrucksweise als unangemessen verworfen. Aber meine Fantasien beim Lesen, mein monatelanger intensiver Dialog mit Sören ging in eine durchaus unwissenschaftliche Richtung: Wenn ich Regine gewesen wäre … warum war die Entlobung notwendig … was bedeutet Sexualität, wenn jemand »seine Kategorie« gefunden hat … wieso sagt Sören, der doch nicht brutal und trivial ist, diese beleidigenden Sachen über Frauen … Ich versank in Kierkegaard.

Bei jedem Wiederlesen faszinierte mich die äußerste Arroganz und die innere Demut seines Stils. Gehört nicht schon Arroganz, also »erlaubte und vor allem Gott wohlgefällige Notwehr gegen die Nachstellungen der Mittelmäßigkeit«, dazu, Angst in Kopenhagen von 1844 zum zentralen Thema zu machen? »In der Geistlosigkeit ist keine Angst, dafür ist sie zu glücklich und zu zufrieden, und zu geistlos.« Ich las diesen Satz aus dem »Begriff der Angst« Jahrzehnte später wieder existenziell, indem ich ihn auf die eigene religiös-politische Situation bezog und an die mein Leben verwaltenden NATO-Führer, Verteidigungsminister und Politiker dachte. »In der Geistlosigkeit« ist in der Tat keine Angst.

Kierkegaard war weder Dichter noch Philosoph, er war ein Prediger in einer säkularisierten Gesellschaft, der den christlichen Glauben erläuterte und verteidigte; ein absurdes Unternehmen, für das verbürgerlichte Christentum ebenso wie für die geschäftstüchtige Welt.

Für Kierkegaard gehört die Angst auf die Seite der Freiheit, nicht der Notwendigkeit, was für mich eine eminent wichtige Erkenntnis war. Ganz frei, so lernte ich von ihm, sind wir allerdings erst, wenn wir »angstlos der Angst entsagen«, das heißt glauben. In der Angst suchen wir und fliehen wir die Schuld. Im Glauben bekennen wir sie. Deshalb kann der angstfreie Geistlose nicht glauben, weil ihn nichts dazu nötigt. Er hält sich weiter an Bomben und Aktien.

Gottes bedürfen ist des Menschen größte Vollkommenheit; das ist ein klassischer theologischer Satz. Was Kierkegaard mich lehrte, war, dass es ohne Angsterfahrung und -annahme keine Menschwerdung gibt. In gewissem Sinn kann man sagen, dass Gott uns mit der Angst ködert; wer sich von ihr fangen lässt, sie probiert hat, sie auch mit den feinsten Saubermachmitteln nicht mehr los wird, hängt an Gottes Angel.

Ein anderer meiner Lehrer war Friedrich Gogarten; inhaltlich habe ich kaum einen seiner Grundgedanken fortgeführt, aber er war ein wunderbarer Lehrer des Denkens. Ihm begegnete ich nicht nur in Büchern, sondern auch im Hörsaal und Seminarraum. Mit 19 Jahren hatte ich ein Buch von ihm, dem Mitbegründer der Dialektischen Theologie und Wortführer der Säkularisierungsdebatte, gelesen. Es hieß »Die Verkündigung Jesu Christi« und war das erste richtige Buch, das ich mir kaufen konnte. Es war in einer eigenwilligen Sprache geschrieben und drückte einen Grundsatz der Theologie aus, den ich geradezu aufsog: Wir können über Gott oder Christus »richtig nur in unserer eigenen, nicht in einer überkommenen Sprache sprechen, wie von allem, was zu unserm eigenen Leben gehört und in ihm eine Wirklichkeit ist«. Später hörte ich Gogarten sagen, dass ein *artiges* Kind gerade jenes sei, das keine »Art« habe; nur ein unartiges habe seine eigene Art – und die war unersetzlich und brachte ein Stück Frechheit mit!

Dieser Theologe hatte einen tiefen Sinn dafür, ob jemand etwas auswendig Gelerntes nachplapperte oder etwas selbst Erfahrenes, Erlebtes, in stockenden Worten auszudrücken versuchte. Die Kategorie der Erfahrung war ihm sehr wichtig. Ich weiß noch, wie er sich aufregen konnte: Ein Modewort damals war »eschatologisch«, alles war angeblich nur eschatologisch zu verstehen. Eines Tages sagte Gogarten: »Eschatologisch, ich weiß gar nicht, was Sie wollen! Ich stelle mir da immer so eine Wurst vor, die gar nicht aufhört.« Er entmythologisierte also die Begriffe und führte sie auf das zurück, wofür man dann wirklich geradestehen konnte.

»Mein Gott, was waren wir unverschämt!«, erzählte Gogarten uns abends in der Gaststube des Rohns in Göttingen. Auf einer Tagung war über die Unfähigkeit des Menschen zum Guten gesprochen worden. Noch auf dem Bahnhof fragte einer der Teilnehmer Gogarten: »Aber warum sollten wir das nicht vermögen?« Darauf Gogarten, von der Plattform des schon anruckenden Zuges herunter: »Da brauche ich Sie doch bloß anzusehen!«

Gogarten konnte ungemein arrogant wirken. Ich erinnere mich an einen Vorfall in einem seiner Seminare, als ein Student auf eine seiner harmlos und simpel klingenden Fragen hereinfiel und sie, ohne groß nachzudenken, kirchlich-bieder beantwortete. Das Gewitter, das sich über seinem Haupt entlud, entsetzte mich. War diese Schärfe nötig? War das denn wirklich alles falsch? Das Gespräch nahm seinen Gang, die einfache Frage erwies sich als mehrteilig, man konnte sie nur mithilfe vieler Einzelschritte und auf widersprüchliche, dialektische Weise beantworten. Der Dialog blieb sokratisch, der Lehrer verharrte im fragenden Nichtwissen. Erst gegen Ende wandte er sich dem jungen Mann zu, der sich längst begraben glaubte: ob es dies gewesen sei, was er vorhin habe sagen wollen. Der Lehrer, der ziemlich unbequeme, hatte ihn unter 200 Kommilitonen im Auge behalten und sein Anliegen aufgenommen!

Eine andere Geschichte, die er selbst erzählte, spielt in einem Hotelzimmer, das er während einer Tagung mit Paul Althaus, einem von ihm scharf kritisierten Theologen, teilen musste. Mitten in der Nacht suchte Althaus den Lichtschalter und erwischte den Klingelknopf. »Sehen Sie, Herr Kollege«, sagte

Gogarten, »so ist das mit Ihnen: Sie wollen Licht machen, und Sie machen Lärm!«

Diese Art Kritik war keineswegs ein Ausrutscher, für den man sich entschuldigen sollte. Gogarten wandte sie häufig auch gegen sich selber an: »Sollte ich wirklich so etwas Dummes gesagt haben?« Er liebte es, die Begriffe zu wechseln und das Gemeinte in einer anderen Terminologie auszudrücken. Wenn ein Student dann, das Vokabular vom letzten Semester noch im Ohr, bloß repetierte, ohne den Sinn wirklich erfasst zu haben, wurde Gogarten sehr ungemütlich. Zum »artigen Kind« wurde man in Göttingen nicht erzogen.

Gogarten lebte im Gespräch, er konnte gut und ausdauernd zuhören. Jeden Montagabend nach seinem Seminar lud er einen Studenten oder eine Studentin zu sich nach Hause ein. Mit seiner Frau saß man dann am Abendbrottisch und plauderte. Danach ging es in sein Arbeitszimmer, das durch zwei dicke, gepolsterte Türen vom Lärm des Hauses abgeschirmt war. Gogarten stopfte sich eine Pfeife (später hat er mir eine geschenkt, die ich lange geraucht habe) und schwieg. Er wartete, dass der junge Mensch mit seinen Fragen anfing. Diese Sitte, die man sich im heutigen Lehrbetrieb gar nicht mehr vorstellen kann, ging über Jahrzehnte. Ich erzähle es, um das, was man philosophisch »Personalismus« nennt, sichtbar zu machen: das Verhältnis zwischen Du und Ich, das gegenseitige Geben und Nehmen, das dialogische Prinzip.

Aus dieser Wirklichkeit heraus habe ich verstanden, was es bedeutet, einen Lehrer zu haben. Diese Erfahrung wird wohl immer seltener. Was ist denn ein Lehrer, eine Lehrerin? Zunächst ist es ein Mensch, den oder die ich mir selber ausgesucht habe. Jemand wird nicht allein durch seine Erkenntnis und Weisheit zu einem Lehrer oder einer Lehrerin, sondern zuerst dadurch, dass ein anderer sich sie oder ihn als Lehrer auswählt. Die Lehrerin, die mir nicht von außen verordnet ist, muss eine Lehre haben, das heißt: nicht nur ein Wissen, das sie sich im Laufe ihres Lebens erarbeitet hat, das aber mit ihr als Person wenig zu tun hat. Die lehrende Person braucht nicht nur Geistesschärfe, Verstand und Wissen. Vielmehr muss sie für etwas stehen, sie muss etwas bezeugen. Es muss erkennbar sein, was zu lieben und was zu verachten ist.

Die Verbindung zu einer lebendigen Tradition kann nur entstehen, wenn ich über meine subjektive Erkenntnis hinaus einem Lehrenden vertrauen kann. Das bedeutet nicht Blindheit den Vorschlägen des Lehrers gegenüber, sondern eine Überwindung der grundsätzlichen Skepsis und des Misstrauens: Ich horche auf den Lehrer. Ich bin ihm – mit einem altmodischen Wort gesagt – gehorsam. Ich gehe davon aus, dass er mich nicht belügt, weder im gut gemeinten Lob noch im gleichgültigen, zornfreien Tadel. Ich kann mich darauf verlassen, dass er mich lehren will und mir das, was er ist, geben will.

Wenn ich heute an meinen Lehrer Friedrich Gogarten zurückdenke, so sind mir seine theologischen Inhalte, etwa die Fremdheit des dunklen Gottes oder auch die säkulare Weltverantwortung, immer weiter zurückgetreten. Vielleicht habe ich sie auch in mein Denken integriert. Präsent ist mir nicht dieses oder jenes, was er lehrte, sondern das verantwortete, existenzielle Denken. Er lehrte uns das Staunen über die Wirklichkeit. »Das gibt's«, sagte er oft gegen unsere Zweifel.

Und er lehrte mich ein altes deutsches Wort, das ich nicht kannte. Es hieß »Freidigkeit« und ist Luthers Übersetzung des Wortes *parrhesia* im Neuen Testament, das oft mit Freimut, Kühnheit, Freisinn oder Zuversicht wiedergegeben wird. Gogarten erklärte uns, es sei eine Verbindung von »Freiheit« und »Frechheit« – und wehe, wenn ein Student dieses großartige Wort mit dem klerikal-sentimentalen Wort »Freudigkeit« deutete! Dann wurde dieser Lehrer zornig, weil er diese Art Kirchenmief in der Tat verachtete. Mitunter gelingt es in der Theologie, ein Stück dieses freien Mutes, dieser Freidigkeit, die am Tage des Gerichts ein Zeichen der Liebe Gottes zu uns ist, leuchten zu sehen (1. Johannes 4,17).Vielleicht habe ich nicht nur ein neues Wort von meinem alten Lehrer gelernt.

... und Lehrerin werden

Ich studierte zunächst Klassische Philologie, Germanistik, Philosophie in Köln und Freiburg, dann Theologie und Literaturwissenschaft in Göttingen. 1954 machte ich mein Examen und kehrte in meine Heimatstadt zurück, war sechs Jahre Lehrerin an der Genoveva-Schule in Köln-Mülheim. Der Geist, der dort herrschte, war kölsch und gemütlich. Politisch »Zentrum«, das war die geistige Heimat. Es war eine brave, katholisch geprägte, rechtsrheinische Kölner Mädchenschule. Alle Kolleginnen und die wenigen Kollegen gingen selbstverständlich zur Fronleichnamsprozession.

An meinem zweiten Schultag hatte ich Pausenaufsicht und wurde von einer älteren Kollegin mit der Bemerkung »Was stehst du denn hier rum, mach, dass du in deine Klasse kommst!« angefahren. Ich sah sehr jung aus und unterschied mich nicht von meinen Schülerinnen, was oft zu großem Gelächter führte.

In diesen Jahren stellte ich bald fest, dass in meiner Schule die Geschichte mit 1914 aufhörte. Der deutsche Faschismus kam im Unterricht nicht vor. Ein Teil der Lehrerinnen war selbst betroffen, andere hatten es nie gelernt und wussten nicht, wie sie damit umgehen sollten. Jedenfalls hat man es sich dann am einfachsten gemacht und alles totgeschwiegen.

Eines Tages hatte ich das Beispiel der Nazis benutzt, um meinen 14-jährigen Schülerinnen etwas zu erklären. Eine Woche später kamen die Kinder in die Stunde und sagten mir: »Mein Vater sagt, die Nazis waren gar nicht so schlimm, die haben die Autobahn gebaut.« Da merkte ich, dass nicht nur meine Klasse, sondern die Schülerinnen der ganzen Schule überhaupt nichts von der Nazizeit wussten. Das war die Realität der Fünfzigerjahre.

Zusammen mit einer Kollegin und späteren Freundin habe ich selbstständig eine Unterrichtsreihe entworfen und von Sexta bis Oberprima überall über den Nationalsozialismus unterrichtet. Wir waren relativ frei in der Gestaltung unseres Religionsunterrichts. Gab es Einwände, sagten wir den Leuten von der Kirchenbehörde, dass wir es aus pädagogischen Gründen so und nicht anders machen müssten, und die Leute von der staatlichen Aufsicht beruhigten wir damit, dass unser Vorgehen theologisch unabdingbar sei. Es hatte seine Vorteile, zwei verschiedenen Herren dienen zu müssen.

Ich erinnere mich an eine sehr begabte Klasse von Vierzehnjährigen, wir diskutierten die Nazizeit. Ich bekam die Rechtfertigungen der Eltern aufgetischt: Hitler habe die Arbeitslosen von der Straße gebracht, die Inflation beseitigt, Ordnung wiederhergestellt und Ähnliches. Zufällig hatte ich 18 Mädchen im evangelischen Religionsunterricht. In meiner Verzweiflung, irgendetwas klarzumachen, ließ ich sie aufstehen und zu dreien abzählen. »Stellt euch vor«, sagte ich, »alle, die jetzt ›drei‹ gesagt haben, müssen weg. Sie kommen ins Gas. Es gab 18 Millionen Juden in Europa, vor Hitler.« Später erschien mir diese Methode pädagogisch problematisch; vergessen wurde sie wohl nicht.

Gleichzeitig entdeckte ich Bertolt Brecht; in meinem Studium der Literaturwissenschaft war er nicht vorgekommen, an vielen westdeutschen Theatern durfte er nicht gespielt werden. Ich liebte ihn sehr – vor allem wegen der Frauengestalten in seinen klassischen Stücken wie Mutter Courage, Shen Te, Grusche. Er hatte eine Art, über die Würde des Menschen, zum Beispiel einer nutzlosen »unwürdigen Greisin«, in einer heiteren, realistischen Manier zu sprechen, die mich faszinierte und die ich weitergeben wollte. Mein Büchlein »Fantasie und Gehorsam« ist später um diese Geschichte herumgewachsen. Ich habe oft mit Brecht Religion unterrichtet. Und dies alles an einer Schule, wo bis dahin nur Werke von Gertrud von le Fort oder Ernst Wiechert gelesen worden waren! Ein wahres Wunder, dass man mich gewähren ließ.

Während meiner Beschäftigung mit den weltanschaulichen Grundlagen des Faschismus wurde mir manches klar; zum Beispiel, dass die Ersten, die ins KZ kamen, die Kommunisten und

Sozialisten waren. Dass die Kirche überhaupt erst später etwas unternahm, als es ihre eigenen Leute betraf. Meine Freundin und ich mussten uns dieses Wissen selber aus den Quellen erarbeiten. Der sogenannte kirchliche Widerstand war auf einmal nicht mehr so bedeutend, wie es uns manchmal erzählt wurde.

Mein Schritt zur Theologie hing politisch und historisch mit einem mir damals selbst nicht bewussten Gefühl zusammen, dass der liberale Protestantismus und die deutsche Kultur meines Elternhauses, wo man eher Goethe las als die Bibel, hilflos gewesen waren und 1933 nicht verhindern konnten. Sie haben auch ab 1939 nichts verhindern können. Und sie waren naiv darin, dass sie 1945 dachten, jetzt fangen wir wieder da an, wo wir vorher waren.

Damals in diesen Lehrerinnenjahren lernte ich zu fragen: Warum ist denn die deutsche Bourgeoisie umgekippt und hat ihre liberalen Gedanken und Ideen so verraten? Wie konnten Eltern und Lehrer annehmen, dass die bürgerliche Kultur, die doch in Auschwitz definitiv ihr Ende gefunden hatte, durch Wiederaufbau, Wiedererziehung, Wiederherstellung der alten Eigentumsverhältnisse, Wiederaufrüstung und was es noch alles an Wieders gab, gerettet werden konnte? Waren die Nazis für sie denn nur ein Alptraum, aus dem man wieder erwacht, und nicht die Konsequenz dieser, der deutschen Geschichte? Wie konnten sie hoffen, »wieder« anzuknüpfen ohne einen radikalen Schnitt?

Ich fand auch ihr Verhältnis zum Christentum zu kühl und unentschieden, an die Stelle dieses Erbes war nichts anderes getreten. Für mich war das nicht ernst genug. Was ich im Christentum anziehend fand, war die Hochachtung vor jedem einzelnen Leben: Du kannst dein Leben gewinnen oder verlieren. Wenn Menschen in der Apathie, diesem vorpolitischen Bewusstsein der drei berühmten Affen bleiben, die nichts hören, nichts sehen und vor allem nicht protestieren wollen, dann ist das eine Zerstörung der menschlichen Würde.

Die Entwicklung der Bundesrepublik bestätigte mein Misstrauen: Die Wiederbewaffnung durch Adenauer versetzte mir einen ungeheuren Schock. Ich konnte es überhaupt nicht verstehen, dass so etwas passierte. Dass plötzlich alles wieder wurde wie gehabt. So viele Kommilitonen, die den Krieg in der Armee miterlebt hatten und mit mir studierten, hatten mir nächtelang von Fronterlebnissen, von Stalingrad erzählt. Ich hatte das mit meiner Gruppe nacherlebt, mit einer ganzen Reihe älterer Freunde, die mich, wie wir im Jargon sagten, als »Mülleimer« benutzten, weil sie ihre furchtbaren Erlebnisse im Krieg irgendwo loswerden mussten. Die allgemeine Stimmung damals war ein »Nie wieder Krieg!«. Und bei den Leuten, die noch etwas weiter dachten, hieß das zugleich »Nie wieder Faschismus!«.

Kurze Zeit später bot uns dann Adenauer ein Wirtschaftswunder in Westdeutschland an – ungeheure Geldströme, Marshallplan, Industrieaufschwung. Und das Einzige, was wir dafür zu bezahlen hatten, war der Verzicht auf die Militärfreiheit, die wir hatten, der Verzicht auf dieses Stück Neutralität, von der damals viele Menschen träumten und das sie zugleich auf die Wiedervereinigung hoffen ließ. Wir bekamen also stattdessen den Wirtschaftsaufschwung, die Aufrüstung und die Einbindung in das westliche Bündnis.

Dann hatte ich Martin Niemöller gehört. Eine winzige Gruppe von Menschen, die auf die Straße ging, zog mich an. Ich hatte ein langes Gespräch mit meiner Mutter über die ältere Friedensbewegung. Sie war leidenschaftliche Kriegsgegnerin, ich habe sie selten so furchtbar weinen sehen wie im Sommer 1938 während der Sudetenkrise. Sie tat damals etwas in einem geordneten Haushalt sehr Ungewöhnliches: Sie weckte uns alle fünf Kinder mitten in der Nacht, um uns zu sagen, dass es keinen Krieg gebe, weil Chamberlain nach München gekommen sei und das Biest gezähmt habe!

In unserem Gespräch in den Fünfzigerjahren ging es um die Wiederbewaffnung und was man dagegen tun könne. »Ich werde da mal hingehen und mir die Leute ansehen«, sagte ich. Sie darauf: »Du kannst das machen, du musst dir nur darüber klar sein, dass es nicht den geringsten Erfolg haben wird.« Über diesen Satz habe ich damals – und später bei den Blockaden in Mutlangen und anderswo – lange nachgedacht, unter zwei sich ausschließenden Hinsichten. Ich hatte keinen Zweifel daran, dass meine Mutter recht hatte. Zugleich wusste ich, dass ich trotzdem »dahin«, zu diesen Verrückten gehörte. Erfolg war keine letzte Kategorie, das ahnte ich damals schon. Später wurde mir klar: »Erfolg ist keiner der Namen Gottes« (Martin Buber).

Die Gruppe war so klein, eine so schwache Minderheit, dass sie dann, als die SPD ihren Schwenk in den Realismus des Godesberger Programms hinein machte, also für die Remilitarisierung eintrat, zu einer vergessenen Minderheit wurde. Da bin ich auch zum ersten Mal auf die Straße gegangen, bekam Kontakte zu christlichen Widerstandsgruppen, machte Ostermärsche mit.

Als ich zum ersten Mal wählen ging, habe ich damals noch zusammen mit meinem Bruder Thomas die GVP, die Gesamtdeutsche Volkspartei gewählt, eine pazifistische Partei, in der Gustav Heinemann, ein Protestant, kritischer Kopf und Mann der Bekennenden Kirche, führend war. Ein völlig hoffnungsloses Unternehmen, aber immerhin. Die Wiederbewaffnung hatte mich in eine bestimmte Wirklichkeit hineingestoßen.

Rudolf Bultmann

Eine der Postkarten, die ich von Rudolf Bultmann aufbewahre und die ich immer wieder bekam, wenn ich ihm einen Aufsatz zuschickte, schließt: »Mit herzlichem, sozusagen großväterlichem Gruß«. Das hat mich damals sehr glücklich gemacht, weil es meine Beziehung zu diesem großen Theologen sehr genau ausdrückt. Ich denke mit unbeirrbarer Dankbarkeit an ihn. Ohne Rudolf Bultmann, den ich als Lehrer direkt nicht mehr erlebt habe, als dessen Enkelschülerin ich mich aber verstehe, hätte ich niemals Zugang zur Theologie und, was unendlich viel mehr sagt, vermutlich keinen Zugang zum Glauben gefunden.

Als Kind des liberalen protestantischen Bürgertums, in dem Kant und Goethe eine weit größere Rolle spielten als die Bibel oder Luther, waren mir intellektuelle Zweifel an den Lehrinhalten der Kirche in dem Klima der Aufklärung, in dem wir aufwuchsen, ganz selbstverständlich. Jungfrauengeburt, leeres Grab, Wundergeschichten und Dogmen – wen konnte so etwas interessieren? Es gab zwar etwas in dieser Tradition, das mich nicht losließ, das war Jesus Christus, dieser zu Tode Gefolterte, der doch nicht Nihilist oder zynisch geworden war, wie so viele Menschen in meiner Umgebung nach der deutschen Katastrophe. Aber dieser Mann aus Nazareth war durch die kirchliche Tradition verstellt: die Platitüden des Konfirmandenunterrichts, die Langeweile der Gottesdienste und ihr autoritärer Anspruch, schließlich die im Religionsunterricht begegnende Neo-Orthodoxie, die darauf bestand, dass Gott »ganz anders« sein müsse als alle unsere Gedanken. Selbst wenn es eine christliche Substanz gab, ich konnte sie in der kirchlichen Verpackung nicht erkennen.

In diesem Zusammenhang – ich spreche über das Ende meiner Schulzeit, über die letzten beiden Jahre der höheren Schule, die ich bis 1949 besuchte – hat mir Rudolf Bultmann, vermittelt durch Marie Veit, eine seiner Schülerinnen, geholfen. Er, das lernte ich von ihr, war Christ und aufgeklärt zugleich. Ich musste meinen Verstand nicht vor der Kirchentür abgeben. Er war ein Lehrer, und ich lernte ihn dann zunehmend kennen in seinen Schriften, von unbestechlicher Redlichkeit, ein Denker in der Tradition Lessings, der sich weder von Institutionen wie der Kirche noch von Traditionen wie der Bibel einschüchtern ließ und der zugleich, wie ich hörte, ganz fromm war, ein weltberühmter Professor, der viele Jahre lang sonntags in der Marburger Pfarrkirche die Kollekte einsammelte. Wie konnte das zusammengehen: Denken und Glauben, Kritik und Frömmigkeit, Vernunft und Christentum?

Bultmann hat auf diese Fragen mit dem Programm der Entmythologisierung geantwortet. Das bedeutet, klar anzuerkennen, dass die Bibel und die ihr folgende christliche Verkündigung aus einer Welt stammen, die vom mythischen Denken geprägt ist. Dieses Weltbild ist vergangen, und die Rolle, die der Mythos früher als Welterklärung spielte, hat heute die Wissenschaft eingenommen. Ein berühmt gewordener Satz von Bultmann lautet: »Man kann nicht elektrisches Licht und Radioapparat benutzen, in Krankheitsfällen moderne medizinische Mittel in Anspruch nehmen und gleichzeitig an die Geister- und Wunderwelt des Neuen Testaments glauben.«

Es ging Bultmann nicht darum, den Mythos zu entfernen oder aufzulösen, sondern ihn zu interpretieren, sodass die Botschaft der Bibel auch die Kinder des wissenschaftlichen Zeitalters betrifft. Wir können nicht teils im wissenschaftlichen, teils im mythischen Zeitalter leben. Dieser Widerspruch macht die Vernunft verantwortungslos und den Glauben zu einer Flucht vor der Realität. Darum soll die Bibel »entmythologisiert«, nämlich vom Bann des mythischen Denkens befreit werden.

Als Befreiung habe ich und haben viele andere Bultmanns Denken in der Tat empfunden. Dietrich Bonhoeffer schrieb im März 1942: »Bultmann hat die Katze aus dem Sack gelassen, nicht nur für sich, sondern für sehr viele, und darüber freue ich mich. Er hat gewagt, zu sagen, was viele in sich verdrängen (ich schließe mich ein), ohne es überwunden zu haben.«

Die Katze ist aus dem mythologischen Sack herausgekommen; die Geschichten vom leeren Grab Jesu und seiner vielleicht sogar fotografierbaren Auferstehung sind Legenden, Formen, in denen die ersten Jünger ihren Glauben im Rahmen ihrer Weltanschauung ausdrückten. Wenn wir das, was sie sagen wollten, ernst nehmen, so können wir es gerade nicht einfach nachbeten; das Geheimnis des Glaubens, seine Kraft ginge sonst in der Wiederholung, die die Verdrängung unserer Zweifel einschließt, unter. Und um dieses Geheimnis des Glaubens, in dem Menschen von ihrer Vergangenheit, in der sie sich sichern wollen, frei werden für die Zukunft der Liebe, geht es Bultmann. Als Lehrer hat er immer wieder Mut zur Frömmigkeit gemacht; als Denker einer vom Mythologischen befreiten Existenz nicht minder.

Bultmanns Denken hat bis in die Mitte der Sechzigerjahre im Brennpunkt der Diskussion gestanden. Den dann einsetzenden Prozess, den ich Politisierung des christlichen Gewissens nennen möchte, hat er nicht mehr vollzogen. Mein 1971 erschienenes Buch »Politische Theologie« trug den Untertitel »Auseinandersetzung mit Rudolf Bultmann«. Bultmann hat also wesentlich dazu beigetragen, dass ich mir selber über die Grundzüge meines theologischen Denkens klar wurde.

Das Wort »Politische Theologie« gehört heute schon fast der Kirchengeschichte an. Mein Buch war gewachsen aus den Erfahrungen, die wir mit dem »Politischen Nachtgebet« seit 1968 in Köln gemacht haben, aus der Wirkung, die der Vietnamkrieg auf uns hatte, und aus den Erfahrungen der Studentenbewegung. Es reflektiert den theoretischen Hintergrund unserer Praxis am Ende der Sechzigerjahre.

Bultmann schrieb mir auf dieses Buch hin einen vier Seiten langen kritischen Brief, aus dem ich eine Passage zitieren möchte: »Einverstanden bin ich mit Ihnen darin, dass durch bestimmte Veränderungen gesellschaftlicher Strukturen die Anzahl der Zwänge, die uns heute zu sündigen nötigen, verringert werden könnte (106). Aber was heißt sündigen? Nach meinem individualistischen Verständnis kann von einer Sünde, die durch die Zwänge der gesellschaftlichen Strukturen veranlasst wird, keine Rede sein. Ich verstehe Sünde als ein Vergehen von Person zu Person, also zum Beispiel Lüge, Täuschung des Vertrauens, Verführung und dergleichen, aber nicht als eine kollektive Verfehlung gegen das je Gebotene. In Ihrer Intention haben Sie jedoch recht. Ich nenne aber, was Sie als Sünde bezeichnen, Schuld. Sie machen keinen Unterschied zwischen Sünde und Schuld. Um an Ihrem Bananen-Beispiel (106) zu exemplifizieren: Es ist doch ein Unterschied, ob ich einen Bananenzüchter totschlage und beraube oder ob ich Bananen durch die Vermittlung der United Fruit Company beziehe. Wird durch diese der Bananenzüchter zu schlecht bezahlt, so könnte er ja den Rechtsweg gehen oder streiken.«

Darüber habe ich lachen, aber auch weinen müssen. Die Größe des liberalen Denkens ist seine Hoffnung, und sie repräsentiert ein Stück von dem Erbe, an dem wir festhalten müssen. Diese Hoffnung ist absolut naiv und hat nicht den geringsten Zugang zur Realität, weil dieser Bananenzüchter, dieser *campesino,* dieser ausgebeutete Sklave ja weder streiken noch den Rechtsweg gehen kann. Das liberale Denken erscheint hier als vollkommen irreal, aber zugleich enthält es einen Anspruch, auf den man unter gar keinen Umständen verzichten kann.

Natürlich stehe ich diesen Bemerkungen Bultmanns skeptisch und kritisch gegenüber. Der Unterschied zwischen Schuld und Sünde kann nach meiner Ansicht so nicht gefasst werden, dass Schuld das Kollektive sei und Sünde nur das Individuelle. Das halte ich für eine ganz falsche Einteilung, gerade aus meiner Erfahrung und Reflexion des Schicksals unseres Volkes, der deutschen Frage und dessen, was es bedeutet, eine Deutsche zu sein nach Auschwitz. Was mich von Bultmann trennt, kann ich in diesem einen Wort sagen: Auschwitz. Mein Versuch, Theologie zu treiben, ist geprägt von dem Bewusstsein, nach Auschwitz zu leben. Bultmann dagegen denkt im Bannkreis eines bürgerlichen Verständnisses von Wissenschaft als zeitenthoben und objektivierend.

Eine der Konsequenzen, die ich daraus gezogen habe, ist gerade die, dass es sich um Sünde handelt und dass wir uns angesichts von sechs Millionen ermordeten Juden von einer persönlichen Sünde nicht lossagen können. Mein gesamtes Sündenbewusstsein, wenn ich das so einfach sagen soll, beruht auf den kollektiven Dingen, die in meinem Land, in meiner Stadt, in meiner Gruppe vor sich gehen. Ich möchte offen sagen, dass die individuellen Sünden, die ich mir vorwerfe und die mir natürlich in meinem Leben auffallen, trotzdem einen weit geringeren Raum einnehmen. Das ist einfach meine Erfahrung. Worunter ich leide, worum ich um Vergebung bitte, wo ich Vergebung brauche, das sind die katastrophalen Dinge, die wir als Gesellschaft heute den Ärmsten und unserer Mutter, der Erde, antun.

Dabei brauche ich über alle notwendige Aufklärung hinaus eine andere Sprache als die der Erklärung, der Definition und der Kritik, um überhaupt deutlich zu machen, worum es geht. Und das ist der Punkt, an dem ich glaube, dass ich ein Stück weit über Bultmann hinauszugehen versuche, nicht zurück in eine biblizistische Naivität, in eine voraufgeklärte Welt, sondern nach dem Durchgang durch die Aufklärung in eine neue Sprache, an der wir heute innerhalb der Befreiungstheologie arbeiten, die wir suchen.

Große Theologie hat immer das Erzählen und das Beten geübt. Ich erinnere mich an einen Vortrag von Rudolf Bultmann, bei dem uns allen ganz andächtig zumute war. Er verlangte und stellte klar, dass das Reden vom Katheder, also die Universität, nicht dasselbe sei wie die Predigt in der Kirche, dass das zwei verschiedene Dinge seien. Da sagte ihm jemand in der Diskussion: »Aber was Sie eben getan haben, das war für mich eigentlich wie beten.« Und so war es in der Tat. Er wollte das nicht wahrhaben, aber seine Theologie war besser als diese Ansicht über seine Theologie, und sie hatte die Qualität großer Theologie, dass sie die verschiedenen Sprachen der Religion in der Leidenschaft des Absoluten spricht. Die Sprache der Religion ist die Erzählung, das Gebet und das Argument.

Ich meine, dass Bultmann an vielen Stellen, obwohl er diese Restriktion der Theologie betrieb, immer wieder durch die Sache selbst, über die Restriktion der verkopften Argumentation hinauskommend, in seiner Theologie auch betete. Was immer lebendiges Zeugnis von dem Leben ist, das Menschen heute leben, lässt sich nicht in Statistiken und Kommuniqués zusammenfassen; das Gebet und die Erzählung verweigern sich dieser Form der Mitteilung, sie sterben an ihrer Kälte.

Wenn ich mir überlege, was Rudolf Bultmann heute zur Diskussion um die Berechtigung des Mythischen zu sagen hätte, dann wäre es wohl ein Ja und ein Nein gewesen. Nein zum Mythos, wenn es sich um eine bloße Rückwendung zum Irrationalen handelt, hoch gekonnt, künstlerisch sehr bedeutend und zugleich eine völlige Verleugnung dessen, was wir immer mal unter Aufklärung gedacht haben. Nein zu einem Mythos, dessen Macht wir schaudernd erfahren, dessen Inhalte wir aber nicht mehr kritisch unterscheiden können. Entmythologisierung ist und bleibt ein Mittel, über die Herren dieser Welt aufzuklären. Und Ja zum Mythos, wenn es sich um eine postnaive Zuwendung handelt, einen dritten Schritt, der aus dem naiven Glauben über die befreiende entmythologisierende Kritik zur Wiederaneignung der im Mythos versprochenen Hoffnung für alle Menschen führt.

Stationen einer theologischen Biografie

Im Jahr 1965 erschien mein erstes Buch »Stellvertretung«, das sich mit der theologischen Tradition auseinandersetzte und zu artikulieren versuchte, was Jesus für uns heute bedeutet. Es enthielt zwei Grundaussagen; die erste, relativ traditionelle hieß: Christus vertritt uns bei Gott, so wie ein Rechtsanwalt einen Angeklagten vor Gericht vertritt. Die zweite lautete: Christus vertritt Gott bei uns, und zwar den abwesenden, unsichtbaren, vielleicht verreisten Gott, den Gott, den die Mehrheit der Menschen als »tot« empfand. Das drückte der Untertitel des Buches »Ein Kapitel Theologie nach dem ›Tode Gottes‹« aus. Ein angesehener wissenschaftlicher Verlag in Göttingen, bei dem meine literaturwissenschaftliche Dissertation erschienen war, lehnte das Buch wegen des Untertitels ab; aber auf ihn konnte ich nicht verzichten.

Ich verfolgte mit diesem Buch keinen Zweck innerhalb einer Karriere. Es ging mir in erster Linie um eine Selbstklärung für mich. Ich schrieb es in den dunklen Jahren der Trennung von meinem ersten Mann, zunächst noch in der verzweifelten Hoffnung, dass er zu mir zurückfände. Erst in einer neuen Beziehung zu einem verheirateten Mann, bei dem ich mich »nur mal unterstellen wollte, weil es draußen so kalt war«, wurde ich so weit stabilisiert, dass ich mehr und mehr zu schreiben begann. Ermutigt durch die Veröffentlichung einiger Aufsätze von mir im – damals noch theologieoffenen – MERKUR, der »Zeitschrift für europäisches Denken«, suchte ich nach größerer Klarheit. Ich fing an, um jeden Zentimeter theologischen Bodens zu kämpfen: Was kann ich wirklich glauben und sagen, worauf muss und will ich verzichten?

Ich erinnere mich noch ganz deutlich, wie ich eines Abends mit dem Schriftsteller Hellmut Heißenbüttel in ein Gespräch geriet, irgendwie kamen wir auf Theologie, und er sagte: »Aber wieso denn eigentlich Theologie? Gott ist doch tot.« Ich spürte, dass ich das auch hätte sagen können, dass ich mich von ihm nicht meilenweit entfernt fühlte und zugleich natürlich ein Bedürfnis hatte, zu klären, warum ich von dieser Sache mit Gott nicht loskam. Damals setzte ich mich dann mit der »Gott ist tot«- oder Tod-Gottes-Metapher auseinander, vor allem mit Jean Pauls wunderbarer »Rede des toten Christus vom Weltgebäude herab, dass kein Gott sei« und mit dem jungen Hegel. Das hat mir innerhalb der kirchlichen Öffentlichkeit immense Schwierigkeiten eingebracht; viele haben nicht verstanden oder nicht verstehen wollen, worum es mir ging, vielleicht, weil es nicht in ihrem Sinn erbaulich war.

Ich versuchte eine Klärung der Gottesvorstellungen, die überall innerhalb des Christentums noch als abgestorbene Äste herumhängen und von denen ich mich befreien wollte. Ich spürte deutlich, dass Gott, wie Teresa von Avila wohl gesagt hat, »keine anderen Hände hat als unsere«, um etwas zu tun. Es gab gar keine Denkmöglichkeit für mich, ein Eingreifen zu erwarten von einem aus der Welt entfernten Gotteswesen, einer supranaturalen Macht. Dieses Eingreifen geschieht immer durch uns, also – theologisch gesprochen – in der Geschichte der Inkarnation. Das Leben Christi vollzieht sich so, dass Christus – also nicht der historische Jesus, sondern der Christus des Glaubens – sich weiter inkarniert, gegen die Dämonen kämpft und leidet. So verstand ich Pascals berühmten Satz: »Jesus sera en agonie jusqu'à la fin du monde: il ne faut pas dormir pendant ce temps là.« Die Geschichte Gottes geht durch uns weiter. Genau genommen ist der abstrahierte, außerräumliche und überzeitliche und dann irgendwie unbegreiflich eingreifende Gott eine Art Götzenbild – ein »Gott mit uns« auf den Koppelschlössern deutscher Armeen in zwei Weltkriegen.

Schon »Stellvertretung« enthielt wie das 1975 erschienene Buch »Die Hinreise. Zur religiösen Erfahrung« viele mystische Elemente. Die Mystiker haben ja versucht, Gott anders zu definieren als die jeweils herrschenden Kirchen: einerseits umfassender – sie haben immer die Gottessprache transzendiert –

und anderseits auch innerlicher – sie haben das »Gott in mir« ausgedrückt. Die Mystik ist sicher die Sprache, die mir am meisten geholfen hat, das zu klären, und zwar auch, weil sie den Streit mit einer philosophisch-metaphysischen Gottessprache nicht scheute und zugleich viel näher an der biblischen Sprache war, die über Gott narrativ und nicht dogmatisch redet.

Meine Kritiker haben mir von Anfang an vorgeworfen, ich würde zwar »Gott ist tot!« verkünden, aber das Wort »Gott« andauernd gebrauchen. Es war nicht schwer, diesen logischen Widerspruch zu bemerken. Ich wollte nur sagen, dass wir Gott brauchen, aber nicht den Fitzliputzli, der alles von oben arrangiert. Gottes zu bedürfen, so hatte ich Kierkegaard verstanden, ist des Menschen höchste Vollkommenheit. Diesen Anspruch aufzugeben, schien mir wie ein Verrat an dem Schmerz, der uns lebendig erhält. So stritten in mir die lebensweltlichen Erkenntnisse der Moderne mit einer sozusagen »vormodernen« Sehnsucht, die mir im Lauf des Lebens nicht unscheinbarer, sondern unaufgebbar geworden ist. Ich *kann* nicht darauf verzichten, Gott zu lieben »über alle Dinge, von ganzem Herzen und mit allem, was in mir ist«. Über Gott zu reden ist notwendig, weil es einen Grund der Welt, eine Quelle des Lebens oder eine Wahrheit gibt, die vor uns da war, über uns hinausgeht und uns das Leben als geliehenes Geschenk ansehen lässt.

Man kann diese Schwierigkeit des »atheistisch an Gott glauben« am Begriff der »Macht« durchdenken. Jakob Burckhardt, der Schweizer Kulturphilosoph, hat gesagt: »Alle Macht ist böse.« Das ist tief im Protestantismus verwurzelt und legte sich mir nahe. Ich habe mich leidenschaftlich mit dem machtlosen Christus identifiziert. Mein ganzer Einstieg in die Theologie war christo-zentrisch, ging nicht über Gott Vater, sondern den Sohn, den älteren Bruder. Ich wäre überhaupt nicht auf die Idee gekommen, jemals Christin zu werden, wenn es sich dabei nur um einen allmächtigen Gott gehandelt hätte. Macht und Ohnmacht mussten anders verstanden werden, als die Tradition nahelegte. Ich sah die »Ohnmacht Gottes in der Welt« und versuchte Bonhoeffers Gedanken von unserer »Teilnahme« an ihr weiterzudenken.

Innerhalb meiner theologischen Biografie hat sich erst allmählich eine gewisse Erweiterung von diesem streng christozentrischen Ansatz zu einer Reflexion auf den Grund des Lebens, also auf Gott, angebahnt. Ich sehe heute immer mehr, wie nötig das ist in der Begegnung mit anderen Religionen, zum Beispiel mit dem Judentum oder anderen, die nicht durch Christus gerufen sind, sondern durch verschiedene Stimmen des einen vielstimmigen Gottes. Das ist für mich ein konsequenter Schritt: Eine Sprache stammelnd zu sprechen versuchen, macht einen eher hörfähig als monoton. Zwar ist für mich Christus die deutlichste Stimme Gottes, aber das heißt nicht, dass es nicht für andere Menschen – zum Beispiel Zen-Buddhisten – auch andere Stimmen der Gottheit gibt. Wer das nicht begreift, läuft in die Falle des religiösen Imperialismus.

Die Beschäftigung mit der Aufklärung hat sicherlich viel dazu beigetragen, diese Dinge in mir zu klären. Hinter die Aufklärung können wir nicht zurück; die Spannung zwischen Atheismus und Glauben ist und bleibt unaufgebbar. Aber über sie hinaus müssen wir gehen im Interesse des bedrohten Planeten, auf dem wir leben.

Die Aufklärung hat zwischen Verstand und Vernunft unterschieden und im Vernunftbegriff sozusagen die ältere abendländische Tradition aufbewahrt. Im Wort »Vernunft« steckt immer noch »Vernehmen«. Da hörte man. Da muss also irgendjemand etwas gesagt haben, sonst wäre das Wort »Vernunft« ohne Bedeutung. Die Vernunft war gebunden an die menschliche Würde, die als unverletzbar gedacht wurde, weil der Mensch Ebenbild Gottes ist. Sie hat sich dann immer mehr selbst zerstört. Heute herrscht eine technisch-instrumentelle Vernunft und hat die andere Vernunft, die in der deutschen Aufklärung bei Kant noch ganz deutlich an die Schöpfung gebunden war, völlig verdrängt. Gerade mit der langsam wachsenden Erkenntnis der ökologischen Bedrohung wuchs in mir die Zuwendung zu einer Theologie der Schöpfung. Insofern ist auch die Kritik an der Aufklärung heute eine notwendige Aufgabe der Theologie.

Vor ein paar Jahren nahm ich an einem Treffen mit Dritte-Welt-Theologen in Genf teil, die aus guten Gründen sehr kritisch gegen Europa und seinen Kolonialismus eingestellt waren. Ihnen gegenüber befand ich mich plötzlich in der Situation, die Aufklärung zu verteidigen. Denn sie war das, was mich als Christin davon befreit hat, unter den Zwängen apostolischer Autorität zu denken. Das möchte ich auf gar keinen Fall gegen einen völlig naiven Biblizismus aufgeben. Als ich davon erzählte, klatschten die Frauen begeistert, während einige schwarze Männer zögerlich die Stirn runzelten. Ich fand das hochinteressant; doppelt Unterdrückte profitieren natürlich doch von der Aufklärung!

Es lassen sich in unserer geistigen Situation drei verschiedene Phasen von Religion erkennen. Die erste nenne ich die Religion des Dorfes. In sie wird man hineingeboren, ungefragt. Die meisten von uns erleben sie während der Kindheit. Die Kirche steht im Mittelpunkt des Dorfes, ihre Autorität, ihre Rituale und Sakramente, Normen und ethischen Werte gelten fraglos. Diese ererbte Religion gerät aber mit dem Auszug aus der dörflichen Welt in Vergessenheit oder Ablehnung. Die säkulare Stadt, in der die meisten leben, negiert die Sitten und Bräuche, die Überlieferungen und Lieder des Dorfes. Aus dem Glauben wird Aberglauben, aus der Hoffnung Illusion für Zurückgebliebene. Die Religion gerät in Vergessenheit oder in den Brennpunkt bewusster Kritik.

Ich persönlich bin in diese zweite Phase der Ablösung von ererbter oder erzwungener, verhängter Religion geboren. Meine Eltern waren hochgebildete Angehörige der deutschen Mittelklasse, die gegenüber der Kirche eine gewisse »aufgeklärte« Duldsamkeit an den Tag legten. Zu Beginn meines Universitätsstudiums hatte ich Philosophie und Alte Sprachen gewählt, wie es meiner bürgerlichen und familiären Herkunft entsprach. Herausgefordert durch einige Freunde, die bewusst Christen waren, noch mehr aber durch radikale christliche

Denker wie Pascal, Kierkegaard und Simone Weil, war ich nach fünf Semestern in eine existenzielle Krise geraten, die mich zum Theologiestudium führte. Dieser Studienwechsel markiert den Anfang meines Übergangs von der zweiten zur dritten Phase.

Diese dritte, nachaufklärerische Gestalt von Religion genauer zu benennen ist eine der Aufgaben, die ich mir als theologische Schriftstellerin vorgenommen habe: ohne Nostalgiegefühl für das Dorf, aber auch nicht in der Kälte der großen Städte zu Hause. Die Gestalt dieser Religiosität ist deswegen anders, weil sie individuell, freiwillig gewählt wird. Ich bin nicht Protestantin, weil meine Eltern es waren, sondern weil ich es gewählt habe, dieser Tradition zu folgen. Das bedeutet auch, dass ich das Recht habe, innerhalb der Tradition auszuwählen, selektiv zu verfahren. Ich muss nicht jedes Wort der Bibel, auch das frauenfeindliche, schlucken. Religion in dieser dritten Form ist freiwillig, sie hat ein klares Minderheitsbewusstsein ohne Allmachtsträume, und sie dient, statt zu herrschen.

Wenn ich eine gelebte Wirklichkeit solcher Religion in meiner Erfahrung suche, so würde ich die protestantische Kirche in der früheren DDR nennen. Der aufgezwungene Machtverzicht hat sich dort nicht zum Tod von Kirche und Religion ausgewirkt, sondern zu Selbstklärung, Versachlichung und Bescheidenheit. Die Formel von der »Kirche im Sozialismus«, die einen Abschied von der von vielen ersehnten prokapitalistischen Kirche darstellte, ist zwar heute historisch überholt, aber meiner Meinung nach ein Schritt in die richtige Richtung gewesen. Es wäre sehr klärend, wenn die deutschen Kirchen sich als »Kirche *im* Kapitalismus« verstünden.

Das radikale Christentum, in dem sich Menschen aus der Ökumene zusammengefunden haben und sozusagen von verschiedenen Herkünften und in verschiedenen Dialekten an derselben Sache arbeiten, nennt man am besten Theologie der Befreiung. Ich möchte die Elemente der Aufklärung nicht missen wegen dieses Stücks von Kritikfähigkeit, das sie uns gegeben hat.

Nicht zuletzt durch die vielen Versuche der Basis, sich in der Friedens- und Ökologiebewegung die biblische Tradition anzueignen, hat mein Verständnis von Theologie mit der Zeit einen gewissen antiakademischen Touch bekommen. Ich war der Auffassung, dass die Theologie den Glauben der Menschen dort, wo er lebendig und praktisch ist, reflektieren und klären helfen soll. Der Ansprechpartner für die Theologen, der *interlocutor* und Fragensteller, sind die Gruppen in den Gemeinden, die in Frauen- und Friedensbewegung, in Ökologie- und Asylfragen christlich zu leben versuchen.

Noch meine theologischen Väter wie Karl Barth und Rudolf Bultmann haben einen großen Teil ihrer Arbeitskraft investiert, in Gemeinden zu wirken, auf Pfarrkonferenzen zu gehen oder die Briefe wütender Pfarrer zu beantworten. Sie waren für die Kirche da, während die heutige Herrschaftstheologie akademische Partner hat, zum Beispiel aus den Naturwissenschaften. Da findet Theologie als Beratung auf Topebene statt, und die Gruppen, wie zum Beispiel die Frauenarbeit für Südafrika, spielen keine Rolle. Ich bleibe an der Kirche als Solidar-, Glaubens- und Kampfgemeinschaft elementar interessiert, während ich die Anbiederung der Theologie an die Wissenschaft vielfach als kontraproduktiv empfinde: Angesichts dessen, was wirklich auf der Welt passiert, haben die klügsten Köpfe der westdeutschen Theologie in lang debattierten Streitfragen wie der, wie wissenschaftlich Theologie sein kann oder soll, ihre schärfsten Messerchen benutzt, um die dünnsten Haare, die sie finden konnten, zu spalten.

Mir wird das deutlich an der Frage: Was wähle ich aus, um mich mit der Bibel zu beschäftigen? Was ist für mich wichtig, und warum mache ich das? Luise Schottroff hat mir einmal erzählt, dass sie Ende der Siebzigerjahre bei einer der feineren wissenschaftlichen Gesellschaften angeregt hatte, über Armut im Neuen Testament zu arbeiten. Verlegenes Schweigen, weil kein jüngerer Neutestamentler mit einem solchen Thema seine Karriere riskieren wollte, zumal nicht in Deutschland. Selbst wenn das Thema im Neuen Testament auf jeder Seite vorkommt, weiß man doch nur zu genau, dass das zu unangenehmen inhaltlichen Konsequenzen führen kann.

Ich denke, dass Theologie zwar Anteile der Wissenschaft braucht, aber eigentlich näher an Praxis, Poesie und Kunst ist als an der Wissenschaft. Jahrhundertelang waren die besseren Theologen eher Künstler als Wissenschaftler. Ich denke zum Beispiel an Michelangelo, der in seinem Schöpfungsbild in der Sixtinischen Kapelle zwar Adam zeigt, wie er von Gott berührt zum Leben erwacht, zugleich aber Eva längst bei Gott, in seiner Nähe, von ihm umarmt, darstellt. Auch die theologisch interessanteren Schriftsteller wie Lessing, Hamann, Pascal, aber auch Kafka, haben eine Tendenz zu einem anderen Umgang mit der Sprache. Das ist Theologie, die ich mir wünsche, wenn ich mir ein theologisches Reich Gottes vorstelle, obwohl ich annehme, dass wir dann gar keine Theologie mehr brauchen.

Politisches Nachtgebet

Das »Politische Nachtgebet« war das Experiment einer Gruppe, die den Satz, dass Glaube und Politik untrennbar sind, in die Praxis umsetzen wollte. Es war ein erster Ausdruck unserer Suche nach einer Ökumene von unten. Die Frage nach der Herkunft – katholisch, protestantisch oder was immer sonst – schien uns etwa so wichtig wie die Frage nach einem Dialekt. Natürlich hat sie eine bestimmte Bedeutung, bewirkt ein bestimmtes Kolorit, aber essenziell ist diese Frage nicht.

Einmal, es war an einem Samstagabend und wir hatten zusammen Abendmahl gefeiert, fragte eine gute Freundin Fulbert, meinen späteren Mann, der damals noch Benediktiner in Maria Laach war: »Meinst du, ich muss morgen zur Messe gehen?« Als Fulbert mir das hinterher erzählte, war ich ganz entsetzt darüber, dass etwas, was für mich längst kein Thema mehr war, für andere – und gar für eine gute Freundin – noch immer eine Frage war. Wir haben sie dann gemeinsam in der Gruppe beantwortet: Die Realität des Geistes Gottes führt die Menschen heraus aus falschen Fragen.

Ich war 1968, als wir mit der Gruppe anfingen, »Studienrätin im Hochschuldienst«, lehrte Germanistik an der Kölner Universität und war Mutter von drei Kindern. Der auf freundschaftlichen Beziehungen beruhende Zusammenschluss einiger evangelischer und katholischer Christen, die entweder Theologen oder theologisch gebildete und interessierte Laien waren, beschränkte sich zunächst auf abendliche Zusammenkünfte im geselligen Kreis; die Mitglieder wechselten, Gäste, auch auswärtige, kamen und gingen wieder. Es gab theologische Gespräche über neue Formen des Glaubensbekenntnisses, über die Ehe, über ein neues Verständnis der Sakramente.

Bald kamen wir zu der Einsicht, dass die Beschäftigung mit theologischen Fragen unverbindlich blieb, wenn ihr nicht das Engagement für die »brennende Aktualität«, wie der »Republikanische Club« das nannte, folgt. Die brennende Aktualität im

Winter 1967/68 war Vietnam. Es kam in diesem Bereich durch Mitglieder der Gruppe zu verschiedenen Aktionen: zur Diskussion über den Vietnamkrieg vor der Kirchentür von St. Alban, zum Versand von Flugblättern, die in verschiedenen Städten nachgedruckt wurden, zum Karfreitagsgottesdienst auf dem Kölner Neumarkt, bei dem zum ersten Mal die Form des politischen Gebetes erprobt wurde. Wir wussten damals nicht genau, ob wir das, was wir taten, *Teach-in, Go-in* oder Prozession nennen sollten.

Inzwischen hatte sich die ökumenische Gruppe von etwa einem Dutzend Mitglieder auf ungefähr dreißig erweitert – dreißig Christinnen und Christen, die immer deutlicher erkannten, dass theologisches Nachdenken ohne politische Konsequenzen einer Heuchelei gleichkommt. Jeder theologische Satz müsse zugleich auch ein politischer sein, formulierte ich. Auf dem Katholikentag 1968 in Essen beantragten wir, unsere Liturgie zu halten. Wir wurden auf die Zeit nach 23 Uhr verschoben, daher rührt der später beibehaltene Name »Nacht«-gebet. Es handelte sich dabei um politische Information, um ihre Konfrontation mit biblischen Texten, eine kurze Ansprache, Aufrufe zur Aktion und schließlich die Diskussion mit der Gemeinde. Information, Meditation und Aktion sind die Grundelemente aller folgenden Nachtgebete geblieben.

Wir waren eine bunt zusammengewürfelte Gemeinschaft von Menschen: Die Auswahl der Themen, das Sammeln von Informationen, die Gestaltung der Gebete, das Verhandeln mit den kirchlichen Amtsträgern wegen der Räume, die Werbung für diese neue Art Gottesdienst mithilfe der Presse – das waren sehr verschiedene Aufgaben, für die sich verschieden begabte Menschen an ihrem Platz engagieren konnten. Wir machten in Köln die Erfahrung, dass die Schwachen in der Gruppe stark wurden, sofern sie sich auf den Prozess des Gestaltens einließen. Es empfahl sich für jede Gruppe, die ein Nachtgebet ausarbeitete, einen Fachmann für das jeweilige Thema zurate zu ziehen. Aber man brauchte keine Fachfrau zu sein, um Informationen zusammenzustellen, Aktionen zu planen und Gebete zu verfassen. Die Themen dieser Gottesdienste sollten möglichst präzise, begrenzt und konkret sein. Je begrenzter das Thema, desto besser die Möglichkeit, genau zu informieren; je konkreter ein Thema, desto ergebnisreicher die Diskussion und die Aktion.

So entstand eine ganze Reihe von Gottesdiensten zu den Themen CSSR, Santo Domingo und Vietnam, Diskriminierungen, Tod, Autoritäre Strukturen in der Kirche, Diskriminierung der Frau, Bodenspekulation, Mitbestimmung, DDR, Schuldige Christen, Buße 1968, Strafvollzug, Entwicklungshilfe, Glaube und Politik usw.

Der KÖLNER STADT-ANZEIGER hat am 2. Oktober 1968 eine Schilderung des Politischen Nachtgebets veröffentlicht: »Schon um 20 Uhr gestern Abend war die Antoniterkirche in der Schildergasse überfüllt. Und um 20.30 Uhr sagte der Gemeindepfarrer Jörg Eichert durchs Mikrofon: ›Es stehen noch viele draußen. Lasst uns etwas enger zusammenrücken, das ist ein gutes Zeichen für einen ökumenischen Gottesdienst.‹ Zehn Minuten später schließlich gab es nicht mal mehr einen Stehplatz. Mehr als 1000 Menschen waren zum Politischen Nachtgebet in die evangelische Kirche gekommen, deren Bänke kaum mehr als 300 Plätze bieten: katholische Kapläne, evangelische Pfarrer, Schüler, Studenten, engagierte Leute, etwa der Vietnamkreis von St. Alban oder der Kreis der Freunde Biafras. Man hatte sich keinen Zwang angetan, war in Hosenanzügen, Lackmänteln gekommen, setzte zum Schutz gegen die Fernsehscheinwerfer die Sonnenbrille auf, kauerte auf den Fliesen vor dem Altar, lehnte an der Kanzel. Nach den Begrüßungsworten des Gemeindepfarrers übernahmen die Mitglieder des Ökumenischen Arbeitskreises die Leitung des ›Politischen Nachtgebets‹. Benediktinerpater Fulbert vom Kloster Maria Laach bat die Anwesenden, in der anschließenden Diskussion gemeinsam mit der Gruppe eine Form für dieses politische Gebet zu suchen. Zahlreiche Zuhörer schrieben die Texte mit, wie in einem theologischen Seminar ... Zu Störaktionen, wie sie vor Beginn des Gottesdienstes durch anonyme Anrufer angedroht worden waren, kam es nicht.«

Das Echo der Öffentlichkeit auf das »Politische Nachtgebet« war enorm, weit über die Grenzen Kölns hinaus. Die FRANKFURTER ALLGEMEINE schrieb im Oktober 1968: »Selten hat ein Nachtgebet, das Christen sonst in aller Stille zu verrichten pflegen, so viel Aufmerksamkeit gefunden wie in Köln.« Die Illustrierte STERN befand im April 1969: »Das ›Mitmachen‹ ist vielleicht das Wichtigste beim Politischen Nachtgebet. Hier richtet nicht der Pfarrer den Gottesdienst aus, sondern Laien. So wie es ursprünglich in den christlichen Gemeinden war, als es noch keine Universitäten gab, an denen man den Beruf des Priesters lernt.«

»Ein Gottesdienst mit Hand und Fuß; die Andacht war eine Rückkehr zu lutherischer Derbheit«, meinte die KÖLNISCHE RUNDSCHAU im Januar 1969. Andere Zeitungen stellten fest, dass »von Gott beim Politischen Nachtgebet kaum die Rede« war. »Aber kommt es darauf an, wie oft Gott zitiert wird? Und ist nicht Gott immer dabei, wo ernsthaft nach dem Menschen gefragt wird?«

Zwei Elementen haben wir in der Tat große Bedeutung beigemessen: der Diskussion und der Aktion. Die Diskussion, in der mit neuen Argumenten die vorgetragenen Texte angegriffen oder bestätigt wurden, empfanden wir als integralen Bestandteil unserer Gottesdienste; sie verhinderte auch, dass die Nachtgebete zu einer schlechten Schulstunde wurden. Sie hoben die Trennung von Veranstaltern und Teilnehmern auf und zogen damit alle in die gleiche Verantwortung vor der diskutierten Sache. Allerdings mussten wir die Erfahrung machen, dass uns keine Diskussion restlos befriedigte. Das lag einmal an den räumlichen und akustischen Verhältnissen einer spätgotischen Kirche, dann an der großen Zahl der Teilnehmer und schließlich an deren verschiedenen theologischen und politischen Positionen. Wir empfanden es aber als unschätzbaren Vorteil, dass Menschen sich innerhalb eines Gottesdienstes und im Kirchenraum, in dem sie sonst zum Schweigen verurteilt sind, formulieren konnten, selbst wenn die Diskussion dann leichte Ähnlichkeit mit einer Hyde-Park-corner-Veranstaltung gewann.

Die stärkste Selbstkritik übte unsere Gruppe in der Nachbesprechung, die nach jedem Gottesdienst stattfand, an den Aktionen. Die Wirkung eines Gottesdienstes hing wesentlich davon ab, dass eine reale Aktionsmöglichkeit aufgezeigt wurde. Wenn in einem Nachtgebet über einen gesellschaftlichen Zustand aufgeklärt wurde, ohne dass man gleichzeitig eine Veränderungsmöglichkeit aufzeigen konnte, führte dies zur ohnmächtigen Resignation. Die Gruppe, die ein Nachtgebet ausarbeitete, war deshalb zugleich für einen genauen Aktionsplan verantwortlich, der meistens schon vor dem Gottesdienst an die Teilnehmer ausgegeben wurde. Er musste konkret und begrenzt sein; es durften nicht zu viele Vorschläge kommen. Ein Besuch beim Leiter des Sozialamtes der Stadt Köln, eine Leserbriefaktion, die Gründung eines Arbeitskreises, die Kontaktaufnahme mit den jeweils Betroffenen waren solche Aktionsvorschläge. Die Gefahr, dass nach einem politischen Gottesdienst rein karitative Aktionen wie Geldsammlungen angeboten wurden, versuchten wir zu vermeiden. Gute Aktionsvorschläge aus dem Kreis der Teilnehmer des Nachtgebetes versuchten wir sofort aufzugreifen. Selbstverständlich wurde auch auf bestehende Gruppen hingewiesen – zum Beispiel »terre des hommes«, »Zuflucht« oder »Amnesty International« –, deren Arbeit dann durch einen Vertreter im Gottesdienst bekannt gemacht wurde.

In den Diskussionen und bei den Aktionen ergaben sich für uns immer neue Themen für die Politischen Nachtgebete, da wir die Verflochtenheit vieler Probleme entdeckten. Beispielsweise empfanden wir bei der Vorbereitung auf das Nachtgebet über Strafvollzug die Notwendigkeit, über das Kind in der Familie von Obdachlosen zu sprechen, über die schulische Situation der Kinder, über die Strafrechtsreform, über die Betreuung ehemaliger Häftlinge.

Die Mitarbeit an diesen Gottesdiensten schärfte die politische Aufmerksamkeit von uns allen. So wuchsen uns auch dadurch neue Themen zu, dass jeder seine eigenen Probleme für die Arbeit einbrachte. Es war also nicht nur eine Diskussion *über* Zustände, sondern alle Einzelnen redeten und handelten als Betroffene. Das wiederum führte die Gruppe zusammen und ließ sie eine Gemeinde werden, die über den sachlichen dann auch einen starken menschlichen Zusammenhalt gewann.

Mehrere Merkmale unterschieden die Politischen Nachtgebete von den Gottesdiensten der traditionellen Gemeinde. Die konfessionellen Unterschiede verloren zum Beispiel immer mehr an Bedeutung. Nicht einmal im Kreis der Mitarbeiter kannten alle die Konfessionszugehörigkeit der anderen. Selbst die Grenze zu den Nicht-Christen war keine Mauer mehr oder ein Schutzwall. Es gab Leute, die den Gottesdienst anhörten, auch mitdiskutierten, die aber keine Gebetshaltung einnahmen und die gemeinsamen Anrufungen nicht mitsprachen. Sie kamen aber beim nächsten Mal wieder und gehörten in einem neuen Sinn zur Gemeinde, die nicht durch Rechtgläubigkeit konstituiert wurde, sondern durch die Fragen, die Christus an unser Leben stellt.

Die traditionelle Ortsgemeinde hat in den Städten ihre Hauptschwierigkeit darin, dass sie keinen »Sitz im Leben« hat und kaum lohnende Aufgaben kennt. Sie verkümmert oft, weil sie das Wort Gottes vom Leben abstrahiert. Viele Menschen, die dies so empfanden, kamen zum Nachtgebet, weil sie sich dort gefordert fühlten. Sie lernten dort auch eine andere Sprache kennen, eine sachbezogene. Ohne Informationen zu geben, erlaubten wir uns kein Gebet. Die religiöse Sprache brauchte daher nicht künstlich modernisiert zu werden, das besorgte der informative Gehalt. Wir konnten uns deswegen sogar traditionelle Formen und Lieder erlauben.

Das Politische Nachtgebet war ein Experiment, uns aus der falschen Sakralität, die zum Verstummen bringt, zu erlösen. Jeder, der sprach, riskierte Gelächter, Auspfiff, Widerspruch oder Beifall und Zustimmung. Daraus entstand eine Stimmung von Gespanntheit, Aufrichtigkeit und Intensität, die von vielen Menschen als eine heute mögliche Frömmigkeit empfunden wurde.

Die Leute, die bei uns mitmachten, waren Pfarrer und Kapläne – bis es ihnen verboten wurde –, Lehrerinnen und Lehrer, Sozialarbeiter, Architekten und Journalisten, Hausfrauen und

Studierende jeder Branche. Wir hatten keine Universitätsdozenten und keine Berufspolitiker. Stellvertretend für viele möchte ich Mechthild Höflich und Maria Mies, beide Dozentinnen der Kölner Fachhochschule für Sozialarbeit, erwähnen. Mit Maria Mies, die später international Anerkennung als feministische Soziologin erfuhr, machten wir zusammen das Nachtgebet »Als Frau liegst du immer unten«, aus dem – wie oft – ein Arbeitskreis erwuchs, der die Sache feministischer Kritik weiter vorantrieb.

Von Anfang an stand das Politische Nachtgebet im Kreuzfeuer der Meinungen. Auch am Glaubensbekenntnis, das ich am 1. Oktober 1968 in Köln gesprochen hatte, entzündeten sich Kritik und Gegenkritik gleichermaßen. Für Präses Joachim Beckmann war es Häresie, die in einer Kirche nicht laut werden dürfe, für andere war es eine respektable persönliche Glaubensaussage.

Credo

Ich glaube an gott
der die welt nicht fertig geschaffen hat
wie ein ding das immer so bleiben muss
der nicht nach ewigen gesetzen regiert
die unabänderlich gelten
nicht nach natürlichen ordnungen
von armen und reichen
sachverständigen und uninformierten
herrschenden und ausgelieferten
ich glaube an gott
der den widerspruch des lebendigen will
und die veränderung aller zustände
durch unsere arbeit
durch unsere politik

Ich glaube an jesus christus
der recht hatte als er

»ein einzelner der nichts machen kann«
genau wie wir
an der veränderung aller zustände arbeitete
und darüber zugrunde ging
an ihm messend erkenne ich
wie unsere intelligenz verkrüppelt
unsere fantasie erstickt
unsere anstrengung vertan ist
weil wir nicht leben wie er lebte
jeden tag habe ich angst
dass er umsonst gestorben ist
weil er in unseren kirchen verscharrt ist
weil wir seine revolution verraten haben
in gehorsam und angst
vor den behörden
ich glaube an jesus christus
der aufersteht in unser leben
dass wir frei werden
von vorurteilen und anmaßung
von angst und hass
und seine revolution weitertreiben
auf sein reich hin

Ich glaube an den geist
der mit jesus in die welt gekommen ist
an die gemeinschaft aller völker
und unsere verantwortung für das
was aus unserer erde wird
ein tal voll jammer hunger und gewalt
oder die stadt gottes
ich glaube an den gerechten frieden
der herstellbar ist
an die möglichkeit eines sinnvollen lebens
für alle menschen
an die zukunft dieser welt gottes
amen

Die Querelen um solche Texte gehören in die lange Geschichte der Auseinandersetzungen um das Nachtgebet, die ich hier nicht rekapitulieren will und die mit der Weigerung von Josef Kardinal Frings, uns die katholische Kirche St. Peter für den Gottesdienst zur Verfügung zu stellen, ihren Anfang genommen hatten. Stellvertretend führe ich nur einen Brief von Heinrich Böll an, der uns damals sehr ermutigt hat:

»Liebe Freunde!
Es ist nicht zu fassen, dass es Ihnen bisher verweigert worden ist, Ihre Texte in einer katholischen Kirche zu beten. Bedenke ich die Sorgfalt, mit der jede einzelne dieser Veranstaltungen vorbereitet wurde, und den höflichen, engagierten Ernst, mit dem Sie mit dem Kölner Erzbischof und seinen Vertretern verhandelt haben, so werfe ich Ihnen vor, dass Sie nahe daran waren, Perlen vor die Säue zu werfen. Mit der Theologie ist es fast so weit wie mit der Kunst: keiner weiß mehr so recht, wo sie anfängt, wo sie aufhört, ob es sie überhaupt noch gibt; nach allen Seiten hin werden die peinlichsten Konzessionen gemacht, langsam, aber mit unaufhaltsamer Stetigkeit bröckelt das bis etwa 1960 unkritisch überkommene und übernommene theologische Bewusstsein und Selbstbewusstsein ab – und den Verfassern dieser »Politischen Nachtgebete« wird es verweigert, sie in einer katholischen Kirche zu beten!

Es ist nicht zu fassen; ich frage mich, ob es Ihnen nicht zu wünschen wäre, dass Sie Ihre Verhandlungsbereitschaft aufgäben, bevor Ihr Angebot angenommen werden könnte. Annahme könnte in diesem Fall nur bedeuten, was die Studenten »umfunktionieren« nennen, gröber ausgedrückt: einkassieren. Ich begreife Ihren Eifer nicht, unbedingt in »geweihten« Räumen Aufnahme zu finden. Ist das noch wichtig? Würde es nicht Ihre Zuhörer, die Gemeinde, die sich in Köln um Sie gebildet hat, eher abschrecken? Ich begreife auch nicht, wieso freie Menschen, die die eine oder andere Kirchensteuer zahlen, mit einer Kirchenbehörde verhandeln. Sie haben das erste »Politische Nachtgebet« einem katholischen Pfarrer angeboten; der stimmte zu, wurde aber dann zurückgepfiffen, und in dieser Tatsache drückt sich ja die per saecula saeculorum geübte Schnödigkeit aus, die eine der Grundregeln amtlichen kirchlichen Handelns ist. Es sollte doch endlich genug sein mit der Höflichkeit gegen Unhöfliche, mit der Fairness gegen Unfaire, und das Zeitalter der Demut gegenüber offiziös-offiziellen Vertretern der katholischen Kirche sollte endgültig vorbei sein. Solange der Kölner Bischof ungerührt die Steuern der katholischen Veranstalter dieses Nachtgebetes kassiert, sollten diese ebenso ungerührt ihre ernste Arbeit weiterbetreiben. Mehr bleibt über dieses Problem kaum zu sagen.

Wer die Texte aufmerksam liest, wird feststellen, dass sie von Mal zu Mal straffer und klarer werden, und da es sich weder um künstlerische noch um literarische Veranstaltungen handelt, gibt der Erfolg, die wachsende Gemeinde, Ihnen, den Veranstaltern, recht. Die drei Elemente: Information, Meditation, Diskussion machen das vierte Element: die Aktion zur Selbstverständlichkeit. Es ist nicht nur logisch, es ist der Sinn dieser Veranstaltungen, bloße Innerlichkeit – was in diesem Fall auch bedeutet: Kircheninnerlichkeit – zu vermeiden: das heißt, die Veranstaltung ist mit sich selbst nicht zu Ende, was ja das Element aller bisherigen sowohl katholischen wie evangelischen Kirchen-Innerlichkeit gewesen ist: in den Veranstaltungen des »Politischen Nachtgebetes« spielt die Eigen-Tröstlichkeit, die eigene Gewissensreinigung eine geringe Rolle, sie sollen Aktion werden und nicht nur karitative, sondern gesellschaftlich-politische. Insofern ist das »Politische Nachtgebet« außerparlamentarisch, außerkonfessionell und kann sich zu einem Mobilitätszentrum entwickeln, das sich nicht in bloßen Re-Aktionen auf jeweils zu verdammende Ereignisse beschränkt, keinen aktuellen Anlass braucht, um aktiv zu werden, nicht demonstrativ bleibt: es ist in sich aktiv, und es mag sein, dass es diese Kraft behält, weil es die Meditation als Element aufgenommen hat. Sie sollten sich völlig freimachen von Empfindlichkeit für oder gar Ärger über irgendeine Kritik irgendwelcher etablierten Konfessionen; was Sie tun und planen, kann gar nicht in irgendeine der Kirchen – jedenfalls in keine der im Augenblick korporierten – integriert werden; Sie können nur Gäste sein, fremde Gäste, weil Sie nicht betreiben, was jede korporierte Konfession betreiben muss: »Interessen«. Ihr Engagement, die christlichen Artikulationen zu vermenschlichen, die Menschwerdung der Gesellschaft zu betreiben, ist notwendigerweise fremd, und die klassischen »Interessenvertreter« mögen beim »Politischen Nachtgebet« wittern, soviel sie mögen: sie wittern das Falsche, weil sie gar keine Wahrnehmungsorgane für das haben, was hier vor sich geht. Auch deshalb ist Ärger über irgendeine offiziös-offizielle kirchliche Kritik verlorene Zeit und verlorenes Gefühl.

Der Vorwurf schließlich, Politik gehöre nicht in die Kirche, ist von einer geradezu absurden Frechheit. Wer hat denn mit unverbesserlicher Blindheit, massiv und mit unüberhörbaren Gewissensdrohungen von den Kanzeln herab Politik betrieben? Wer hat die Gesellschafts-, die Schulpolitik der Bundesrepublik mit unmenschlicher Borniertheit zwanzig Jahre lang in den Kirchen blockiert? Diese Frage brauche ich wohl nicht zu beantworten. Sie beantwortet sich selbst.«

Im Herbst 1968 hatte das Politische Nachtgebet in der Antoniterkirche in Köln angefangen. In den darauffolgenden Monaten hörten Fulbert und ich eines Tages von »so 'nem echten Kölschen«, der wusste, wie man mit ausgerissenen Lehrlingen, Drogenabhängigen, Strafentlassenen umging und der außerdem aktiv gegen den Vietnamkrieg auftrat.

Bald danach lernten wir Ferdi und Eva Hülser kennen und fühlten uns bei ihnen heimisch. Vor allem, wenn wir – oft erschöpft von dem Gequassel vieler Maullinker (den Ausdruck lernte ich damals) und auch nicht zu jeder Tages- und Nachtzeit bereit, auf die feinsten sozio-ökonomischen Ursachen der Probleme einzugehen – einen vernünftigen Menschen suchten, der so wunderbare Eigenschaften wie Ferdi hatte: Er war fähig, die Probleme so zu verkleinern, dass man sie in den Griff kriegte, während viele Intellektuelle meinten, man müsse sie möglichst in ihrer vollen Größe, Verzwicktheit und Unlösbarkeit ständig vor Augen haben. Und er konnte praktische Vorschläge machen und ließ sich durch Misserfolge nicht entmutigen.

Noch eine andere Eigenschaft liebten wir an Ferdi und Eva: ihre rheinisch-sozialistische Freude an Fülle. Es gab bei ihnen immer viel zu essen. Es gab in ihrem Haus immer Weine, von denen wir noch nie gehört hatten. Sie hatten nichts von diesen preußisch-protestantisch-spartanischen Altlinken. Natürlich war Ferdi ein Altlinker, mit gesundem Misstrauen den Parolen von Marcuse und antiautoritären Spinnereien gegenüber. Er hatte schließlich seine Erfahrungen mit dem Faschismus. Manchmal, sehr sparsam, hat er davon erzählt. Er lud uns immer mal wieder ein, oft zusammen mit Annemarie und Walter Fabian, den gewerkschaftlich arbeitenden Antifaschisten. Dann wurde international diskutiert, über Vietnam, aber auch über die ČSSR, auch lokal, über den kölschen Klüngel und die neuen Gruppierungen, die damals entstanden.

Ferdi Hülser ist eigentlich der erste Kommunist gewesen, den Fulbert und ich näher kennenlernten. Beim ersten Treffen sagte er sofort, dass er Kommunist sei, was uns mit unserem Ehrlichkeitsfimmel ungeheuren Eindruck machte. Wenn die alle so sind! Manchmal erzählte er uns von der Freidenkerbewegung und wie er in der Zeit vor den Nazis über die Dörfer zog, um Freidenker zu beerdigen. Diese Gespräche endeten meist so, dass Fulbert dem Ferdi erklärte, was für ein herrlicher Christ er doch sei, und eines Tages würden wir ihn noch, ob er wolle oder nicht, taufen. Das wäre erst mal ein tolles Fest!

Einmal fuhr ich nach einer endlosen Sitzung mit den Hülsers nach Hause, das heißt, sie fuhren mich nach Köln-Braunsfeld, was just entgegengesetzt von ihrer Wohnung lag. Ferdi, am Steuer, verzog das Gesicht. »Es ist heute besonders schlimm«, murmelte er. Evchen fragte ihn nach seinem Rücken. Ich traute mich dann zu fragen, was mit seinem Rücken sei. Er hat gar nicht sehr viel erzählt, bloß, dass die Nazis ihm, als er im Gefängnis war, auf dem Rücken herumgetrampelt hätten, dabei seien Rippen gebrochen. Natürlich seien die nicht weiter behandelt worden, falsch zusammengewachsen und täten elend weh, besonders bei feuchtem Wetter. Die Ärzte hatten ihm

Morphium angeboten, aber er nähme das Zeug nicht oder nur in äußersten Notfällen.

Ja, und während er das so erzählte, eher widerwillig, wurden mir plötzlich zwei Sachen klar: einmal, dass ich Sozialistin bin. Das hatte sich schon lange vorbereitet, und natürlich war der große Karl aus Trier nicht unschuldig daran. Theoretisch war mir das schon ziemlich klar geworden. Aber es gibt immer wieder Augenblicke, in denen etwas zusammenkommt und plötzlich »da« ist, eine unwiderlegbare Gewissheit. Die verdanke ich Ferdi Hülser.

Die zweite Sache versteht sich jetzt schon von selbst. Ich wusste nämlich, dass dieser Mann mit den kaputten Knochen neben mir am Steuer und diese Frau hinter uns, die mich immer ausschimpfte, wenn ich nicht richtig aß, meine Freunde waren.

Die sich vorbereitende Nähe zum Sozialismus, die von vielen als skandalös empfundene Verknüpfung von Christentum und Politik, blieb natürlich nicht ohne Konsequenzen. Sobald unsere Gruppe zu arbeiten begann, traten für fast alle Mitglieder unerwartete Schwierigkeiten mit ihrer Umgebung auf. Nachbarn hörten auf zu grüßen, Gespräche verstummten, Freundschaften lösten sich auf, Geschäftsbeziehungen gingen zurück. Manche wurden beschimpft und vom Trottoir gedrängt, als sie Flugblätter verteilten. Viele erlebten, dass Plakate, die in Schulen oder Universitäten auf Politische Nachtgebete hinwiesen, regelmäßig abgerissen oder beschmiert wurden. Meine Kinder, die den Telefonhörer zu Hause abnahmen, bekamen zu hören: »Sag deiner Mutter, sie ist eine Sau, eine Kommunistensau!« Dass es auch in unserer Gesellschaft noch einen faschistischen Bodensatz von Hass und Wut gibt, war mir damals neu.

So teilten wir einige Erfahrungen der Studentenbewegung, aber wir machten sie als erwachsene berufstätige Bürgerinnen und Bürger. Es kam zu Repressionen. In unserem Fall waren die Institutionen die beiden großen Kirchen, die sich bemerkenswert einmütig verhielten: Raumverbot, falsche Berichterstattung, mündliche Hetzkampagnen, ausgeübter Druck auf die Massenmedien, Versetzung oder Nichtanstellung von jungen

Pfarrern. Fälle der letztgenannten Art häuften sich in beiden Kirchen: Berufsschulpfarrer, welche die Auszubildenden über ihre Rechte aufklärten, wurden auf Druck von Firmen durch die Kirche versetzt.

Die Härte klerikaler Behörden gegen linksstehende Theologen war gemäß der Verschiedenartigkeit des deutschen Protestantismus von Landeskirche zu Landeskirche unterschiedlich. Immerhin aber genügte es schon für ein kirchliches Gremium – etwa auf der Ebene der EKD –, beim Politischen Nachtgebet mitzuarbeiten, um »untragbar« zu sein, um »natürlich nicht infrage zu kommen«.

Vietnam, mon amour

Ein wichtiger Teil meiner Entwicklung von einer Liberalen zu einer radikal-demokratischen Sozialistin geschah im Kontext des Vietnamkrieges. Dieser große Einstieg in die Linke war ein Ereignis, das für viele europäische Intellektuelle eine gravierende Rolle gespielt hat – ähnlich wie der spanische Bürgerkrieg in den Dreißigerjahren. Ich hatte das Glück, mit Erich Wulff befreundet zu sein, der in Vietnam als Arzt arbeitete und jedes Jahr seinen Urlaub in Europa verbrachte. Schon Anfang der Sechzigerjahre hörte ich immer wieder, was da eigentlich geschah.

Erich Wulff hat später das wichtige Buch »Vietnamesische Lehrjahre« unter dem Pseudonym »Georg Alsheimer« geschrieben, in dem er seine eigene Wandlung von einem Liberalen zum Sozialisten erzählt. Er war ein ausgezeichneter Beobachter, der mir viele einzelne Geschichten und Details erzählte, sodass ich wirklich ein Bild bekam. Er beschrieb, warum man in Vietnam nicht dazwischenstehen oder eine Position der Neutralität behalten konnte. Wie er sich immer mehr politisierte. In diesem Zusammenhang haben wir dann viele Probleme der Dritten Welt begriffen. Wörter kamen damals auf, die heute eine Selbstverständlichkeit sind: Dritte Welt, Neokolonialismus, Dependenz-Theorie.

Alles das lernten wir damals am Exempel Vietnam. Am Beispiel eincs Landes, dessen Führer Ho-Chi-Minh eine Verfassung auf der Grundlage der amerikanischen Verfassung geschrieben hatte. Als die Franzosen Vietnam verließen, glaubte man ehrlich, dass jetzt – mit Einwilligung der Amerikaner – freie Wahlen abgehalten würden. Das geschah aber nicht; stattdessen marschierten die Amerikaner ein.

Damals ging mir zum ersten Mal auf, was das für ein Land war, unter dessen Herrschaft wir lebten. Im Negativen in Bezug auf den Imperialismus, im Positiven, weil die besten Informationen, die wir im Kampf gegen den Vietnamkrieg bekamen, von Quäkern aus Nordamerika stammten. Das waren furchtlose, wahrheitsliebende Christen, die hervorragende Aufklärungsmaterialien schickten.

Wir wurden immer wieder angegriffen, wenn wir unsere Informationen verbreiteten: »Das ist doch alles kommunistische Propaganda!« Es war dann sehr hilfreich, wenn wir beweisen konnten: »Nein, Quäker aus Wisconsin haben das geschrieben!« Ich habe daraus viel gelernt, auch über die Vorurteile meiner eigenen Klasse, meiner Familie und meines Hintergrunds. Da konnte es auch nicht ausbleiben, dass ich mit meiner Mutter in sehr große Spannungen geriet. Meine Mutter sagte: »Wie kannst du so antiamerikanisch sein; sie haben uns schließlich von Hitler befreit!« Da hatte sie völlig recht. Nur, gegen Nixon oder andere – geschichtlich gesehen doch wohl Mörder – vorzugehen, hatte ich nie als explizit antiamerikanisch verstanden.

Zeitlich fiel das mit der Studentenbewegung zusammen. Ich fand sie wunderbar: Plötzlich waren wir so viele. Ich war so gewöhnt daran, dass wir ganz wenige waren, dass man sich überall erst dreimal umgucken musste, um jemand Gleichgesinnten zu entdecken. Überall war man klein und hässlich und unbedeutend, konnte kaum etwas veröffentlichen. Und hatte nichts als Schwierigkeiten.

Dieses Gefühl machte mich müde, gerade auch in der Friedensbewegung, in der ich sehr engagiert war. Plötzlich aber dachten ganz viele Leute genau dasselbe und hatten alles begriffen. Das hätte ich in diesem Land nie für möglich gehalten, dass so viele Menschen dasselbe verstehen und daraus Konsequenzen ziehen. Wir verdanken es auch dem vietnamesischen Volk, das beispielhaft gegen einen übermächtigen Gegner gekämpft hat. Ich habe seit dieser Zeit eine große Liebe zu Vietnam, sie ist einfach ein Teil meines Lebens. Das, was dieses Volk für die Menschheit und auch für mich getan hat, ist ungeheuerlich.

Es fing alles mit einem Gespräch an, in dem Erich mir erzählte, dass die Amerikaner zwar nicht folterten, aber mit dem

Tonband neben den Folterern aus anderen asiatischen Ländern standen und Aufnahmen von den erpressten Geständnissen der Vietkong machten; das wurde dann in die Theorie des Guerillakrieges und der *counter insurgency* eingebunden. Die ganze Nacht des Gesprächs über arbeitete meine Abwehr: Das kann gar nicht sein, du irrst dich, du lügst, das ist Propaganda, so was machen die Amerikaner nicht. Doch habe ich mich von der Wahrheit dieser Nachricht überzeugen lassen müssen, auch von vielen anderen Wahrheiten, die ich kaum für möglich hielt. Ich meinte dann, dass ich als Deutsche, einem Volk angehörig, das Erfahrung im Foltern hat, wissen musste, wo so etwas geschieht und zu welchen Zwecken.

In den folgenden Jahren rückte mir Vietnam sehr nahe; ich beschäftigte mich mit den Befreiungsbewegungen, mit der Imperialismustheorie, mit Erkenntnissen darüber, was sich eigentlich in der Dritten Welt abspielte. Der Vietnamkrieg half mir auch, meine eigene Geschichte neu zu verstehen: Auschwitz war mit Auschwitz nicht zu Ende, es ging weiter – das war die Lektion. Sie hat mich nie wieder verlassen und auch den entscheidenden Anstoß gegeben, mich immer mehr dem Sozialismus anzunähern. Daraus erwuchs das »Politische Nachtgebet«, das wir in Köln seit 1968 machten; daraus entstand dann die europäische Sektion der »Christen für den Sozialismus«.

Im Spätherbst 1972 war der Friede in Vietnam, der vielen von uns schon nahe schien, wieder in weite Ferne gerückt. Die Pariser Geheimverhandlungen zwischen den USA und Nordvietnam scheiterten; dann las ich in den Zeitungen und hörte im Radio, dass die USA den Luftkrieg gegen Nordvietnam wieder aufgenommen und in einem Großeinsatz wieder die Städte Hanoi und Haiphong bombardiert hatten.

Noch kurz zuvor war ich mit einer Delegation der »Hilfsaktion Vietnam e.V.« (Düsseldorf) in diesem Land gewesen und hatte mich über die Auswirkungen des Krieges informiert. Danach brachte ich meine Eindrücke zu Papier; es war ein Erlebnisbericht, er sagte nicht alles über den Vietnamkrieg. Während die westlichen Medien aber täglich über Südvietnam unterrichteten, erfuhren wir über den Norden gewöhnlich nur wenig.

Es regnete. Wir waren nach Haiphong gefahren, um die Stadt zu besichtigen. Im Krankenhaus der tschechoslowakisch-vietnamesischen Freundschaft sahen wir das Baby Fung Mink Tuk mit einem Bombensplitter im Kopf. Der kleine Tuk war schon vor der Geburt bedroht gewesen. Seine ganze Familie wurde im April im Bunker verschüttet. Er wurde dann in der Evakuierung geboren und am 15. August 1972, gerade drei Wochen alt, im Arm seiner Mutter verwundet. Seine Großmutter kam ums Leben, die Mutter und die ältere Schwester wurden verletzt. Tuks Hirnverletzung vereiterte; der Abszess und die Splitter mussten operativ entfernt werden. Das war bei einem so kleinen Kind schon unter normalen Bedingungen ohne Fliegeralarm, Bombardement und Blockade extrem schwierig.

Was die Ärzte hier leisteten, sah man im Operationssaal der Hals-Nasen-Ohren-Klinik. Fenster und Türen fehlten, der Boden war mit Splittern bedeckt. »Wir waren gerade bei einer Operation«, erzählte eine Ärztin, »als das Wohnhaus der Krankenschwestern getroffen wurde. Der Luftdruck warf uns an die Wand, die Splitter flogen, eine Hilfsärztin wurde verwundet. Da hatten wir doppelte Arbeit.«

Die meisten Kinder hier im Krankenhaus waren von der *bombe perforante* verwundet worden, einer Bohrbombe, die sich in Gebäude, auch Erdbunker, siebzig bis achtzig Zentimeter tief einbohrt und erst dann explodiert. Beton und Häuser können von dieser Bombe nicht beschädigt werden. Sie ist speziell zur Vernichtung von Menschen konstruiert worden. Sie löst sich in winzige – das bedeutet: schwer operable – Teilsplitterchen auf, die zum Beispiel in Lunge und Leber eindringen. Über Haiphong fielen in der Zeit vom 16. April bis zum 1. Oktober 1972 75 000 solcher Bomben.

Wir standen in dem Krankenzimmer mit acht Betten und hörten der leisen Stimme des Chefarztes zu, Krankengeschichten, Schicksale, die von den neuesten, perfektesten Erfindungen der größten Weltmacht über ein kleines Agrarvolk verhängt wurden.

Ein Mitglied der provisorischen Revolutionsregierung, das von 1957 bis 1962 in verschiedenen Lagern und Gefängnissen des Saigoner Regimes war, erzählte von den Tigerkäfigen, Zellen von 2,7 Meter Länge und 1,4 Meter Breite, in die mindestens 18, höchstens 32 Personen gelegt wurden. Wenn die Tür zugemacht wurde, war es völlig dunkel. Viele wussten nicht, wo der Boden war; sie lagen auf den anderen. Sie hatten keine Kleidung mitnehmen dürfen, nur eine kurze Hose. Ein kleiner Kasten diente als Toilette. Erst wenn fünf Leute ohnmächtig geworden waren, durfte man klopfen und die Wache rufen.

»Und wenn Sie jetzt Ihre Peiniger wieder treffen«, fragte ich ihn, »was würden Sie tun? Würden Sie ihnen die gleiche Behandlung zukommen lassen?« Er wies die Frage mit beiden Händen von sich. »Wir unterscheiden uns von diesen Leuten. Oft haben sie auch gar nicht nach ihren eigenen Wünschen gehandelt. Oft sind sie nur von den Aggressoren gezwungen worden. Aber wenn sie jetzt mit uns gehen, für das Volk kämpfen, sind wir bereit, ihnen die Hand zu geben. Wenn sie weiter solche Verbrechen begehen, werden wir sie bestrafen; wenn sie sich ändern, nicht.«

Seit dem 16. April waren in Haiphong hundert Kinder zu Waisen geworden. Sie wurden in Familien untergebracht. Viele von ihnen waren selber verwundet. Diese Kinder, ihre Ärzte, ihre Schwestern, die Menschen Vietnams, sie warteten auf unsere Hilfe. Ein konkretes Projekt, das die »Hilfsaktion Vietnam« vordringlich verwirklichen wollte, war deshalb der Bau eines Kinderkrankenhauses für die Stadt Haiphong.

Ich bin oft gefragt worden, welche persönlichen Gründe ich hatte, mich für Vietnam zu engagieren. Dieses Land war ein Laboratorium geworden, in dem die damals modernsten Waffen an Menschen ausprobiert wurden. Immer wieder ging mir das Bild durch den Kopf, das ich von einer Frau in Vietnam gesehen hatte, die dem Napalm zu entkommen versuchte, indem sie durch einen Fluss ging. Sie hatte ein Kind auf dem Rücken, ungefähr fünf Jahre alt. Ich dachte: Selbst wenn dieses Kind durchkommt und überlebt, dann kann doch diese Angst und diese Beschädigung niemals ausgelöscht werden.

Manchmal, wenn ich meine Kinder ansah, die damals 15, 14, 11 und fast zwei Jahre alt waren, fiel mir dieses Kind ein. Ich fand, die Mütterlichkeit, wenn es so etwas gibt, ist unteilbar. Man kann nicht für ein Kind oder zwei oder drei Kinder Mutter sein und damit hat sich's. Man kann nicht ein paar Kinder gern haben, und die Kinder der Schule, die bei einem amerikanischen Bombenangriff leider verbrannt wurden, weil man meinte, die Vietkong versteckten sich da, vergessen oder als bedauerliche Opfer militärischer Notwendigkeit abschreiben. Man kann nicht für einige Kinder sorgen und zugleich eine Politik unterstützen, die so viele Kinder verbrennt, verhungern oder in Lagern verkommen lässt.

Ein weiterer Grund, den ich hatte, mich für die Vietnamesen zu engagieren, war ein zugleich privater und christlicher. Ich glaubte zu wissen, was es heißt, wenn ich sagte: Ich bin Christin. Ich drückte damit eine Beziehung zu einem Menschen aus, der vor zweitausend Jahren gelebt und die Wahrheit gesagt hatte. Ich versuchte, diesen Mann ernst zu nehmen, weil ich dachte, dass seine Geschichte Folgen hat bis heute.

Ich konnte keinen nennenswerten Unterschied finden zwischen einer Dornenkrone und diesen Tränengasderivaten, die bei ungünstiger Windteilung nicht nur zum Weinen und Sich-Übergeben führten, sondern zum Ersticken. Ich konnte keinen nennenswerten Unterschied finden zwischen den neu ausprobierten Geschossen und Giften und der älteren Art, Menschen durch Annageln an ein Kreuz umzubringen.

Für meine Generation hat der Vietnamkrieg zwei Dinge getan: Er hat den Kapitalismus so entlarvt wie nichts zuvor. Und gleichzeitig hat das vietnamesische Volk uns – stellvertretend für andere Völker – eine neue Vision von Leben, von zukünftigem Leben geschenkt.

Eine große Rolle hat für mich die amerikanische Anti-Kriegsbewegung gespielt, die wesentlich von Christen geprägt war. Nicht nur von den Quäkern und den traditionellen Friedenskirchen, sondern bis weit in das kirchliche Establishment hinein. Diese breite Bewegung hat dann auch das Civil-Rights-Movement und die Ökologie-Bewegung in Gang gesetzt. Das hat mich an Amerika sehr, sehr fasziniert. Als ich da hinkam, hatte ich beinahe das Gefühl, ein Stück wie nach Hause zu kommen; in Westeuropa waren die pazifistisch-bürgerrechtliche Bewegung und das Christentum ja oft weit voneinander entfernt. Hier hatte ich immer das Gefühl, man müsse sich unter Sozialisten – auch in der Vietnam-Bewegung – fast entschuldigen, wenn man Theologin war. In Amerika war es selbstverständlich; es gab da einfach eine radikale christliche Tradition; politische Radikalität erwuchs aus dem Christentum und ging mit ihm zusammen.

Links, was sonst

Auf die Frage nach meinem politischen Standort hatte ich immer nur eine lakonische Antwort parat: links, was sonst?

Radikaler zu werden hat für mich eine theologische und eine politische Dimension, es bedeutet zu wachsen in Frömmigkeit und in revolutionärem Bewusstsein, wenn diese Wörter nicht zu groß sind. Aber wenn schwarze Sklavinnen und ihre keineswegs befreiten Enkel singen konnten »Lord, I want to be like Jesus«, dann brauchen wir vielleicht auch weniger Angst vor großen Wörtern zu haben.

Eine zentrale Erfahrung auf dem Weg der Radikalisierung ist für mich gewesen, dass sich ihre beiden Dimensionen immer weniger voneinander trennen lassen. Ich habe manchmal darüber nachgegrübelt, was die Tradition und was wir heute mit dem Bindestrich zwischen »theologisch« und »politisch« meinen. Jedenfalls erlaubt uns die Radikalisierung kein existenzielles Nacheinander. Wir werden nicht erst das Herz und dann die Weltlage ändern oder geändert bekommen, sowenig wie in umgekehrter Reihenfolge. »Trachtet am ersten nach dem Reich Gottes und seiner Gerechtigkeit« (Matthäus 6,33), das ist die theologisch-politische Radikalisierung, der ich einige Jahrzehnte meiner Arbeit gewidmet habe.

Ich komme aus einer Welt, die mit dem Sozialismus unvertraut war, nämlich aus dem Bildungsbürgertum. Erst auf Umwegen bin ich dazu gekommen, mich auf die linke Vision der Gerechtigkeit einzulassen. Für das Christentum hatte ich mich entschieden aus der Erschütterung meiner Generation; ich kam überhaupt nicht auf die Idee, das mit der Arbeiterklasse oder anderen »Verdammten dieser Erde« in Verbindung zu bringen. Aber ich begriff, dass die geistigen Grundlagen meines Elternhauses, dieser bürgerliche Liberalismus, nicht ausreichte. Das hatte uns in die Katastrophe geführt, war zumindest daran beteiligt. Ich fühlte, wie falsch es war, Hitler als einen Sturm, der von außen, von irgendeinem österreichischen Anstreicher, über uns gekommen war, abzutun. Es hatte viel tiefere Wurzeln, die ich nach und nach ausgrub.

Später wurde ich oft ungeduldig, wenn mich Gläubige fragten: »Bist du Marxistin?« Das Beste, was mir dazu einfiel, war die Gegenfrage: »Putzt du dir die Zähne? Ich meine, nachdem man die Zahnbürste erfunden hat?« – Wie konnte man Amos und Jesaja lesen und nicht Marx und Engels? Das wäre absolut undankbar gegenüber einem Gott, der uns Propheten mit der Botschaft sendet, dass Jahwe kennen Gerechtigkeit üben heißt. Mussten wir nicht jedes analytische Werkzeug benutzen, das uns die Ursachen der Ungerechtigkeit begreifbar und gleichzeitig die Opfer der Ungerechtigkeit als die möglichen Kräfte der Veränderung kenntlich macht, die den Bann der Unterdrückung für beide, Täter wie Opfer, brechen? Konnten wir es uns leisten, Marx zu ignorieren in einer Zeit, in der jedem aufmerksamen Beobachter des Elends in der Dritten Welt klar sein sollte, dass der Kapitalismus den Hunger weder stillen konnte noch stillen will?

Die Erkenntnis, die mich in dieser Arbeit geleitet hat, war, dass unser Wirtschaftssystem für die Reichen arbeitet, nicht für die anderen zwei Drittel der Menschheitsfamilie. Sollten wir, die wir in der Tradition von Religion und ihren anthropologischen Annahmen über die Würde des Menschen stehen, nicht wenigstens nach einer historischen Alternative suchen? Das Bedürfnis nach einer gründlichen Analyse kam bei mir aus dem biblischen Glauben an den Gott der Gerechtigkeit. Ich fand, dass eine theologische Erziehung, die keinen Bedarf an ökonomischer Theorie weckt, Verrat an ihrem eigenen Zweck übte.

Das Zusammengehen von Christen, Sozialisten und anderen Humanisten durchzieht die Nachkriegsgeschichte der sich immer weiter militarisierenden Bundesrepublik wie ein subversiver Strom. Für mich war die Wiederbewaffnung und die ihr Widerstand leistende »erste Friedensbewegung« ein sehr wichtiges Datum. Hier bin ich zum ersten Mal mit Kommunisten und Sozialisten zusammengekommen, praktisch im »Kampf gegen den Atomtod«.

Hier lernten wir, unsere eigene Tradition neu zu begreifen. Wir öffneten uns endlich gegenüber einer der größten geistigen Herausforderungen des Glaubens und hörten auf, sie als eine Invasion des Feindes in ein friedlich harmonisches Land zu betrachten. Thomas Mann hat den Antikommunismus einmal als »größte Torheit des Jahrhunderts« bezeichnet. Nach fast einem Jahrhundert des Hasses, der Furcht, des Selbstbetruges, der Verleugnung und Lüge traten auch Christen aus ihrem Schatten heraus in einen Dialog mit dem Sozialismus ein.

Aber hatten wir als bürgerliche oder kleinbürgerliche Intellektuelle überhaupt ein Recht, die Traditionen der Arbeiterklasse zu beerben? Konnten wir denn einfach aus unserer Haut und unseren Privilegien heraus?

In dieser Frage habe ich viel von der französischen Linken gelernt. Jean-Paul Sartre hatte das Wort vom notwendigen »Verrat an der eigenen Klasse« geprägt. In Gesprächen mit meinen Geschwistern und meiner Mutter habe ich mich oft als »Verräterin« gefühlt. In den Diskussionen, die wir im Nachtgebetskreis über Klassenzugehörigkeit führten, half mir ein Grundgedanke von Louis Althusser. Dieser französische Marxist machte den interessanten Unterschied zwischen Klassensituation und Klassenposition. Die *situation de classe* ist eine Frage der Geburt, des Schicksals. Man kann schließlich nichts dafür, dass man so gebildete liberale Eltern hat, wie ich sie hatte. Das ist zu unterscheiden von den Lebensentscheidungen, die man fällt, von den Solidaritäten, die man eingeht, von den Verbindlichkeiten, die wichtig werden und die eigene Position bestimmen. In diesem Sinn einer *position de classe* würde ich sagen, dass ich christliche Sozialistin bin.

Der theoretische Diskurs hat mit dem Ende der Sechzigerjahre und mit der Studentenbewegung eingesetzt, etwa mit den »Marienbader Gesprächen«. Diese waren vor allem vom österreichischen Katholizismus ausgegangen; Frauen kamen da mehr oder weniger nicht vor. Ich bin nie dort gewesen, aber die Themen, die diskutiert und publiziert worden sind, waren für mich wichtig. So zum Beispiel die Frage, ob ein Christ überhaupt Sozialist sein kann, also ob es einen Sozialismus gibt, der auf den Atheismus als Grundbekenntnis verzichtet, oder ob jeder Sozialismus diesen Atheismus zur Voraussetzung macht. Das ist eine lange Zeit diskutiert worden; heute ist das angesichts der außerhalb von Europa entwickelten »Theologie der Befreiung« obsolet geworden: Die Befreiungsbewegungen haben ein Verständnis von Religion entwickelt, das mit dem »Opium des Volkes« nichts zu tun hat. Und was von Marx bleiben wird, ist nicht seine Kritik der bürgerlichen Religion, sondern seine Anfragen an den Götzen des »freien Marktes«.

Anfang der Siebzigerjahre formierten sich die »Christen für den Sozialismus« im Chile Allendes. Ich erinnere mich, dass wir 1972 bei einer großen Tagung der Nachtgebetskreise, die es in Holland, in der Schweiz und in verschiedenen Städten Westdeutschlands gab, die Frage diskutierten, wie unsere Arbeit weitergehen solle und wie wir uns nennen könnten. Es wurde ewig debattiert über die Namen »Religiöse Sozialisten«, »Christliche Sozialisten« oder »Roter Morgenstern«. Am letzten Tag kamen zu dieser Tagung zwei chilenische Priester, die der Gruppe »Christen für den Sozialismus« angehörten. Sie erzählten uns, dass zwei Mitglieder ihrer Gruppe im Stadion von Santiago de Chile ermordet worden waren. Da war unsere Diskussion plötzlich beendet, es war vollkommen klar für alle, dass dieser Name »Christen für den Sozialismus« von uns übernommen wurde.

So habe ich in Begegnungen mit ganz anderen Traditionen die Identität gesucht in einer manchmal »Agape« oder »Nächstenliebe«, manchmal »Solidarität« genannten Praxis. Die Frage, ob jemand Sozialist oder Christ war, aus welcher sozialen Bewegung er oder sie kam, wurde für uns immer unwichtiger, so wie auch die Unterschiede zwischen katholisch und evangelisch verblassten. Wir hatten den Eindruck, in einer neuen Ökumene zu leben. Eines Tages machten wir im Nachtgebetskreis eine Retraite, um uns auf uns selbst zu besinnen. Der Kreis war angewachsen, es kamen hundert Leute zusammen, und bei der Vorstellung gab es das größte Erstaunen, als manche Leute sagten: »Ich bin katholisch« und alle meinten: »Ach, ich dachte immer, du wärst stockprotestantisch«, und umgekehrt. Wieder andere bekannten: »Ich bin nicht christlich«, und auch das rief oft Erstaunen hervor, weil wir uns eigentlich in unserer politischen Identität in dem relativ weiten Spektrum der Linken ganz gut und rasch verständigen konnten.

Bei alledem ist nicht zu vergessen, dass die Anfänge des christlich-marxistischen Dialogs, auch der »Christen für den Sozialismus« und anderer Gruppierungen, nicht in Konferenzsälen stattgefunden hatten, sondern in faschistischen Gefängniszellen und Konzentrationslagern, in denen Christen und Marxisten sich trafen, in denen sie Leiden und Hoffnungen, Zigaretten und Neuigkeiten miteinander teilten. Der Dialog unter den Intellektuellen war – zumindest in Europa, wo er erst Anfang der Sechzigerjahre begann – ein Nachzügler.

Unter ganz anderen Bedingungen hat er in der Dritten Welt begonnen. Eine Voraussetzung für diese Annäherung war die historische Erfahrung, dass weder Religion noch Sozialismus sich durch pure Gewalt unterdrücken lassen. In den Ländern Osteuropas lebte die Religion nicht nur fort, ihre Bedeutung nahm sogar zu; und der Sozialismus konnte weder durch faschistische Konzentrationslager noch durch CIA-Machenschaften getötet werden. Diesen vor fünfzehn Jahren so formulierten Gedanken möchte ich auch heute nach dem Zusammenbruch des Staatssozialismus halten.

Der Dialog bedeutete für mich Zusammenwachsen, Voneinander-Lernen. In vielen Begegnungen lernte ich nicht nur sozio-ökonomische Analysen kennen, meine Theologie selbst durchlief einen Wandlungsprozess. Zusammen mit einer wachsenden Zahl nachdenklicher Christen – auch aus dem konservativen Lager – fing ich endlich an, unseren eigenen Beitrag als reiche Konsumenten zu den verschiedenen Formen von Unterdrückung zu begreifen.

Christen, vor allem in der Dritten Welt, schlossen sich mehr und mehr Befreiungsbewegungen an oder beteiligten sich zumindest an Gruppen, die gegen die brutale Verletzung von

Menschenrechten kämpften. Roger Garaudy hatte die christlich-marxistische Begegnung in den Sechzigerjahren als Bewegung »vom Kirchenbann zum Dialog« gekennzeichnet. In den Siebzigerjahren schritt dieser Prozess dann »vom Dialog zum Bündnis« fort, und für viele ging er noch viel weiter: An den verschiedensten Orten entstand eine neue christlich-sozialistische Identität.

Wenn ich darüber nachdenke, was wir theoretisch und praktisch daraus gelernt haben, dann kann ich das theologisch so ausdrücken: Wir haben auf eine neue Weise die Bedeutung der Inkarnation kennengelernt. Die Begegnung mit dem Marxismus hat mein christliches Verständnis der historischen und sozialen Dimensionen der menschlichen Existenz vertieft.

Der christliche Gott bleibt oft ein nichtkörperliches himmlisches Wesen außerhalb von Siegen und Niederlagen der Geschichte, erfahren ausschließlich von Individuen für ihr individuelles Glück. Dieser Gott ist ein idealistischer Gott, er hat weder eine körperliche noch eine gesellschaftliche Dimension. Was mit dem Körper, der Materie, den gesellschaftlichen Strukturen geschieht, damit will dieser Gott ganz sicher nichts zu tun haben. Durch die Konfrontation mit dem philosophischen Materialismus habe ich gelernt, die materielle Existenz ernster zu nehmen, und zwar in ihrem zweifachen Sinn von Körper und Gesellschaft. Auf diese Weise rückten Hunger und Arbeitslosigkeit, der militärisch-industrielle Komplex und seine Konsequenzen für das alltägliche Leben vom Rand weg in den Vordergrund meiner theologischen Arbeit.

Ich begann, die Menschwerdung Gottes nicht länger als ein einmaliges, beendetes Ereignis zu verstehen, sondern als einen fortschreitenden Prozess in der Geschichte, in der Gott unsichtbar gemacht wird wie in Auschwitz oder auch sich offenbart in den Erfahrungen der Befreiung. Die Marxisten haben den Christen geholfen, die tiefe Diesseitigkeit des christlichen Glaubens, von der Dietrich Bonhoeffer sprach, besser zu begreifen.

Dieser Dialog zwischen Christen und Marxisten erfuhr ein jähes Ende 1968, als sowjetische Truppen in Prag einmarschierten und das unterdrückten, was Alexander Dubček den »Sozialismus mit menschlichem Gesicht« genannt hatte. Das war eine furchtbare Niederlage für uns alle, die wie er diesen Traum von einem menschlichen Sozialismus hatten. Die Dialoge wurden sofort unterbunden, einige der Ostteilnehmer kamen ins Gefängnis, wurden mit schärfsten Repressalien belegt oder bedroht und zum Schweigen gebracht. Der historische Versuch, Marxismus und Demokratie miteinander zu versöhnen, wurde von einer der imperialistischen Supermächte zermalmt, ähnlich wie dies vier Jahre später durch die Bemühungen der anderen Supermacht in Chile geschah.

Es kam ein kräftiger Gegenwind auf. Innerhalb der katholischen Kirche wurden die aufgeschlossensten und progressivsten Positionen des Zweiten Vatikanischen Konzils revidiert, verwässert, ja zurückgenommen. Die katholische Reformbewegung in den Niederlanden, die Anfang der Siebzigerjahre einen ungeheuren Frühling erlebt hatte, wurde von Rom unterdrückt, zerschlagen. Rebellierende Priester wurden versetzt, die Publikation radikaler Schriften in katholischen Verlagen verhindert. Die progressiv-katholische Zeitung PUBLIK wurde eingestellt. Papst Paul VI. verfolgte einen viel rigideren Kurs als Johannes XXIII. Die Zeit der Hoffnung schien vorüber, alles erstarrte.

In der Zwischenzeit aber entwickelten sich andere Formen der Kooperation zwischen Christen und Marxisten. Sie gingen weniger von Intellektuellen, Professoren oder Journalisten aus als von Menschen, die sich in Widerstandsgruppen rund um die zentralen politischen und sozialen Probleme der westlichen und der von ihnen dominierten Länder organisiert hatten: gegen die zunehmende Verschlechterung der Lebensbedingungen in kapitalistischen Gesellschaften, gegen Inflation, Arbeitslosigkeit und ökologische Katastrophen sowie gegen den Vietnamkrieg und seine offene oder versteckte militärische und finanzielle Unterstützung. Am wichtigsten war vielleicht der wachsende Widerstand gegen die ökonomische Ausbeutung der Länder der Dritten Welt. In den Siebzigerjahren fanden sich Sozialisten und Christen immer häufiger als Verbündete in verschiedenen Formen des Kampfes wieder.

Es hat also in der gesamten Dritten Welt eine Annäherung im Dialog gegeben, nicht nur auf einer theoretischen Ebene. Die Intelligenz in diesen Ländern, vor allem in Lateinamerika, ist stark von massivem Antiklerikalismus geprägt, während das Volk durchaus christlich ist. Dieser Abstand wurde in der praktischen Arbeit vielfach überbrückt. Die Tatsache, dass ein großer Teil des »Klerus minor«, also der örtliche Dorfkaplan und die Nonnen auf der Gesundheitsstation, auf der Seite des Volkes stehen, ist uns ja auch aus der europäischen Geschichte bekannt. Auch vor der Französischen Revolution standen die oberen Pfaffen auf der Herrscherseite und war der niedere Klerus eher mit dem Volk verbunden.

Der christlich-sozialistische Dialog wurde also nicht einfach »abgebrochen«, sondern verlagerte sich. Er kam in die Folterzellen Lateinamerikas, setzte sich an anderen Orten, unter einer anderen historischen Realität fort. *Muss* ein Christ Sozialist sein? Das konnte Mitte der Siebzigerjahre in einer Wochenzeitung wie dem DEUTSCHEN ALLGEMEINEN SONNTAGSBLATT wochenlang diskutiert werden; noch in den Fünfzigerjahren wäre es unmöglich gewesen, eine solche Frage zu stellen.

Die Menschen, die diese Schule der Bündnisse und des Kampfes besuchten, schöpften ebenso aus der christlichen wie aus der marxistischen Tradition. Es wurde nicht zuletzt für sie selbst immer schwieriger und sinnloser, ihre jeweiligen Motivationen auseinanderzudividieren und ihre Zielsetzungen in »christlich« oder »sozialistisch« motivierte zu trennen. In vielen Gruppen schritt dieser Prozess weiter voran, als die jeweils ererbten Sprach- und Symbolwelten vielleicht nahelegten. Als mich ein Radioreporter aus Arizona danach fragte, ob ich den Kampf der Asyl-Bewegung aus politischen oder aus religiösen Gründen unterstützte, antwortete ich mit der Gegenfrage, ob er denn je die Bibel gelesen habe. Wenn ja, wie könne er dann eine derartige Frage formulieren? War Jesus seiner Meinung nach ein politischer oder ein religiöser Flüchtling, als er vor den Todesschwadronen des Herodes von seinen Eltern in Ägypten in Sicherheit gebracht wurde? Und wurde Jesus aus religiösen oder aus politischen Gründen ans Kreuz geschlagen? Je mehr ich die Bibel las, umso weniger verstand ich derartige Fragen.

Den Christen ist oft vorgeworfen worden, dass sie »nützliche Idioten« des Bolschewismus seien; die Realität der Befreiungstheologie widerspricht dieser falschen Angst. Die Christen wurden keineswegs im Dienst einer sich allwissend glaubenden Ideologie instrumentalisiert, eher umgekehrt: Christen benutzten die brauchbaren Instrumente der Befreiung, welche die marxistische Theorie bereitstellte. Wir gebrauchten die Instrumente der Analyse: Ausbeutungskritik, Klassenkampf, falsches Bewusstsein, Mehrwert u. Ä. Wir verwendeten die Begriffe, ohne aus diesen vorzüglichen Hilfsmitteln der Erkenntnis der Realität eine neue Ideologie zu schmieden, die mit »wissenschaftlichem Atheismus«, Führungsrolle der allwissend-allmächtigen Partei, Außerkraftsetzung der Menschenrechte für den Klassenfeind einherging.

Die Theologie der Befreiung, an der ich mitarbeitete, übernahm aus dem Marxismus, was für die Veränderung brauchbar war; sie re-instrumentalisierte die Theorie, statt sie zu ideologisieren. Das wird ganz deutlich am biblischen Begriff der »Armen«, an dem die Befreiungstheologen festhielten, statt von »Subproletariat«, »Marginalisierten«, »revolutionärer Klasse« zu sprechen. Im umfassenderen Begriff der »Armen« war ihre Würde und die Tatsache, dass sie »Lieblingskinder Gottes« sind, festgehalten.

Ähnlich benutzten wir später in der entstehenden ökologischen Theologie das Wort »Schöpfung« statt »Natur«, um den unverrechenbaren, »intrinsischen«, nicht-instrumentalisierbaren Wert des Geschaffenen zum Ausdruck zu bringen. Ein Huhn ist zwar dazu da, Eier zu legen, das ist sein »instrumenteller« Wert. Aber es hat auch das Recht, herumzulaufen und zu gackern, dieses »intrinsische« Lebensrecht aller Geschöpfe. Vielleicht wird an diesem Beispiel deutlich, wie entfernt wir – nicht nur in der Frage der unteilbaren Menschenrechte, sondern auch in einigen philosophischen Grundannahmen über die Rolle der Natur als Arsenal und Gegenstand menschlicher Ausplünderung – von einem orthodoxen, zur Ideologie erstarrten Marxismus waren. Wie Karl Marx schon sagte: »Moi, je ne suis pas marxiste.«

Weggefährten in Ost und West

Auf dem Weg zum Bündnis zwischen Christentum und Sozialismus war Milan Machovec ein Weggenosse. Im August 1984 haben einige Freunde und ich diesen tschechischen Philosophen und Autoren des weitbeachteten Buches »Jesus für Atheisten« in seinem Feriendomizil bei Prag wieder besucht.

Ich erinnere mich an einen gewissen Zwiespalt, den ich in seinem Werk zu finden glaubte: zwischen einer »metareligiösen« Fragestellung und einer Art von Religiosität, die ich in diesem Vordenker des christlich-marxistischen Dialogs entdeckte. Was mochte er heute denken? Was bedeutet es für den Sinn des individuellen Lebens, berufsverboten, zensiert, bespitzelt und überwacht zu werden? Gibt es, in Machovecs eigenen Worten gefragt, etwas, das an die Stelle des obsoleten religiösen Glaubens treten kann, ohne dass der Mensch »verarmt und unter das geschichtliche Niveau der Religion zurückfällt«? Gibt es einen Ersatz der Religion, der ihre Werte tradiert und neu formuliert, ohne doch ihren Charakter als Illusion festzuhalten?

Eigentlich wollte ich Milan Machovec fragen, ob er den Sinn des Lebens heute noch genauso formulieren könne wie damals im Prager Vorfrühling und lange vor dem 1968 einbrechenden Winter. Ich bin aber zu dieser Frage gar nicht gekommen. Es gab gar keine Pause, sie anzubringen. Was da hervorsprudelte und -kochte, fragte und sich selbst die Antwort gab, war mächtiger als meine vermutlich ein bisschen gretchenhafte Frage. Die Wahrheit ist, dass ich im Verlauf des Gesprächs meine Frage vergaß.

Als ich mir später darüber klar zu werden versuchte, was Milan Machovec denn heute, nach dem Ende des »Sozialismus mit menschlichem Gesicht«, zum Sinn des menschlichen Lebens zu sagen hätte, kam ich über den angedeuteten Widerspruch nicht hinaus, den ich jetzt so formulieren will: Machovec setzte als »postreligiöser« marxistischer Denker voraus, dass wir dem Leben einen Sinn nur *geben* können. Reicht das? Ich wünsche mir immer, einen Punkt zu erreichen, in dem Sinn »geben« und vom Sinn »getragen sein« zusammenkommen.

Wenn ich meine Empfindung für Milan Machovec auf einen Begriff bringen will, so möchte ich sagen, dass er »fromm« ist. Was bedeutet das Wort »fromm« hier? Auf Englisch würde ich eher *devout* als *pious* sagen, um das Element der Hingabe, des Engagements, der Lebensfrömmigkeit zu betonen. Das Verfahren, die Schätze der Religion überführend zu retten, war das, was Machovec philosophisch betrieb. Er bezeugte ein Wissen davon, dass das Leben nicht gemacht, sondern uns geschenkt wird.

Ein anderer Freund auf dem Weg war Georges Casalis (1917–1987), Professor am »Institut Protestant de Théologie« in Paris. Ihm, dem Mitkämpfer in der *résistance* gegen Hitler, verdanke ich eine erheiternde Zeremonie an seiner Pariser Universität: Es wurden dort sieben Personen mit dem Ehrendoktor ausgezeichnet, zwei davon waren Frauen und einer gehörte zu den Verschwundenen.

Ich lernte Georges Casalis bei den redaktionellen Treffen der JUNGEN KIRCHE, einer Zeitschrift, zu deren Herausgeberkreis ich gehöre, kennen. Beim Wieder- und Neulesen seiner Texte gerieten mir die Erinnerung an den Freund mit seiner großen erotischen Begabung zu Anziehung und Abstoßung und die Reflexion über den theologischen Prozess des letzten Vierteljahrhunderts schön durcheinander. Das ist kein Zufall; das Persönliche und das Politische sind bei ihm eins. Georges, der viele Sprachen vorzüglich sprach, hat das Feministische nur rudimentär gelernt, wenn er es auch mit seinem großen Sinn für das, was Lebensmacht, Power-in-Beziehung ist, immerhin wahrnahm.

Immer wenn ich zu den Herausgebertagungen der JUNGEN KIRCHE kam, war meine erste Frage: »Kommt Georges?« Das versprach eine andere ökumenische Weite, radikalere Infragestellung der in der Zeitschrift gesetzten Akzente, Schärfung von Gewissen und Verstand, Lebendigkeit. Merkwürdigerweise haben Georges und ich uns in den letzten Jahren vor allem in Nicaragua wieder gesehen; ich will das nicht überdeuten, aber doch verraten, dass ich ihn um seinen Tod in der Heimat freier Menschen, die Nicaragua für viele bedeutete, beneide.

Im August 1983 kam ich zum ersten Mal nach Managua und tauchte einen Tag zu früh, ohne Verabredung, Adresse, Unterkunft und Sprachkenntnisse einigermaßen hilflos nachts im CENTRO VALDIVIESO auf. Zufällig hielt Georges dort einen Vortrag, wir fielen uns in die Arme, alles wurde geregelt, und ich kam geradewegs in einem tieferen Sinn nach Hause. Einige Tage später schleppte ich ihn zu einem Empfang, den Ernesto Cardenal gab.

Im November 1984 trafen wir uns, ebenso unverabredet, als internationale Beobachter der Wahlen in Nicaragua. Damals diskutierten wir die in der Tat »freien« Wahlen leidenschaftlich, fuhren zusammen über Land zu verschiedenen Wahllokalen, amüsierten uns über reaktionäre Journalisten. Und natürlich teilten wir unsere Ängste vor der drohenden Invasion, der Wirtschaftskatastrophe, die sich damals schon abzeichnete, der Infiltration und unser Entsetzen über die Ermordung von Kindern durch Reagans »Contras«, die von LA PRENSA nicht zur Kenntnis genommen wurde.

Georges' Analysen hatten immer die Qualität des wirklich marxistischen Denkens, sie gingen stets über Elendsbeschreibung hinaus, linke Weinerlichkeit war nicht gefragt. Die Realität wurde so lange auf ihre Widersprüchlichkeit hin abgeklopft, bis die Klopfzeichen derer, die sich nicht mehr unterwarfen, hörbar wurden. Als ich Ende 1987 wieder nach Managua kam, sagte mir eine *Compa* am Flughafen, Georges sei tot. »Sie meinen den Sohn, Matthieu«, entfuhr es mir. Ich konnte es nicht glauben.

Georges Casalis redete nicht viel über Gott, Gott sei Dank. Er redete von dem anderen, vom Tod, von den Klassenkämpfen und von der Gewissheit. In einige seiner Sätze versteckte er Gott, ohne sie oder ihn zu erwähnen. Ein Beispiel für diese wirklicher Theologie angemessene Sprache sei hier zitiert: »Allein derjenige kann ein wirklicher Revolutionär sein, der nichts für sich erwartet und in der dunkelsten Nacht zu sterben vermag, weil er weiß, dass der Tag kommt.«

Ein Bibelwort, das Georges oft zitierte, ist mir unvergesslich, vor allem, weil er das Wort »wissen« mit aller Emphase aussprach. Es steht im ersten Johannesbrief (3,14): »Wir *wissen*, dass wir aus dem Tode in das Leben gekommen sind; denn wir lieben die Geschwister.« »Wissen«, setzte Georges manchmal hinzu, »nicht glauben oder hoffen oder meinen, wirklich wissen, verstehst du?«

Ich schließe dieses Kapitel mit einem Brief, den ich Georges 1982 geschrieben habe:

Lieber Georges,
das ist ein Brief zu Deinem 65. Geburtstag. Die Zahl habe ich in den letzten Tagen dreimal nachgerechnet, vermutlich, weil es mir nicht in den Kopf will; ich finde nach wie vor herzlich wenig Weisheit in Dir und fast keine Vorsicht! Ein Geburtstagsbrief, wie ich ihn verstehe, ist ein Dankbrief für das, was Du für uns bedeutest. Mit »uns« meine ich die entstehende neue Kultur der sozialistischen Christen, dieses ökumenische Lager derer, die ihre *spiritualité* nicht ohne *libération* definieren können, die einen Bruch mit der ihnen anerzogenen Kultur vollzogen haben. Für alle die, ob sie nun JUNGE KIRCHE oder RADICAL RELIGION lesen, spreche ich und danke Dir für die Militanz, die Du verbreitest. Dieses Wort hat in Deutschland keinen guten Klang, aber wir arbeiten daran, das zu ändern, sodass die Kraft, die Freude, die Schärfe, der Witz hervortritt.

Vom Grab Deiner Mutter kommend, hast Du mir einmal in Paris gesagt, da gehe ich nie wieder hin. Ich war betroffen. Ein Grab, stammelte ich, das ist doch wichtig. Wieso, erklärtest Du, da ist sie doch nicht. Und dann hast Du von Deiner Mutter zu erzählen angefangen, bis sie im Zimmer stand, und hast das nahe Verhältnis zwischen zwei lebendigen Menschen beschrieben und wieder erklärt, dass das Grab damit nichts zu tun habe. Weißt Du eigentlich, was ich damals dachte? Ungefähr diese drei Dinge: Diese Franzosen! Dieser Calvinismus! Dieser Descartes!

Ich habe aus diesem Gespräch etwas über mich selber gelernt, nämlich wie deutsch ich bin, wie gemütlichdumpf im Luthertum und wie gar nicht bereit, die Taschenlampe des Rationalismus auch auf die Kirchhöfe mitzunehmen.

Georges, ich glaube, ich habe eine Menge von Dir gesehen in diesem Gespräch. Dieses Bedürfnis nach Aufrichtigkeit den eigenen Gefühlen gegenüber, diese lebensnotwendige Klarheit. Die Tradition, aus der ich komme, gibt vor, die Erde und die Toten zu schützen, aber in Wirklichkeit ist sie nicht wärmer, sondern nur vernebelnd. Ich habe viel Helle und Licht in Deinen Augen gesehen, als Du von Deiner Mutter sprachst. Es erinnerte mich an einen Vater, den wir gemeinsam haben, an Jean-Paul Sartre. Ich weiß noch, wie ich als junge Frau zum ersten Mal begriff, was *mauvaise foi* bedeutet, dieser unübersetzbare Begriff. In Deiner Militanz, Georges, finde ich etwas vom Kampf gegen die *mauvaise foi,* diese Verlogenheit, die gar nicht mehr zu lügen braucht, weil die Lüge schon Empfindung geworden ist, Selbstverständlichkeit, Vorbewusstsein. Da ist gar kein Gedanke und gar keine Verstellung mehr nötig, die *mauvaise foi* funktioniert im Interesse der finstersten Instinkte der herrschenden Klasse.

Vielleicht ist das Wichtigste, Georges, was Du hin und wieder für uns im Nacht- und Nebelland getan hast: uns auf die *mauvaise foi,* in der wir leben, aufmerksam zu machen. In Deinem Buch über die richtigen Ideen, die nicht vom Himmel fallen und auch nicht aus der Erde sprießen, wie manche hier träumen, sondern die aus den gesellschaftlichen Verhältnissen und ihren Widersprüchen hervorkommen, hast Du ein Kapitel über die Familie. Es ist wohl Mitte der Siebzigerjahre geschrieben, wird aber dank ideologischer Aufrüstung à la Christa Meves noch lange aktuell sein. Du nennst die Familie »einen Faktor des Immobilismus, der psychologischen, soziologischen und spirituellen Blockierung«, Du diskutierst ihre Funktion, die Werte der herrschenden Ordnung widerzuspiegeln und zu vermitteln. Du nennst diese Werte, wie »Verehrung der Vorfahren, Gefolgschaftsverhalten zwischen den Generationen, Achtung vor gesellschaftlichem Aufstieg, beruflichem Erfolg und Vergrößerung des Reichtums«. Du zeigst – und manchmal wünsche ich mir, Deine Gedanken hätten nicht diese galoppierende Gangart an sich –, wie das Christentum sich durch die Einbindung in die Familie selber privatisiert und zerstört hat. »Die Gnade«, schreibst Du, »vernichtet Privilegien und Besitz.« Ein befreiender Satz, militant und klar.

Vielleicht darf ich dazusagen: Die Gnade vernichtet, was uns ans alte Leben bindet. Sie schafft neue Beziehungen, die nicht auf Privilegien und Besitz gegründet sind, sie schafft Freunde.

In diesem Geist der Klarheit und der Militanz, der Aufrichtigkeit und der Freundschaft umarme ich Dich, Georges, und Dich, Dorothee. Kommt nur wieder öfter nach Deutschland, wir brauchen Euch.

Dorothee

Winterreisen und Passionen

Ich war zwölf Jahre alt, als ich die »Winterreise« kennenlernte. Mein zwei Jahre älterer Bruder Thomas nötigte mich, neben ihn an den Flügel zu treten und die Singstimme zu halten, was gegen sein Gepolter, vor allem der Bässe, mitunter nicht einfach war. »Nötigte« ist eine Übertreibung – kann Gesang erzwungen oder befohlen werden? Es gab jedenfalls einen gewissen Druck, weil es für mich neu war, dass Lieder nicht »von allein« gingen, sondern eine Auseinandersetzung zwischen der menschlichen Stimme und dem anderen wortlosen Instrument brauchten, ja dass sie gerade von ihr lebten. In diesem Prozess wurde das Singen für mich etwas anderes: Ich erlebte die musikgeschichtliche Zäsur, die dem Schubert der »Winterreise« zu danken ist, in der sich das naturhaft-innige Lied zum Konzertlied emanzipiert, im Singen.

Ich war im Begriff, aus der Kindheit herauszufallen; das Gefühl, nicht verstanden zu werden, von niemandem, ergriff mich. Und eben in diesem schmerzhaften Übergang standen die neuen Lieder Pate, der Frühlingstraum, die Krähe, das Wirtshaus, der Wegweiser und der Leiermann und eben, vor allen anderen, »Fremd bin ich eingezogen«. Den Liedtitel (Gute Nacht) habe ich nicht wahrgenommen, er gehörte in das Reich des konventionell Bekannten und verriet nichts von dem, was mir an Wilhelm Müllers Versen wichtig war, Wanderschaft und Lebenswinter.

Sang ich es denn, dieses unser Lied,
sang es nicht eher mich?

Unwichtig war sicher die Geschichte von dem jungen Mann, der sich im Mai in ein vermutlich reiches Mädchen verliebt hat und dem im Winter der Abschied gegeben wird. Er wird hinausgetrieben und irrt nun in der Öde der Winterlandschaft umher. Diese Geschichte einer Liebesenttäuschung wird im Zyklus Wilhelm Müllers vorausgesetzt und in Bruchstücken erinnert. Wichtige Mitspielerin ist die Zeit, Tageszeiten, Jahreszeiten, Lebenszeiten. Sie stehen für all das, was nicht »gewählt«, angeeignet und besessen, der neuzeitlichen Autonomie unterworfen werden kann, jedenfalls noch nicht in dieser Epoche der vorindustrialisierten Welt.

Beim Singen sah ich den Wanderer vor mir, in einem dünnen Mäntelchen, sich vor dem eisigen Wind duckend, den Hut verlierend, vorwärtsgetrieben in diesem gleichmäßig weiterstapfenden Rhythmus, mit dem das Lied beginnt. Du musst gehen, gehen, gehen. Das Ziel der Wanderschaft ist erst in einem späteren Lied, dem »Wegweiser«, zwar nicht benannt, aber in der Metapher von dem »einen Weiser, unverrückt vor meinem Blick« eindeutig geworden.

Doch schon das Vorspiel von »Gute Nacht« und dann die hoch liegenden Auftakte auf dem »Fremd« drücken ein Fallen aus, das nicht aufgehoben wird. Das Mädchen, die Mutter, das Haus, sie blieben mir unsichtbar. Vor irre bellenden Hunden hatte ich Angst, aber alle anderen Vorkommnisse waren nach innen genommen. Vielleicht habe ich nichts so aufgenommen wie die alles durchdringende Kälte. Es schien die Kälte der Welt zu sein, nicht nur die einer zufälligen Reise.

Das Singen dieser Lieder stellte einen gemeinsamen Schutzraum her, besser als all die Schutzräume, in die wir damals getrieben wurden. Die stärkste Ironie des Liedes empfanden wir beim unerwarteten Übergang ins »tückische Dur«, wie ich es nannte, der letzten Strophe. Ich wunderte mich, ob sich das singen ließ, beides zusammen: das betörend sich zurücknehmende »will dich im Traum nicht stören« – wer bin ich denn, dass ich Anspruch an die unerreichbar Gewordene hätte! – und zugleich den Wunsch, sich in Erinnerung zu bringen und in ihr, eingeschrieben ans Tor, zu bleiben. Gehen, Gehenmüssen und Bleiben, und sei's auch nur für die Augenblicke, in denen sie »sehen möge«. Es war eine kleine Einübung in Ironie und Ambivalenz der Gefühle.

Aber die große Einübung ging auf etwas anderes. Sie bezog sich auf den Schubert-Ton und seine unvergleichliche Trauer.

Woher kam sie, und warum nahm sie uns so unmittelbar, so leicht, als hätten wir immer schon in ihr gewohnt, in sich auf? Später lernte ich viele Namen für dieses europäische Ereignis kennen: Weltschmerz, Romantik, Todessehnsucht, Entfremdung, unglückliches Bewusstsein. Galt denn das alles auch für diesen dreißigjährigen spottarmen, geschlechtskranken Wiener Lehrerssohn?

Vielleicht war Schubert, der nicht standhielt und nichts hatte, an das er sich halten konnte, in seiner haltlosen Trauer nahe an der Transzendenz, deren mystischer Name Fremdheit ist. »Wir sind Fremdlinge und Gäste vor dir, wie unsere Väter und Mütter alle« (1 Chronik 29,15). Wohin sollte eine solche *theologia negativa* führen, wenn nicht in den Winter, der von Wahn und Schatten, Erstarrung und Eis beherrscht ist. »Was soll ich länger bleiben, da man mich trieb hinaus«, sang er, kurz vor seinem Tode. Er konnte, wie alle, nicht wählen mit der Zeit.

Freie zeit

Immer wenn ich musik im radio höre
classical one-o-four-point-three
habe ich angst vor den pausen
wird meine zunge trocken
hör ich die stille
hör ich die leere
in einer zeit
die nicht mir gehört
und nicht johann sebastian oder johannes
oder dem kleinen traurigen franz aus wien

Eine kleine zeit
in der ich zu atmen vergesse
weil ich angst habe
dass gleich der wallstreetreport über mich herfällt
und schreckliche ratschläge
was ich kaufen

wo ich essen
wie mein geld anlegen soll
auf mich einschlagen

Es ist mir als müsst ich
meine freunde beschützen
den johannes aus hamburg
und ludwig aus bonn
und den philipp emanuel
(mein gott der war doch schon melancholisch genug)
ich glaub euch ja
dass ihr sie liebt
aber beschützen möcht ich sie doch
vor eurem terror
zu kaufen zu essen und geld anzulegen

Und die kleine stille zeit
ich denk mir die kollegen
vom classical one-o-four-point-three
könnten sie brauchen
weil vergebt mir wir brauchen zeit
einander zu lieben
gerade den gustav und den robert
und alle die etwas wussten
von der stille nach dem letzten ton
von der seltsamen zeit
die niemandem gehört
absolut frei ist
falls ihr das wort versteht
frei

»Bach lieben in der Folterwelt« nannte ich einen Vortrag anlässlich der Nürnberger Orgelwochen.

Die Einladung hatte mich in ein Dilemma gestürzt, das für mein Leben typisch zu sein scheint. Als ich an dem erbetenen Vortrag über Bach zu arbeiten begann und versuchte, mich ein wenig in der musikästhetischen Literatur zur Sache umzusehen, erhielt ich einen Anruf von Freunden, die mit chilenischen Flüchtlingen zusammenarbeiteten. Sie baten mich, im Rahmen einer europäischen Delegation nach Santiago zu fliegen, um mich dort an Ort und Stelle über den Hungerstreik der Angehörigen von Verschollenen zu informieren. Ich war sehr unsicher, was ich tun sollte: am Schreibtisch bleiben, das Leiden, die Kunst und die Theologie meditieren, oder nach Santiago fliegen, um bei denen zu sein, die gefoltert worden sind oder darauf warten, dass einer, der gefoltert worden ist, vielleicht doch noch zurückkommt. Es stellte sich dann für mich heraus, dass ich diese Bitte nicht abschlagen konnte, und so hielt ich den Vortrag in Nürnberg als jemand, der in einem akademischen Sinn des Wortes vielleicht weniger vorbereitet war, in einem existenziellen aber vielleicht mehr.

Ich reflektierte die Frage der uns heute so oft aufgezwungenen Entscheidungen zwischen Religion, Politik und Kultur. Ich versuche mein Leben in der Anteilnahme zu erhalten, und dazu hilft mir Musik wie kaum etwas anderes. Ich will mich nicht entscheiden: Wie kann ich Bach lieben und mich jemals, auch nur einen Tag lang, an die Folter gewöhnen, und sei es auch nur in der Form des Vergessens?

Die SS-Führer in Auschwitz hörten Beethoven, wenn sie vom Vergasen nach Hause kamen. Das war kein Widerspruch für sie, kein Problem, das waren eben verschiedene Ebenen. Das Beispiel mag extrem sein – aber ist nicht diese Trennung, dieses »eins nach dem andern«, diese Einteilung eines der tiefsten Charakteristika unserer Kultur? Ich verzweifle immer mehr an dieser Kultur der Trennung, der Separation, der Unversöhntheit.

Wenn der Separatismus der Lebensbereiche ein Charakteristikum bürgerlicher Kultur ist, so könnte das neue nachbürgerliche Interesse gerade darin liegen: beide, die Kunst und die Religion, aus ihrer subjektivistischen Privatisierung zu befreien und wieder zu Medien der Kommunikation und der kollektiven Erinnerung zu machen. Theologie, Kunst und Musik arbeiten an dem archaischen Versuch, über unsere wichtigsten Angelegenheiten nicht zu verstummen, sondern miteinander zu kommunizieren. Beide, Theologie und Musik, nehmen dem Leiden seine Stummheit, sein Abgeschnittensein, seinen tierischen oder versteinernden Charakter. Beide rühren uns zu Tränen.

In einem bestimmten Sinn ist meine Rede eine Fortsetzung des berühmten Essays von Theodor W. Adorno »Bach gegen seine Liebhaber verteidigt« von 1951, der einen Versuch darstellt, Bachs Werk dem kulturellen Konservatismus der Fünfzigerjahre zu entreißen. An Bach, so schreibt Adorno, »halten sich alle, die, des Glaubens wie der Selbstbestimmung entwöhnt oder ihrer nicht mehr fähig, nach Autorität suchen, weil es gut wäre, geborgen zu sein«. Ich verstehe diese Kritik an der Rezeption eines »neureligiösen Bach« nicht als prinzipiell religionskritische Bemerkung, sondern Adorno als einen Kritiker inhaltsloser Religiosität, die autoritätsgläubig und geborgenheitssüchtig gerade das, was Religion bedeutet, in einer vom eigenen Verhalten ganz abgespaltenen Feierlichkeit zelebriert.

Bachs Frömmigkeit gehört in den von Luther herkommenden Wärmestrom des Protestantismus, in dem die Kirche als Institution nicht im Mittelpunkt steht. Lutherisch ist seine Frömmigkeit im Verständnis des Leidens. Die Arienmonologe und Rezitative in der »Matthäus-Passion« sind von höchster musikalischer Expressivität; sie geben dem knappen biblischen Text die eigentümliche Tiefe des Gefühls: Scham, Reue, Trauer, Schmerz, Freude tauchen auf.

Gerade an dieser Stelle liegen für eine heutige existenzielle Aneignung die größten Schwierigkeiten. Die Arien sind als zentrales Element musikalisch absolut notwendig, aber was tun sie, in Stimme und Instrumentierung oft von einer betörenden Süße, der Passion und dem Drama an? Nehmen sie nicht dem Schmerz, dem Leiden, dem Sterben genau *die* Realität, ohne die nichts, aber auch gar nichts angeeignet werden kann von dem, was die Geschichte vom Liebestod Jesu unter der Tortur des Imperiums wirklich bedeutet? Müssen wir nicht nur Bach gegen seine Liebhaber verteidigen, sondern auch Christus gegen seine Verharmloser, die sich Bachs bedienen?

Mir ist es beim Anhören der »Matthäus-Passion« immer wieder so gegangen, dass ich mich dabei ertappte, etwas zu suchen, als wäre da noch eine andere erst zu benennende Dimension im Spiel, als forderte mich diese Musik zu einer Ergänzung heraus, zu etwas, das sie nicht mitbringt, aber von mir verlangt. Als sei die »Matthäus-Passion« von JSB unvollendet, weil wir nicht nachkommen, ungenießbar, weil wir ihre Frucht nicht aneignen können, ehe wir den Weg mit unseren Stationen gegangen sind.

Im Hören werde ich ein Teil der Geschichte, ich schreie in Empörung mit den Jüngern: »Lasst ihn! Haltet! Bindet nicht!«, ich höre, und mein inneres Auge wird geöffnet. Was tut diese Musik mit mir? Sie bewegt mich, sie rührt mich an, *movere*, und sie belehrt mich, *docere*, sie führt mich in die Realität. O Mensch, bewein dein Sünde groß. Diese Musik tut beides mit mir, *movere* und *docere*, sie macht mich fühlen und sehen, was ich nicht fühlte und lieber nicht sehen wollte.

New York, N.Y.

Mit einer Mischung von Neugier und Kritik bin ich 1975 dem Ruf, Systematische Theologie am Union Theological Seminary in New York zu lehren, gefolgt. Vorher war ich nur einmal sehr kurz in den Vereinigten Staaten gewesen. Ich kam mit einer ganzen Menge Vorurteile im Gepäck an, wie die meisten intellektuellen Europäer. In vielerlei Hinsicht war ich sogar äußerst kritisch, geradezu snobistisch. Dann setzte es mich in Erstaunen, dass die »Matthäus-Passion« in dieser Stadt vielleicht dreißigmal, der »Messias« von Händel hundertmal aufgeführt wird. Ich hatte gar keine Ahnung, dass ich mich auf die Hauptstadt der Kultur zubewegte.

Zu erleben, wie meine vorgefassten Meinungen enttäuscht wurden, war für mich überraschend. Es gibt eine Art von europäischem Kulturimperialismus (wie man diesen Snobismus vielleicht nennen kann), der auch in den deutschen Universitäten sehr zu Hause ist, gerade in den älteren Fächern wie Geisteswissenschaften und Theologie, die – auf ihren Traditionen ruhend – annehmen, dass andere Methoden und Fragestellungen eigentlich nichts bringen könnten.

Ebenso im alltäglichen Leben. Ich habe die ersten Wochen in New York mit zwei jungen Mädchen verbracht, die in meinem Haus lebten und beide mit einem gesunden Antiamerikanismus erklärten: Es gibt hier eben kein anständiges Essen zu kaufen; es ist alles chemisch und überall Zucker drin, es ist alles präpariert; man findet kein vernünftiges Fleisch. Diskussionen, bei denen ich dann plötzlich die Amerikaner verteidigte und sagte: Schaut doch erst einmal ein bisschen genauer hin, wartet doch mal ab, was es hier an Möglichkeiten gibt.

Die beiden und auch ich, wir haben unsere Vorurteile sehr gründlich korrigiert. Es gab natürlich unendlich viel Schund in jeder Hinsicht. Aber vieles ist in diesem Land ungeheuer groß. Das war vielleicht zunächst mein stärkster Eindruck: die Weite des Landes im Sinn von Weite an Möglichkeiten und der Versuch, sie auszuprobieren, »dem Neuen eine Chance zu geben«, wie einer dieser zahllosen amerikanischen Sprüche lautet. Als ich kam, sagten mir meine Kollegen und Bekannten, ich sollte doch mit meiner *fresh new insight* kommen. Ich war verblüfft, das Wort *fresh* schien mir völlig unangemessen. Es wird aber sehr häufig in einem tieferen Sinn gebraucht: Du hast dich hier noch nicht ausprobiert. Mal sehen, wie weit das trägt, was du zu bieten hast.

Ich kam in ein Amerika, das gerade den Vietnamkrieg beendet hatte, gerade Präsident Nixon losgeworden war. Ich sah jeden Mann der mittleren Generation unbewusst unter der Frage an: Bist du in Vietnam gewesen? Was hast du da gemacht? Weil das für mich ein so elementares Ereignis meiner eigenen politischen und menschlichen Biografie war, konnte ich nicht davon absehen und beurteilte viele Menschen nach der Frage (auch wenn ich sie nicht aussprach): Wie standest du zum Vietnamkrieg?

Von Europa aus hatte ich die breite Mittelmäßigkeit unterschätzt. Einerseits kannte man Präsident Nixon, General Westmoreland oder andere dem Faschismus sehr nahe stehende Figuren. Und auf der anderen Seite wusste man von Leuten, die dagegen waren. Dass es dazwischen natürlich Millionen von Menschen gibt, die es ablehnen, das als ihr Problem anzusehen, ist mir erst langsam klar geworden.

Nach Gesprächen mit meinen neuen amerikanischen Freunden, die im Widerstand gearbeitet haben, begriff ich, dass es eine Neutralität in dieser Frage nicht gab. Das ist eine Idee, die auch sehr viele Deutsche gehabt haben: dass sie sich eigentlich immer anständig verhalten hätten. Diese Art von vorpolitischer Unschuld ist den Amerikanern mit diesem Krieg im fernen Asien abhandengekommen.

Überrascht war ich auch von den Reaktionen auf meine Arbeit als Hochschullehrerin. Mehrfach habe ich denselben Vortrag in Amerika gehalten, den ich auch in Deutschland gehalten hatte, wie das in unserer Branche üblich ist. Die Reaktionen empfand ich als bemerkenswert anders. In Deutschland, innerhalb des akademischen Raumes, versuchten die Zuhörerinnen und Zuhörer meist, schwache Stellen zu finden und sie aufzuknacken. Gegenüber diesem eher destruktiven Interesse war die pragmatische Haltung in Amerika wie ein heilsames Kontrastprogramm. Hier fragte man: Du hast uns also einen Schlüssel mitgebracht, welche Türen können wir denn damit aufschließen? Wollen wir doch mal probieren, wie produktiv das ist. Und dann fingen sie an; die Kritik, die dann kam, konnte durchaus sehr scharf sein. Es klang zwar alles immer etwas höflicher, doch das besagte nicht viel. Die pragmatische Haltung einem Neuen gegenüber fand ich allerdings außerordentlich angenehm und produktiv. Ich erlebte weniger Konkurrenz als in Europa.

Ganz anders waren auch die Studierenden. Zunächst machte ich die Erfahrung, dass das Verhältnis zwischen Lernenden und Lehrenden mit dem in Deutschland kaum zu vergleichen war. Da es keine oder sehr viel weniger althergebrachte Autorität gibt, muss man die Autorität auch nicht töten. Nicht nötig, den Vater immer umzubringen, wenn man ihn sowieso nach der zweiten Stunde mit dem Vornamen anredet. Das Verhältnis, in dem man auch gegenseitig Kritik übt, war ein sehr viel unmittelbareres. Man wurde im Office ständig von den Studenten angerufen: Kann ich dich mal sehen, eine halbe Stunde mit dir sprechen? In der ersten Zeit, als ich die englischsprachige Literatur noch relativ wenig kannte und die Studenten das merkten, kamen sie und halfen mir. Sie brachten ununterbrochen Bücher, ganze Leselisten.

Die Studenten, die am »Union«, wie das Seminar kurz genannt wurde, studierten, waren zum größeren Teil ältere. Sie hatten die verschiedensten Erfahrungen hinter sich – im Vietnamkrieg und im Widerstand, in der Bürgerrechtsbewegung und im Business –, hatten in den unterschiedlichsten Berufen gearbeitet, als Taxifahrer, Friseuse, Arbeiter in der Autoindustrie, Lehrer. Und dann gab es eine ganze Reihe von Frauen in einer Art dritter Lebensphase, wenn man die erste das College, die zweite die Ehe nennt. In dieser dritten Phase ging es zurück zur Schule: ein Stück Frauenbefreiung, ein Versuch, sich wieder ein erfülltes Leben aufzubauen. Sehr viele hatten die Ehe- und Familienzeit als negativ empfunden und bemängelten, dass sie in der Ehe nicht mehr wachsen durften, auf einem bestimmten geistigen und emotionalen Zustand festgehalten worden waren.

Heilsam war die Erfahrung, oft am Punkt null zu stehen, kaum etwas voraussetzen zu können: Die Studenten waren zu verschieden. Man konnte zum Beispiel nicht einfach sagen: »Wie Kant schon sagte …« Das ist zwar auch in Deutschland dummes Zeug, aber immer noch Sitte in unseren Universitäten. Am »Union« konnte man fast nichts voraussetzen im Sinne eines allgemeinen Bildungsniveaus oder Lehrkanons. Da saß dann ein Koreaner, und der fragte: »Ja, weißt du auch, was Sung sagt?« Und ich wusste überhaupt nicht, wer Sung ist. Die Japaner, Australier, Schwarzen konfrontierten mich mit ihren völlig anderen Traditionen. Es wäre geradezu grotesk gewesen, ihnen so ohne Weiteres mit Kant und Hegel zu kommen.

Im Vergleich mit den Theologiestudenten, die ich in Deutschland kannte, fiel mir auf, dass die Entfremdung, die das Studium den Menschen antut, in Amerika weniger scharf, weniger zwingend war. Die Studentinnen und Studenten am »Union« konnten ihre persönlichen Fragestellungen, Ängste und Hoffnungen sehr viel mehr einbringen als ihre Kommilitonen in Deutschland. In meinem zweiten New Yorker Semester kam ein Student mit rosigen Backen und braunen Locken zu mir und sagte, es sei doch schrecklich, wenn man aus dem Paradies der Kindheit vertrieben würde, und diese Erfahrung, dass man plötzlich kein Kind mehr sei, die sei doch ein ungeheurer Schock. Darüber wolle er jetzt eine Arbeit schreiben, eine Theologie der Kindheit entwickeln und sie mit seinen eigenen Erfahrungen verbinden. In dieser Art hatte ich eine ganze Reihe von Abschlussarbeiten, sogenannte *master of divinity,* die alle eine subjektive Ausgangsfrage hatten.

Ein weiteres Beispiel: Ein junges Mädchen erzählte uns von ihrem katholischen Background, ihre Großmutter liebte die

Jungfrau Maria. Nun war sie in dieser sehr protestantischen Schule. Jeder lachte darüber oder wusste nichts damit anzufangen. Sie widmete sich dann der Frage, ob das Marienbild, in dem Maria immer als sanftmütig, ergebungsvoll, hinnehmend, duldend geschildert wird, das einzige ist oder ob die Tradition nicht noch andere Bildelemente von einer kämpferischen, zornigen oder gar revolutionären Maria enthält. Wir überlegten gemeinsam: Wo könnte so etwas vorkommen? In welchen Aufständen haben Bauern die Madonna auf ihre Fahne geschrieben und warum?

Diese Art, wie die Studenten an Probleme herangingen, durch die Subjektivität der Fragestellung, erschien mir sehr produktiv. Mit einem etwas romantischen Ausdruck gesagt: Sie gingen auf die Suche nach Ahnen, nach einer Tradition, mit der man sich identifizieren, aus der man Kraft schöpfen kann. Das Gefühl, dass die Geschichte von den Siegern geschrieben ist und dass die Besiegten das Schreiben ihrer Geschichte erst lernen müssen, war sehr stark, besonders in der Schwarzen-Bewegung.

Ein anderer wollte seine Arbeit über christlichen Anarchismus schreiben. Ich sagte: »Ich weiß nicht, was du meinst, aber wenn es das gibt, wäre es ja eigentlich ganz schön.« Also hat er angefangen, den Anarchismus zu beschreiben, wie er sich in Böhmen im 15. und 16. Jahrhundert entwickelt hat. Er verfolgte das in amerikanische Gruppen, in kommunitäre Bewegungen zurück und verband es mit seiner Kommune in der *Lower East Side,* ein Slum im Süden New Yorks, wo er zusammen mit zehn Leuten lebte, alle gewaltfreie Anarchisten, die versuchten, gegen die *landlords,* gegen die Hausbesitzer und deren Tendenz, die Häuser verfallen zu lassen, anzugehen. Das waren Motivationen von Studenten, die ganz anders fragten, als wenn man nur noch objektivistische, von jeglicher Subjektivität gereinigte Fragestellungen hat.

In den Kirchen und auch in der christlichen Sprache habe ich ein starkes, traditionelles Gefühl des Jetzt feststellen können. Viele Gebete enden: Komm zu uns, Gott, *right now.* Erbarme dich, du hast uns gerade heute Sonnenschein geschickt. Gerade jetzt brauchen wir dich. Gerade jetzt erwarten wir etwas. Da war eine starke Emphase auf das unverschiebbare Leben, die mich beeindruckt hat. Die theologischen Differenzen, die es natürlich auch gab, ließen sich nicht mehr in Vertröstungen beschreiben, sondern mussten in dem inhaltlich gefasst werden, was dieses »gerade jetzt« bedeutet. Viel strenger als in dem schon unsicher gewordenen Christentum in Deutschland gab es etwas, das man *civil religion* nennt: fast eine Identität von gesellschaftlicher Lebensweise und Religion. Beides ergänzte sich auf bisweilen spannende Weise, war in den traditionellen Gemeinden eine kraftvolle Motivation.

Unter den Theologen, so musste ich feststellen, war diese Zivilreligion umstritten und umkämpft. Die Versuche, Christus gegen diese Kultur zu mobilisieren, waren außerordentlich stark. Auch hier spielten die Erfahrungen aus der Widerstandsbewegung gegen den Vietnamkrieg hinein; der Widerstand war vielfach von den Kirchen getragen worden, von den historisch-pazifistischen Kirchen (also Menschen, deren Vorfahren Europa vor Jahrhunderten verlassen hatten, weil sie aus christlicher Begründung heraus nicht Soldat werden wollten), aber auch von den größeren Kirchen, die sich zumindest in der letzten Phase klar gegen den Vietnamkrieg ausgesprochen hatten.

Das *Seminary*, an dem ich lehrte, stand durchaus in dem Ruf, eine Schule der Aufsässigkeit zu sein. Es galt bei einigen Evangelikalen als liberal oder – das war die Steigerung von liberal – als kommunistisch. Sie meinten, wenn man die Bibel kritisch lese, sei man schon Kommunist. Das ist natürlich übertrieben, doch wurden die Leute im *Union Theological* tatsächlich radikalisiert. Konversion gilt als ein zentrales Thema amerikanischer Frömmigkeit: ein an einem bestimmten Datum festmachbarer Akt der Gnade Gottes, die mich ergreift. Aus dieser theologischen Tradition heraus wurden aber auch Fragen nach politischer Bewusstwerdung gestellt – eine theologisch-politische Bekehrung, ein Ereignis, das hier viele Menschen erlebt haben.

Oft wurde ich gefragt: Was hat dich radikalisiert? Was hat dich auf diesen Weg gebracht? Warum nicht früher? Wer bist du jetzt? Dann war ich gezwungen, zu erzählen. Ich empfand das als einen sehr produktiven Ansatz, sehr *open minded,* wie ein schönes englisches Wort heißt.

Und dann die Überraschung, die mein Verständnis von amerikanischer Kultur ziemlich umgekrempelt hat: die Entdeckung einer breiten Opposition gegen die bestehende Kultur in diesem Land. Das, was man vor einigen Jahren *counter culture* genannt hatte, war keineswegs tot, auch wenn es in den Massenmedien nicht mehr im gleichen Sinn erscheint. Ich habe viele Leute kennengelernt, die in einer Verzweiflung über die gegenwärtigen kulturellen Werte Kritik nicht nur dachten, sondern auch lebten. Sie lehnten die wesentlichen Faktoren ab: die Karriere, das Geld, den Konsumrausch. Und vielleicht noch den sexuellen Erfolg oder den zur Ware verkommenen Sex. Sie versuchten, ein »Gegen-Leben« zu führen, mit Verzicht auf bestimmte Konsumgüter, auf bestimmte Formen des Umgangs. Die Gegen-Kultur erfüllte auch eine traditionelle Rolle der Kirchen, nämlich Freiräume für die *outsider* der Gesellschaft zu schaffen. Wie Bettler oder Kriminelle im Mittelalter in den Kirchen Unterschlupf fanden, so erlebten vielfach *dropouts* oder Leute, die mit der traditionellen Form von Lebensstil gebrochen hatten, ein Stück Heimat. Gemeinden öffneten ihre Kirchen und Häuser und gewährten Flüchtlingen und Asylanten ihr *Sanctuary.*

Die religiöse Offenheit für politische und gesellschaftliche Fragen habe ich in den Vereinigten Staaten als ein schöpferisches Element auch für meine theologische Arbeit erlebt. Ich konnte von den verschiedensten Religionen, Texten und Traditionen viel lernen. Eines der ersten Bücher, das mir in die Hände fiel, trug den Titel *Liberation Prayer Book;* es war ein Versuch neuer Formulierungen von Texten, erschienen in Berkeley, aus den dortigen Bewegungen in den Sechzigerjahren. Da gab es lange Heiligenlitaneien, in denen Einstein, Teresa von Avila, Gandhi und ich weiß nicht wer noch gebeten wurden:

Steh uns bei. Wenn man es negativ ausdrücken möchte, könnte man sagen: ein großer religiöser Supermarkt, in dem man alles kaufen kann. Aber das hielt ich für oberflächlich, denn es schien mir ein Versuch, mit dem Bewusstsein eines heutigen Menschen zu leben, für den Einstein ja manchmal wichtiger ist als Moses. Und das zu artikulieren in einer Sprache, welche die Fähigkeit zur Transzendenz offen hält.

In dieser Richtung erlebte ich eine ganze Menge von »Synkretismus« – so nennt man das in Deutschland und meint ein Schimpfwort. Mir erschien es wie ein Befreiungswort. Spannend war diese Wirklichkeit neuer Religiosität, auch die Überschneidung von Zen-Buddhismus, Christentum und Mystik und wie das in exemplarischen Gestalten erlebt wird – Christus ist da ein älterer Bruder unter anderen.

In New York erlebte ich auch zum ersten Mal eine sinnlichere Liturgie. Wir hatten in Deutschland ja das Politische Nachtgebet gemacht, aber es war stark von Analyse, Reflexion und Dokumentation geprägt, ein Stück Bewusstseinsarbeit. Das Gefühl, dass das Leben wert ist, gelebt zu werden, dass man es auch loben, ja preisen soll, ging mir erst in Amerika richtig auf. »Feiern« war ein Wort, das dort eine große Rolle spielte, auch innerhalb des religiösen Bereichs: *to celebrate.* Man konnte sogar sagen: *to celebrate our sexuality,* was im Deutschen fast unmöglich ist.

Wir haben zwei Jahre in New York als Familie mit zwei Kindern gelebt. Nach dieser Zeit gingen wir nach Hamburg, und ich kam jedes Jahr im Frühling für dreieinhalb Monate an das Seminar zurück. In dieser langen Zeit habe ich auch erlebt, wie einsam man in dieser Riesenstadt sein kann. New York und das Alleinsein, das bedeutete manchmal die hektische Suche nach *entertainment,* Kultur; ich las das Theaterprogramm in der NEW YORK TIMES, suchte etwas, telefonierte herum, um dann doch mit klassischer und moderner Musik allein zu Hause zu bleiben. Das Herumsuchen, Freunde anrufen, dann ein paar Theater anrufen, um »ausverkauft« zu hören oder keine Antwort zu bekommen, war ein Teil der New Yorker Verlassenheit.

Man hatte ständig das Gefühl, etwas zu verpassen, nicht gesehen, gehört, gefühlt zu haben. Alleinsein kann man in dieser Stadt sicher mehr als auf der fernsten Insel.

Dann ging ich mal wieder nach Harlem in die schwarze Kirche, Canaan Baptist Church. Einige dieser sehr sentimentalen Melodien wurden durch den *beat* und die elektronische Orgel am Leben erhalten. Der schleppende Gesang, die Trauer darin – er brachte die großen Gefühle hervor: Vertrauen, Hoffnung, Stärke – *there is power, there is power, there is power in the blood of the lamb.* Ich weinte und fragte mich: Warum? Ein Grund: Ich konnte mir eine weiße deutsche Gemeinde nicht vorstellen, die so viel Heimat, Gemeinschaft, Verantwortlichkeit ausdrückt. Als wären wir alle verkrüppelt. Aber es gab sicher noch mehr Gründe zu weinen.

Und immer wieder die Abschiede, der Wechsel der Kontinente. Über meinen – wieder einmal – letzten Tag in New York, den 10. Dezember 1986, finde ich folgende Notizen in meinem »New Yorker Tagebuch«:

Mein letzter Tag hier. Ich lese weitere, immer bessere Studentenpapiere und werfe nur so mit Einsern *(with distinction)* um mich.

Am Abend ist die Gedenkfeier für Heinrich Böll im Deutschen Haus von der New Yorker Universität. Alle fünf Sprecher – Kurt Vonnegut, Joan Davies, zwei ältere deutsche Juden und ich – sind von literarischen Formen geprägt, reden kurz und nachdenklich, subjektiv, ohne in Eitelkeiten zu verfallen. Einer der alten Germanistikprofessoren sagt, dass er eigentlich nie mehr etwas aus Deutschland habe lesen wollen und 1947 förmlich dazu gezwungen werden musste, diesen unbekannten jungen Mann aus dem Rheinland zu lesen. Es ist, als habe der Hein ihn mit unserem schrecklichen Land versöhnt – vielleicht ist das Wort zu groß. Der ganze Abend stellt eine eigenartige Mischung dar, aus einem Interesse an Deutschland nach dem Holocaust und einem an dem guten Menschen aus dem Severinsviertel, der eine Autorität hat, deren religiösen Hintergrund die meisten kaum wahrnehmen. In dieser weltlichen Gesellschaft, bei einem anschließenden langen Empfang, komme ich mir vereinzelt vor. »Ach so, Theologie machen Sie? Das ist wirklich ungewöhnlich!«

Zugleich fühle ich mich stärker, überlegen, wissender – als hätten die anderen Leute keinen Grund, auf dem sie stehen. Merkwürdigerweise bleibt dieses reichlich arrogante Gefühl bei mir.

Gegen elf irre ich noch durch das Village, meine U-Bahn-Station ist geschlossen, ich muss sechs Blocks weiterlaufen, was etwas unheimlich ist. Es sind viele Bettler auf der Straße, meistens schwarz, meistens alt. »Gott segne dich«, sagt einer, dem ich etwas gebe. Vielleicht sind die Armen wirklich die Einzigen, die verstehen, wovon wir eigentlich mit unsern großen Worten reden. »God« kann ich sonst kaum ertragen.

Das Gehen durch die Nacht ist wie ein Abschied. Zu Hause höre ich noch einmal Musik, Schumann und Rachmaninow, und lese ein letztes Papier über die *mistica revolucionaria* in Lateinamerika. Selbst die Dinge, die ich einigermaßen kenne, werden hier klarer. Wenigstens einige haben besser als ich Lehrende begriffen, was ich mit dieser Klasse über »Mystik und Widerstand« eigentlich wollte. Sie beschreiben die dunkle Nacht des Johannes vom Kreuz als die Nacht des Volkes, sie zitieren eine Frau aus Nicaragua, die nach der Revolution den Satz sagte: »Etwas in mir wurde ausgegraben.«

Ade, Babylon on Hudson. Ade, meine spirituellen Waisen, die Studenten. Ade, *compañeras.* Jemand sagte heute Abend, Böll sei von der literarischen Kritik als provinziell angegriffen worden, in Wirklichkeit sei er aber international. Ich empfinde da ein bisschen Neid für eine Art von provinzieller Heimat, die ich nicht habe. Obwohl, ganz zu Hause auf »dieser Welt« zu sein, wer wünscht sich schon so etwas.

Die Hälfte des Himmels

Zum Feminismus bin ich durch meine amerikanischen Freundinnen gekommen. Sie hatten nach der Lektüre der Bücher von mir, die übersetzt waren, darauf gedrungen, mich ans *Union Theological Seminary* zu holen. Als ich mich nicht freimachen konnte, in der gebotenen Eile nach New York zu kommen, erklärte man mir ruhig, dann kommen wir eben nach Deutschland, um dich anzusehen. So erschienen im Frühjahr 1975 ein deutsch sprechender Professor und eine ältere Studentin mit einem schlechterdings unverständlichen *southern accent* bei uns in Köln-Braunsfeld, beide Mitglieder des Berufungskomitees. Ich fand es ungewöhnlich großzügig, dass das *Seminary* einer Studentin die Reise bezahlte.

Dass ich den Ruf erhielt, war Beverly Harrison zu verdanken, der Professorin für Sozialethik am *Union*. Es ist nicht zu viel gesagt, wenn man sie als eine Mutter der feministischen Theologie bezeichnet; sie ist eine unermüdliche Förderin, Ratgeberin, Anregerin von Theologinnen, Organisatorin von Treffen und Konferenzen, Kritikern von jeder Form des Sexismus, jeder personellen oder institutionellen Form der Ausgrenzung von Frauen. Bev wurde mir als Erste eine Freundin.

Sieben Paradoxe für Beverly

Du bist jünger als ich
aber als mir neulich einer besonders blöd kam
sagte ich warte nur ich hol meine große schwester

Du hast keine kinder
aber deine wohnung sagt ganz vergnügt
kinder erwünscht kommt nur alle her

Einmal hab ich dich weinen sehen
aus zorn über eine ungerechtigkeit
aber du warst stärker als die starken

Du denkst über die abtreibung nach
aber ich habe noch nie einen lehrer gesehen
der so wenig leben abtreibt

Manchmal bist du so in arbeit vergraben
dass ich dein gesicht nicht sehe
aber ich habe etwas gelernt
es ist wie der mond es kommt wieder

Einmal habe ich dich weinen sehen
vor glück dazu gibt es kein paradox
einmal hab ich dich weinen sehen
und war glücklich

Manchmal bin ich traurig
weil ich eine dünne wand zwischen uns spüre
aber sie hat türen

Beverly, aber auch die vielen jüngeren Frauen am *Union*, die mit mir als Tutorinnen zusammenarbeiteten, haben mich immer wieder gefragt: Was hat deine Theologie mit deinem Frausein zu tun? Ich hatte meine Theologie lange Zeit vor allem politisch interpretiert, verstand sie als Frage meiner nationalen Identität in diesem Jahrhundert. Nach Auschwitz Theologie zu treiben musste etwas anderes bedeuten als zuvor. Viele Vorträge in den Staaten begann ich mit Bemerkungen wie »Ich komme aus Deutschland …«

Dass diese historische Sensibilität und die Weigerung, sie wissenschaftlich glattzubügeln, etwas mit meinem Frausein zu tun haben könnte, war mir nicht bewusst. Ich konnte bestimmte Themen und Fragestellungen nicht verschweigen, hatte in gewissem Sinn die einfachsten Lektionen der deutschen Universität nicht gelernt: Wenn du schon das Unglück hast, eine Frau zu sein, dann musst du dich anpassen, unterordnen. Die Themen, die du auswählst, müssen absolut wissenschaftlich sein; die Methoden, die du brauchst, müssen sich den herrschenden angleichen.

Eine andere Frage meiner neuen amerikanischen Freundinnen lautete: Wie kommt es, dass du, eine der bekanntesten deutschen Theologen, in deinem Land keine Professur hast? Darauf antwortete ich gern mit einer Zeitungsüberschrift aus der FRANKFURTER RUNDSCHAU: »Links und eine Frau, das geht zu weit«. Der Artikel berichtete über einen Konflikt, den ich 1974 wegen eines unbezahlten Lehrauftrages an der Mainzer Theologischen Fakultät hatte.

In New York habe ich in Gesprächskreisen, Gruppen, Veranstaltungen viel Neues aus der feministischen Kultur wahrgenommen; Schilder wie »Feminist spoken here« in Buchläden oder Sprüche wie »Als Gott den Mann schuf, übte sie nur« im Seminar erheiterten mich und machten mir einige Dinge auch in meiner Biografie erst damals richtig bewusst. Einer meiner Lieblingssätze wurde »Eine Frau ohne Mann ist wie ein Fisch ohne Fahrrad«.

Die Unterdrückung der Frau war mir, aus einem liberalen Elternhaus kommend, in dem geistige Arbeit immer respektiert und Haushaltspflichten gerecht auf alle fünf Kinder verteilt wurden, nicht sehr bewusst. Ich war die Tochter einer hellwachen und geistig unabhängigen Mutter, die von den wilden Zwanzigerjahren schwärmte und uns Lieder aus der Dreigroschenoper vorsang. Sie bezog die Zeitschrift »Die Frau«, bis sie verboten wurde, und machte sich über das Mutterkreuz der Nazis lustig; irgendwie hat sie es verstanden, diese Ehrung zu vermeiden. Als das ähnlichste Lieblingskind kannte ich den »Weiblichkeitswahn«, den Betty Friedan in den Fünfzigerjahren beschrieben hat, nur vom Hörensagen.

Was die bürgerliche Frauenbewegung der Zeit vor 1933 gesetzlich bei uns erreicht hat, empfand ich bei mir als gegeben. Ich habe studiert, promoviert, wollte immer etwas mit der Sprache machen, also schreiben, öffentlich reden, lehren, predigen, Menschen überzeugen.

Professorin bin ich jedoch in Deutschland nicht geworden, was sicher sexistische, aber auch politische und kirchentheologische Gründe hatte – diese drei Faktoren gingen wunderbar zusammen. Ich bin darüber nicht besonders verbittert, weil ich die Kombination von freier Schriftstellerei und einer Professur an einer sehr liberalen theologischen Hochschule in den Vereinigten Staaten ideal für mich fand.

Die Nicht-Karriere hängt wohl auch mit einer gewissen frauenspezifischen »Verspätung« und einem nicht ganz »ordentlichen« Lebensweg zusammen. Als Frau und Mutter habe ich mit vielen solcher Verspätungen gelebt, während männliche Karrieren ja normalerweise glatt gehen. »Man« geht erst zur Schule, studiert dann und macht Examen, dann steigt »man« langsam auf: das ist das Normale. Aber für die meisten Frauen ist es ganz anders: Sie heiraten zwischendurch, haben Kinder, möglicherweise werden sie geschieden, leben in anderen Beziehungen. Der normale Gang durch das Leben ist viel komplizierter. Ich habe mich oft wie ein Vogel auf dem Land gefühlt, so ungeschickt wie eine Ente geht eine Frau auf diesem Männer-Land. Und so wenig flott ist sie.

Die Universität hatte vielleicht deshalb Schwierigkeiten mit mir, weil ich den Weg der Abweichung nicht gescheut habe. Ich suchte eine andere Art des Schreibens als die wissenschaftliche. Ich wollte meine Bücher nicht durch unnötig viele Fußnoten belasten. Ich wollte nicht mein Wissen dokumentieren, sondern meinen Denkprozess. Der herrschende Zwang ist ein Beweiszwang, dass man immer möglichst viele Autoritäten hinter sich bringt, statt etwas zu riskieren. Mir wurde oft gesagt: Das ist ja eine sehr gewagte These, die Sie da wieder äußern! – und ich spürte schon die Nervosität.

Ich denke, das Sicherheitsbestreben steht dem Selbstausdruck und der Kreativität entgegen. Man muss sich irgendwann im Leben überlegen, was man eigentlich will, ob man Sicherheit um jeden Preis, mit jeder Fußnote und mit Verbeugung vor jeder Autorität will. Oder ob nicht doch etwas anderes mit dem Schreiben gewollt ist, ob es nicht andere Zugänge zur Realität gibt und auch zur Sichtbarmachung der Realität, die vielleicht weniger abgesichert sind, aber mehr Chancen haben, Menschen zu verändern.

Diese inneren Schwierigkeiten traten bei meiner Habilitation an der Philosophischen Fakultät in Köln zutage. Meine Arbeit war angenommen, es fehlte noch eine Formsache, der mündliche Vortrag und das Prüfungsgespräch, das damals mit der ganzen Fakultät zu führen war. Ich betrat den Raum ohne besondere Aufregung, weil ich schon sehr viel Erfahrung mit öffentlichem Reden hatte. Ich wollte gerade sagen »Meine Damen und Herren«, als mein Blick über die ca. sechzig Versammelten ging. Ich sah, dass die zwei oder drei Frauen, die der Fakultät angehörten, an diesem Tag nicht da waren. Nach einem Augenblick des Zögerns sagte ich »Meine Herren!«. Ich spürte, dass alle wussten, was ich dachte.

Ich fiel durch diese »Prüfung«, das war in Köln seit 1945 nicht vorgekommen. Der »Bund für die Freiheit der Wissenschaft« hatte sich kurz zuvor auch in Köln etabliert und war gut organisiert. Ich war durch meine Arbeit im »Nachtgebet« öffentlich bekannt – und sah in der Zeit der Vorbereitung auf die Habilitation keinen Grund, mich zurückzuhalten. Gerade das nahm man mir – als dem akademischen Comment, der Wissenschaft als Askese fordert, widersprechend – übel. Später hinterbrachte man mir die Bemerkung eines beteiligten Professors über mich: »Die hat doch die Unverschämtheit besessen, im November noch ein Kind zu bekommen!« Das mag unverbürgter Klatsch sein, aber es lehrte mich einiges über Misogynie, Gebärneid und Angst des »starken« Geschlechts. Ich wiederholte die Prüfung ein Vierteljahr später, diesmal – vor allem dank Professor Walter Hinck – erfolgreich.

Das Frauendilemma »Kinder und Beruf« blieb mir natürlich nicht erspart. Ich habe mich mein ganzes bewusstes Leben dagegen gewehrt, mir Schuldgefühle wegen meiner Verbindung von Beruf und den Aufgaben in der Familie machen zu lassen. Junge Frauen sollten begreifen: Diese Alternative ist keine. Für mich verstand sich von selbst: Ich wollte Kinder haben, in einer partnerschaftlichen Beziehung leben und einen Beruf ausüben. Mechthild Höflich, eine meiner besten Freundinnen aus der Kölner Zeit, ist Mutter von acht Kindern, Professorin an der

Fachhochschule und zugleich gesellschaftlich – wie im Politischen Nachtgebet – engagiert gewesen.

Der Beruf war zunächst einfach eine Notwendigkeit, weil ich für die Familie Geld verdienen musste. Ich habe in erster Ehe einen Maler geheiratet, der wunderbare abstrakte Bilder gemalt hat, sich aber nicht zu verkaufen wusste. Das störte uns zwar nicht weiter, zumal ich Freude an meinem Beruf als Lehrerin hatte. Seit damals kann ich mir ein Leben ohne Beruf gar nicht mehr vorstellen.

Nach meiner Ehescheidung habe ich dann einige Jahre allein gelebt. Damals hatte ich drei Kinder und habe mich so durchgewurschtelt mit Tausenden von Kleinlösungen. Hin und wieder hatte ich ein Au-pair-Mädchen, auch konnte ich viel zu Hause am Schreibtisch arbeiten. Meine Mutter lebte in Köln, meine Ex-Schwiegermutter auch. So habe ich jede Sorte von Lösungen durchprobiert, die es damals für mich gab, bis auf eine, die mir erst im Nachhinein klar wurde …

Vor ein paar Jahren besuchte ich eine junge Frau, die nach der Trennung von ihrem Mann mit ihren Kindern und zwei anderen jungen Frauen zusammenlebte. Ich musste damals an meine eigene Erfahrung nach der Trennung von meinem Mann zurückdenken, als ich mit meinen kleinen Kindern allein war und sehr harte Zeiten erlebte. Die jungen Frauen sind heute wirklich weiter, dachte ich, da ist doch einiges aus der Frauenbewegung angekommen! Ohne einen Partner zu leben heißt für sie nicht notwendig, allein zu sein, auf Frauenfreundschaften wird sehr viel mehr Wert gelegt. Diese jungen Frauen setzten sich einfach nicht der Vereinsamung aus, hatten sicherlich auch nicht diese gesellschaftlichen Komplexe wie ich damals. Ich habe wirklich Jahre dazu gebraucht, beim Kinderarzt ganz schlicht und ruhig zu sagen: Mein Mann und ich leben getrennt, ich bin für die Kinder verantwortlich, bitte schreiben Sie meinen Namen auf die Rechnung, ich bezahle sie auch. So viel Selbstbewusstsein zu entwickeln, solche einfachen Sätze zu sagen in einer Gesellschaft, in der man sich für das Misslingen einer Ehe schuldig fühlt, das fiel mir sehr schwer.

Eine Zeit lang hatte ich eine Assistenz in Aachen, an der Technischen Hochschule, in der Philosophie-Abteilung. Ich musste immer zwei Tage in der Woche dahin, montags und dienstags. Ein Kind von mir wurde regelmäßig sonntagabends krank. Es war, wie es im psychologischen Lehrbuch steht, mit Fieber und Schmerzen.

Ich suchte verzweifelt nach Lösungen. In diesen Monaten waren auch die Konflikte mit meiner Mutter sehr belastend. Sie meinte, du kannst eben nicht alles haben, du musst für die Kinder da sein. Aber in dem Punkt war ich wirklich radikal. Ich fand es von vornherein falsch, auf Beruf und andere Interessen zu verzichten. Als ob Muttersein etwas wäre, was man mit einer Art von Selbstzerstörung erkaufen muss. Diese Idee fand und finde ich unmöglich. Ich versuchte, Zeit für die Kinder zu haben, ihnen Märchen zu erzählen, mit ihnen zu singen und Unsinn zu machen. Dass sie Fischstäbchen zu essen bekamen statt richtigen Fisch, hielt ich nicht für das größte Unglück.

Es war natürlich ein Balanceakt, erforderte viel Geschick, Organisationstalent, Anstrengung und Fantasie. Und es ging auch nicht ohne Schwierigkeiten und Niederlagen ab. Als wir einmal beim Mittagessen auf die Frage kamen: Was willst du werden?, sagte meine damals schwierigste Tochter mit patziger Stimme: »Ich werde überhaupt nichts! Ich werde eine Mutter!« Da musste ich schlucken.

Hausfrau ist für mich nur begrenzt ein Beruf und sicherlich nicht in der Kleinfamilie, also innerhalb eines statistisch auf eineinhalb Kinder beschränkten, technisch voll ausgerüsteten Haushalts ohne ältere Generation, ohne Eigenproduktion von Nahrungsmitteln oder Kleidung, wie es früher war. Frau Saubermann, die nur ihre Wohnung putzt oder sich um Modefragen kümmert, führt für mich eine absolut sinnlose und tödliche Existenz, in der ihre Interessen und Fähigkeiten und ihre Intelligenz so reduziert sind, dass eine Auseinandersetzung mit der Welt, der Austausch und die Schwierigkeiten mit anderen Menschen vermieden werden.

Für einige Jahre, solange die Kinder klein sind, kann es notwendig sein, sich auf die Arbeit in Haus und Familie zu konzentrieren. Aber keine Frau sollte sich darauf beschränken lassen, diese Arbeit immer und allein zu tun. Wenn die Lebensbeschäftigung schließlich darin besteht, in einen Fertigpudding noch ein Ei zu rühren, nur um dem Gericht eine persönliche Note zu geben, dann ist das grotesk und menschenunwürdig. Das ist keine ernsthafte Arbeit mehr. Und ernsthafte Arbeit gehört für mich zur Menschwerdung hinzu. Der komplette Verzicht auf wirkliche, anerkannte, sinnvolle Arbeit beschädigt die Frau.

Mein Mann und ich teilen uns die Arbeit im Haushalt. Wir kochten einige Zeit zusammen oder abwechselnd; in den letzten Jahren hat er es mir langsam, aber sicher aus der Hand genommen. Ich arbeite gern – wenn auch mit wenig Verstand! – im Garten. Bei »sinnvoller Arbeit« denke ich auch an eine möglichst umfassende Beteiligung aller meiner Fähigkeiten, und dazu gehört auch die Arbeit mit der Hand. Ich will mich nicht nur intellektuell betätigen.

Ich habe vier Kinder. Und ich würde mich wieder für Kinder entscheiden, wenn ich heute als junge Frau vor dieser Frage stünde. Bei aller Kritik am Patriarchat ist mein Feminismus nicht separatistisch, was die Männer angeht. Ich halte den Separatismus für eine Zwischenphase, die für viele Frauen wichtig ist, weil sie es brauchen, sich nur mit Frauen zusammenzusetzen und in Frauengruppen ihr Leben zu klären und aufzuarbeiten. Aber nach dieser Erholung von den Beschädigungen des Patriarchats müssen die menschheitlichen Aufgaben wieder gemeinsam mit Männern angegangen werden.

Vielleicht ist meine Vorstellung von einem glücklichen Leben weniger individualistisch als die vieler junger Frauen. Ich denke, dass wir eine bestimmte Art von Abhängigkeit zum Leben benötigen, aber nicht die totale emotionale und wirtschaftliche Abhängigkeit, die Unfähigkeit, sein Leben selbst zu organisieren. Sondern vielmehr eine Abhängigkeit, die aus Freiheit entsteht: Ich könnte auch anders, aber ich möchte gern mit dir leben. In der Frauenbewegung wird der Begriff der Abhängigkeit oft abgewertet. Danach ist sie in jedem Fall der Tod, zerstört den Menschen. Das erscheint mir falsch. Ich glaube, zum Menschen gehört gegenseitige Angewiesenheit. Konkret heißt das: Ich bin sexuell, geistig, emotional abhängig von anderen, brauche Gespräch, Herausforderung, Kritik, Zärtlichkeit, Verständnis, Hilfe bei der Bewältigung des Alltags. Ich will meine Erfahrungen mit jemandem teilen, will trösten und getröstet werden.

Ich finde sogar, dass die Unterdrückung viele »Vorteile« hat. Keine Vorteile in der Karriere oder im Berufsleben; aber die Sensibilisierung, die Frauen erleben, indem sie zum Zuhören und Stillsein erzogen wurden, ist ja nicht nur ein Nachteil, sondern auch ein Stück Humanisierung. Nicht Weinerlichkeit, sondern Stolz sollte der weiblichen Sozialisation entsprechen. Das Leben in Ganzheit und der Wunsch nach Vereinigung oder Hingabe sind Vorteile bei der Vermenschlichung; das Sich-Zurückhalten, Gefühle nicht hochkommen zu lassen, sich zu bewahren sind Nachteile der männlichen Sozialisation. Weshalb ist denn die Männerkultur so öde und furchtbar? Doch weil die Männer so viele weibliche Anteile aus sich ausgeschlossen und in sich zerstört haben.

Die unterschiedlichen Akzente, die sich aus dem Feminismus ergeben können, habe ich exemplarisch an einem Abend im November 1985 in New York erfahren: Zu einer Veranstaltung des Frauenzentrums unseres Seminars wurden zwei Studenten, die zuhören wollten, nicht zugelassen, weil das Frauenzentrum, wie ich erst damals erfuhr, nur für Frauen da war. Ich war sehr ärgerlich, brach aber die Veranstaltung nicht ab, sondern diskutierte eine Weile über den Separatismus: Was soll aus dem Feminismus werden, wenn Frauen sich wie Rassisten verhalten? Ich habe dann einen offenen Brief an das Frauenzentrum geschrieben, mit der Überschrift »Das ist nicht mein Feminismus!«:

»Als ich zusagte, im Frauenzentrum über ›Leben und Sterben in Nicaragua‹ zu sprechen, wusste ich nicht, dass dieser schöne

Platz ein ›Nur-für-Frauen‹-Ort ist. Es war mir peinlich, und ich schämte mich, als Männer, die zuhören wollten, weggeschickt wurden. Ich wusste, dass meine Schwestern in Nicaragua nicht mit dieser ›Politik der Trennung‹ übereinstimmen könnten oder wollten.

Was für eine Art von Feminismus steckt hinter dieser Regel? Ich bin mir klar darüber, dass ich und andere Frauen zu bestimmten Zeiten unseres Lebens das Bedürfnis nach einem besonderen Raum für Frauen haben. Ich verstehe, dass wir ein gewisses, zeitlich begrenztes Getrenntsein brauchen. Es hat damit zu tun, wie wir uns selber definieren wollen, wer wir sind, mit unserer Suche nach Identität. Aber wenn die Trennung Separatismus wird, wenn sie die Regel statt die Ausnahme ist, dann geht etwas von der Integrität unseres Kampfes verloren. Feminismus wird dann zu einer biologischen Kategorie, einem anderen Abkömmling des Rassismus. Dann schließt er Männer unterschiedslos aus, bloß weil sie Penisse haben, genauso, wie es die Rassisten tun mit Leuten, die eine andere Hautfarbe als ihre eigene haben.

Für mich ist Feminismus ein menschheitliches Unternehmen und eine Notwendigkeit. Weder Frauen noch Männer können Menschen werden, ohne für ihre Befreiung zu kämpfen. Und genauso wie Frauen nicht von Geburt an in den Feminismus gehören und seine Werte ihnen nicht angeboren, sondern zu lernen sind – so sind auch Männer nicht von Natur aus ausgeschlossen. Wirklich, Gott braucht alle ihre Kinder, damit sie von Furcht und Hass frei werden können und wir endlich miteinander in einen herrschaftsfreien Raum hineinwachsen.«

Ich möchte mich nicht spalten. Das ist für mich wichtiger geworden als die reine Emanzipation. Die Emanzipation definiert ja meist nur, wovon ich wegwill. Die neue Frauenbewegung geht jedoch darüber hinaus und erwartet mehr vom Leben, als sich nur aus der Abhängigkeit von den Männern zu befreien. Sie will eine andere Art von Leben, eine andere Kultur. Sie will andere menschliche Beziehungen. Sie will eine Welt, die anders strukturiert ist – wir wollen bekanntlich nicht nur die Hälfte des Kuchens, sondern ganz neue Kuchen backen.

Wenn man versucht, sich den Menschen ganzheitlich zu denken, dann ist die Vorstellung illusionär, dass man nur die eine Hälfte entwickelt, die partnerschaftliche Hälfte, dass da Bereicherung, Verfeinerung, Bildung, Sensibilisierung stattfinden, dass aber die andere Hälfte, die individuelle Selbstverwirklichung in der Arbeit, auf dem Niveau der herrschenden Kultur und ihrer Barbarei bleibt.

»Lieben und arbeiten« ist ein Versuch, unser Gebrauchtwerden schöpfungstheologisch neu zu denken. Auch die beste Partnerbeziehung ersetzt keine vernünftige Arbeit. In diesem Sinne denke ich feministisch und würde sogar rückblickend sagen, dass auch die Bücher und Entwürfe, die ich vor meiner Beschäftigung mit dem Feminismus geschrieben habe, unbewusst schon feministisch waren – »avant la lettre«.

Zum Beispiel habe ich in den Sechzigerjahren eine massive Kritik an dem Gott formuliert, der alles in Ordnung hält und regiert, einer Supermacht, die auch Auschwitz geschehen lässt. Es war eine Theologie nach dem Tode Gottes, weil ich diesem Gott kein Stück Brot mehr abnehmen wollte und konnte. Mir war damals nicht klar, dass das eigentlich eine feministisch denkende Theologie war und dass mein Frausein mit diesem theologischen Ansatz und dieser Kritik zu tun hatte.

Mein Weg ist vielleicht etwas anders gegangen als der vieler jüngerer Frauen, bei denen der Feminismus zuerst und die Politisierung erst dann kommt. Für mich sehe ich das ganz verwoben miteinander: Wenn man irgendwann einmal auch nur ein paar Tropfen Freiheit getrunken hat in einer Welt der Sklaverei, der Verdummung und des Kleinhaltens, dann führt das notwendigerweise dazu, mehr zu dürsten und lauter zu schreien. Und dieses Rufen nach mehr Freiheit ist ein so vitaler Antrieb, dass die verschiedenen Formen, welche die Bewegungen des Protestes und des Widerstands heute haben, sich integrieren.

Wenn ich mir anschaue, was wir seit den Achtzigerjahren die neuen sozialen Bewegungen nennen, die Frauen-, die Friedens-, die ökologische Bewegung, die Solidarität mit der Dritten Welt, stelle ich fest: Das wächst alles in meinem Leben, in meiner Beobachtung immer mehr zusammen und führt mich in eine andere, eine weniger materialistische Kultur, in der die Menschen nicht allein danach bewertet werden, was sie verdienen. Wo andere Werte wichtig sind. Verbundenheit mit anderen Menschen, Erfüllung in der Arbeit zum Beispiel.

Eine gegenkulturelle Bewegung will nicht das, was die anderen schon haben, sondern etwas Neues, was die anderen eben gerade nicht haben und was in ihrem Rahmen auch gar nicht denkbar ist. Sie macht sich auf gegen die herrschenden und verordneten Werte dieser Kultur, also ihren Materialismus, ihre Kriegslüsternheit, ihre Ausbeutung der ganzen Welt, ihre Zerstörung der Natur und ihre Gefühlsarmut. Ihr bläst der Wind ins Gesicht, aber jeder Gegenwind enthält auch einen Aufwind.

Vom Schmerz der Geburt

Meine Großmutter gebar ihr erstes Kind drei Tage und Nächte lang; schließlich wurde es mit der Zange geholt. Fünf Jahre später – ihr Mann war »rücksichtsvoll«, wie man das nannte – bekam sie ihr zweites Kind, ebenfalls eine lange und qualvolle Geburt. Als sie von der Hebamme hörte, dass es ein Mädchen sei, seufzte sie tief und sagte: »Du Armes, dann musst du das auch alles durchmachen!« Das hat sie mir selber erzählt.

Meine Mutter hat fünf Kinder geboren, die ersten beiden noch in der kleinen Wohnung, aber schon mit einem Ätherrausch, die drei anderen in der Klinik. Ihr Verhältnis zum Schmerz der Geburt war nüchtern, rational und bewusst: Was natürlich ist, kann einfach nicht falsch, dämonisch oder böse sein. In unserer Familie hatte das Wort »natürlich« einen hohen Rang; alles was unnatürlich, künstlich oder affektiert erschien, war negativ besetzt. Die Hochachtung der menschlichen Arbeit gegenüber, die für meine Mutter selbstverständlich war, bewährte sich auch bei der schweren Arbeit des Gebärens. Geburtsschmerz ist *labour,* harte körperliche Arbeit.

Ich erinnere mich deutlich, als ich mein erstes Kind bekam, an die zunächst kaum spürbaren Wehen, auf die ich gewartet hatte; dann hatte ich das Gefühl, die Wehen, diese mühselige Plackerei, richteten sich in mir ein. Geholfen hat mir nicht das kleine Lachgasgerät, das ich eher für ein beschäftigungstherapeutisches Spielzeug der Medizinindustrie hielt, wohl aber das in der Vorbereitung gelernte tiefe, bewusste, selbst kontrollierte Atmen. Im Atmen mit der Wehe zu gehen, nicht gegen sie, war wie eine Übung, bei der ich zwar unterlag, als die Schmerzen schlimmer wurden, die mir aber doch einen Halt gab, eine Aufgabe stellte und vor allem in der Wehenpause die Angst vor der nächsten Wehe wegnahm. Ich habe vier Kinder geboren, aber meine Erinnerung an den Schmerz ist blass geworden. Der unaussprechliche Horror, den meine Großmutter vorm Gebärenmüssen empfand, ist mir überliefert, nicht erlebt.

Meine Tochter hat zwei Kinder zur Welt gebracht; sie hat es sehr verschieden erlebt. Die erste Geburt war für sie eine lange, mühselige, alle Kräfte und Energien aufzehrende Arbeit. »Als hätte ich zweimal auf den Mount Everest und zurück steigen müssen«, wie sie sagte. Danach war sie hungrig und total erschöpft. Das zweite Kind kam in zweieinhalb Stunden, die Anstrengung war viel geringer, aber die Schmerzen schlimmer, gewalttätiger.

Ich erzähle diese Familiengeschichte, um mir den Schmerz der Geburt zu vergegenwärtigen. Ich will mich erinnern, ich gehöre in eine lange Frauengeschichte hinein. Es war mir wichtig, wenigstens zu Beginn der Eröffnungswehen bei meiner Tochter zu sein; »beistehen« ist ein schönes deutsches Wort, das Anteilnahme und Mitleiden ausdrückt, aber auch die Grenze, die in der Unübertragbarkeit von Schmerz liegt, deutlich macht. Eine andere Frau oder ein anderer Mann kann für die Gebärende ein »Beistand« sein, nicht mehr. Dass der Mann meiner Tochter die Geburt miterlebte, ist ein humanisierender Zug in der langen Geschichte unteilbarer Schmerzen.

Nur theoretisch möchte ich festhalten, dass Männererinnerung und -erfahrung allein wohl nicht ausreichen dürfte, den menschlichen Schmerz zu verstehen oder auch nur die Geschichte der menschlichen Schmerzempfindung zu schreiben. Mir liegt an der historischen Verschiedenheit der Erfahrung, die in meinem Fall der Geschichten der Frauen einer Familie fast ein Jahrhundert umspannt. Wie wurde in dieser Zeit die menschliche Grunderfahrung, einem Kind das Leben zu schenken, verstanden? Wie wurde sie in verschiedenen Zeiten der Medizingeschichte verwaltet? Wie änderten sich die Bedingungen?

Als ich erfuhr, dass in der Mittelklasse der USA zeitweilig der Kaiserschnitt als eine Art Modetechnik ohne jede medizinische Notwendigkeit praktiziert wurde, war ich entsetzt. Technologische Schmerzentsorgung durch einen operativen Eingriff, der nachträglich oft mehr Schmerzen bringt – ist das ein Ziel? Eine Operation anstelle einer Geburt, als sei da kein Unterschied? Die Gebärende als Patientin im Krankenhaus? Sie selbst, ihre

Anstrengung ersetzt durch einen männlichen Operateur, der sie von der Arbeit befreit?

Es fällt mir nicht ganz leicht, meine Empörung über diese und andere technologische Entsorgungspraktiken mitzuteilen. Vor allem lässt sich mein Entsetzen denen schlecht mitteilen, die den Schmerz ohnehin nur technizistisch betrachten, als eine vermeidbare Panne, als historisch erübrigte sinnlose Plackerei.

Warum erschreckt mich denn die Vorstellung vom Kaiserschnitt für alle Frauen, die überhaupt gebären wollen? Warum jagt mir die *Science-Fiction*-Utopie der In-vitro-Fertilisation, bei der man das fertige Baby dann eines Tages im Labor abholen wird, Ekel und Abscheu ein? War es denn nicht schlimm genug, dass meine Großmutter so hat leiden müssen? Was bedeutet es denn, dieses archaische Leiden, das der Gott der Genesis bei der Austreibung aus dem Paradies über die Frauen verhängte? »Ich will dir viel Schmerzen schaffen, wenn du schwanger wirst, du sollst mit Schmerzen Kinder gebären« (1 Mose 1,16). Wie weit soll, darf, muss unsere Emanzipation von diesen Formen des Leidens gehen?

Je länger ich den Schmerz der Geburt bedenke, desto klarer wird mir, dass ich ihn nicht missen will. Das klingt seltsam, fast masochistisch. Könnte dieses Insistieren auf dem Schmerz der Gebärerin möglicherweise nur eine jener Selbsttäuschungen sein, durch die wir Vergangenes, wie die eigene Kindheit, manchmal verklären?

Mein Interesse ist jedoch nicht, den Schmerz zu verleugnen oder ihn in einer Opferideologie, bei der die Mutter sich für das neue Leben aufs Spiel setzt, zu verklären. Die frauenfeindliche späte Deutung der Sündenfallgeschichte, in der die Geburtsschmerzen als Strafe für Evas Sünde fungieren, will ich nicht übernehmen. Weder Opfer noch Strafe können den Schmerz der Geburt angemessen deuten und das Verhältnis der Mutter zu ihren Kindern auf eine menschenfreundliche, nicht von Schuldgefühlen belastete Basis stellen.

Aber was ist jenseits von Opfer und Strafe als alte Formen der Deutung und frei vom Omnipotenzwahn der Macher dann über den Schmerz der Geburt zu sagen? Ich versuche nur, meine eigene Erfahrung zu verstehen und sie in mein Leben zu integrieren. Ich weiß, mit allen anderen Frauen, die »das durchmachen mussten«, wie meine Großmutter sagte, dass der Schmerz der Geburt anders ist als die physischen Schmerzen, die ich kenne.

Wenn ich versuche, den essenziellen Unterschied zwischen Zahnschmerzen und Geburtsschmerzen zu artikulieren, dann mache ich mich fest am Übergang von den Eröffnungswehen zu den Presswehen. Der Unterschied zwischen beiden Formen des Schmerzes ist entscheidend für das innere Erlebnis der Geburt.

Die ersten, oft viele Stunden andauernden Wehen haben etwas von der sinnlosen Arbeit, der Mühsal und Anstrengung an sich, die in der biblischen Geschichte dem bäuerlichen Menschen in der Feldarbeit auferlegt wird. »Verflucht ist der Acker um deinetwillen, mit Kummer sollst du dich darauf nähren dein Leben lang« (1 Mose 3,17). Und doch ist die Frauenerfahrung der Schwangerschaftsbeschwerden und der Schmerzen des Gebärens etwas anderes als die fruchtlose, immer wieder um den Ertrag der Mühe gebrachte Plackerei der Feldarbeit. Die schwere Arbeit der Geburt mündet ein in eine andere Art von Wehen, die viele Frauen, auch ich, als eine ungeheure Befreiung empfunden haben. In den Eröffnungswehen überfällt mich der Schmerz, er krümmt mich, nimmt mich gefangen, verschleppt mich, tut mir Gewalt an, macht mich schreien.

Der große Heidelberger Arzt Viktor von Weizsäcker weist darauf hin, dass dem Patienten im Schmerz immer »etwas« wehtut: »Auch wo der Schmerz hinunterreicht bis in sein innerstes Herz, immer wird seine Krankheit eigentlich etwas an ihm sein, nicht ganz und gar er selbst.« Das trifft auch für die Wehen zu. Erst beim Übergang zu den Presswehen treten der Schmerz und ich in ein anderes Verhältnis zueinander ein. Hier arbeiten der Schmerz und ich zusammen. Das Gefühl, etwas tun zu können, mitzuhelfen, aus dem bloß passiven Erdulden herauszukommen in die Beteiligung als Subjekt, gehört zur

Glückserfahrung des Gebärens. In den Schmerzen, noch unter ihnen, taucht eine neue Qualität auf. Die Hebamme beruhigt nicht mehr, hört auf zu trösten und zu vertrösten, sie fordert vielmehr heraus, feuert an, befiehlt. Und der Körper vergisst alle Abwehr, den Selbstschutz, das Weglaufenwollen, das so oft mit dem Wunsch, lieber zu sterben, als das noch länger auszuhalten, verbunden ist.

In dem russischen Film »Die Kommissarin« gibt es eine Geburtsszene, in der die Heldin sich den Tod wünscht. Die Kamera schwenkt dann fort vom Leib der Frau in den Wehen und stellt die Geburt dar als Arbeit im verzweifelten Kampf der russischen Revolution, an den sich die Kommissarin erinnert. Ein Karren mit Kriegsgerät wird von einer Gruppe von Soldaten einen Sandberg hinaufgezogen und -geschoben. Es geht nicht weiter, die Räder drehen durch, alle versinken bis zu den Knien im Sand. Gezeigt wird der alte Zusammenhang: Wehen, Arbeit, Qual, nicht vorwärts- und nicht zurückkönnen. Der Übergang zu den Presswehen ist in diesem Film als äußerste letzte Anstrengung aller dargestellt. Die Kommissarin wirft ihre Körperkraft mit ein und stemmt sich gegen den versandenden Wagen.

Was ändert sich im Übergang zu den Presswehen? Der Schmerz, keineswegs geringer als zuvor, wird ein anderer, weil ich ihn mir selber zufüge; die Trennung zwischen meinem Schmerz und mir, in der ich nur unterworfen war, hört auf. Ich presse mit aller Kraft meine Muskeln, ich benutze die Energie, die in mir wohnt, nicht mehr zur Selbstverteidigung, sondern zur Hingabe. Ich will nicht Sicherheit vor dem Feind Schmerz, sondern Leben.

In einem kurzen Gedicht hat der britische Psychiater Ronald Laing den technizistischen Umgang mit dem Schmerz kritisiert:

Take this pill.
It takes away the pain.
It takes away the Life.
You're better off without.

Die Pille ist, ähnlich wie die Atombombe, ein Instrument, das den instrumentalen Charakter verloren hat und über uns herrscht. Vielleicht ist der Schmerz der Geburt der deutlichste Schrei gegen dieses Denken, das Berührung, Verbindung, Verwundung vermeidet, um das Dasein maschinenförmig zu machen. Die reale Frauenerfahrung widerspricht den Wunschträumen derer, die beides abschaffen wollen: die harte körperliche Arbeit und die Geburt. Es wäre aber höchst oberflächlich, den Widerspruch zum Technomodell des Lebens als bloß frauenspezifisch anzusehen. Er ist menschheitlich relevant.

Die Urerfahrung der Frauen, von den Eröffnungswehen zu den Presswehen zu kommen, scheint mir grundlegend für jede menschengemäße Beziehung zum Schmerz. Dass sie auch in ernsthafter philosophischer Reflexion, zum Beispiel bei Viktor von Weizsäcker, so gut wie nicht zur Sprache kommt, ist Ausdruck einer der vielen Selbstbeschädigungen, die das Patriarchat sich antut. Menschheitlich gedacht, lässt sich eine solche Urerfahrung nicht ohne Schaden vergessen.

Wie gehen wir Menschen denn mit unseren Schmerzen um? Nur wie Männer? Ist Abwehr, Verteidigung, Betäubung, also die großen Technologien der Sicherheit, wirklich alles, was unsere Kultur zum Schmerz zu sagen hat? Sodass die zeitgemäße Antwort auf den Schmerz der Geburt tatsächlich die Vermeidung des Ereignisses »Geburt« selbst wäre! Es soll gar nicht stattfinden, *you're better off without.* Die Zeugung, Züchtung und Austragung genetisch manipulierter Homunculi, die – weder krebs- noch neuroseanfällig – auch in einer total zerstörten natürlichen Umwelt noch weiterfunktionieren, scheint das Ziel zu sein.

Diese Horrorvision des Menschen, der zum Bild der Maschine geschaffen ist, schreit nach Widerstand, nach anderen Vorstellungen vom Leben als den herrschenden. Wir brauchen nicht nur andere Entwürfe von dem, was zu erforschen ist und was gebraucht wird, wir brauchen auch andere Bilder des Lebens. Ist der in seinen Raumanzug verpackte, schwerelos schwebende Astronaut ein Bild des Lebens? Ist die kreißende Frau eines? Erinnern wir uns doch, es war einmal eine Zeit, in der die Gentechnologie nicht den Anfang und die Atomtechnologie nicht das Ende der Dinge bestimmte. Die Menschen hatten ein anderes Verhältnis zum Schmerz und zu sich selber. Sie hatten eine Sprache entwickelt, in der sie den Schmerz deuteten und teilten.

Vielleicht ist in der christlichen Religion die Reflexion des Schmerzes am deutlichsten ausgeprägt. Ich glaube nicht, dass wir auf ihre Sprache, ihre Fragen, ihre Bilder, ihre Reflexion verzichten können.

Wenn ich mich frage, warum der archaische Schmerz der Geburt eine Bedeutung für mein Verhältnis zum Leben hat, was es eigentlich ist, das ich nicht missen will, obwohl es so weh tut, dann komme ich in ein theologisches Stammeln hinein, das für die lebendigste Theologie heute charakteristisch ist. So viel weiß ich: Der Schmerz gehört zum Leben, weil er zur Liebe gehört. Einen schmerzfreien Gott kann ich mir nicht wünschen, ich könnte ihm nicht trauen. Das Bild des Lebens, das mir hilft, ist nicht der unverwundbare Siegfried, der im Blut des Drachen gebadet hat. Die Kultur, die ich suche, ist nicht die der Herrschaft und des Siegenmüssens, sondern eine des Mitleids. In sie könnte die christliche Religion einüben, weil sie ihre Intensität aus dem Schmerz gewinnt. Sie hat den tiefsten Schmerz als Schmerz der Geburt gedeutet.

Das Neue Testament benutzt das Bild der Geburt immer wieder für die Geschichte Gottes mit den Menschen. Dabei spielen der Schmerz, die Wehen, die Arbeit eine entscheidende Rolle. Im Römerbrief beschreibt Paulus die Gegenwart der ganzen Schöpfung und auch der Glaubenden als Geburt. Noch sind die Schmerzen präsent, die Kinder Gottes schreien unter den Geburtswehen und arbeiten so an der Befreiung. Im 8. Kapitel heißt es: »Ich schätze, dass die Leiden der gegenwärtigen Zeit in keinem Verhältnis stehen zu der künftigen Herrlichkeit, die sich an uns offenbaren wird. Denn die ungeduldige Sehnsucht der Schöpfung harrt auf das Offenbarwerden der Kinder Gottes. … Wir wissen ja, dass die gesamte Schöpfung bis zur Stunde seufzt und in Wehen liegt. Und nicht nur das, auch wir, die wir die Erstlingsgabe des Geistes besitzen, auch wir seufzen in uns selbst in der Erwartung der Erlösung unseres Leibes« (8,18f. und 22f.).

Dieser Abschnitt ist oft falsch verstanden worden, weil er allzu sehr von der Nichtigkeit und Vergänglichkeit der Schöpfung her gedacht wurde. Luthers Übersetzung vom »ängstlichen Harren der Kreatur« hat das Bild der Geburt ebenfalls verdunkelt. Was Paulus eigentlich meint, ist nicht das »Nichtigkeitspathos« späterer Interpreten, sondern die Realität der »Hoffnung für Menschen unter unaushaltbaren Schmerzen«. Paulus hat gewusst, was Krankheit, Verfolgung, Gefangenschaft und Folter bedeuten. Das Bild der Geburt, das Schreien oder Stöhnen der in Wehen liegenden Frau, bedeutet ja nicht Verhängnis und Leiden, sondern es bezeichnet die Perspektive, die Frauen in den Presswehen erfahren.

Paulus kann von sich selber sagen, dass er wie eine gebärende Mutter Geburtsschmerzen leidet, bis Christus in seinen Kindern Gestalt annimmt (Galater 4,19). Indem er die Geburtsschmerzen der Frauen als zentrales Bild benennt, zeigt er, was christlich unter Hoffnung zu verstehen ist. Der Schmerz der Frauen bei der Geburt ist Schmerz zum Leben. Ein christliches Verhältnis zum Schmerz kann nicht unter dem Niveau der Erfahrung von Frauen in den Wehen bleiben. Das Schreien und Stöhnen, von dem Paulus spricht, ist bezogen auf die letzte Phase der Geburt, es ist Hoffnungsarbeit derer, die in der Hoffnungslosigkeit »dieser« Welt auf Gott warten. Der Messias kommt nicht ohne die Wehen der messianischen Zeit.

So wäre denn die wirkliche Frage, die der Schmerz der Geburt an uns stellt, die, wie wir denn dahin kommen, Schmerz als Geburtsschmerz, Wehen als sich öffnende Türen, Stöhnen als »Anbruch der Herrlichkeit der Freiheit der Kinder Gottes« zu begreifen. Wie gehen wir so mit unseren Schmerzen um, dass sie uns nicht wie sinnlose Nierensteine peinigen, sondern als Wehen das Neue Sein vorbereiten? Wie sähe eine Theologie des Schmerzes aus, die sich nicht an der Theodizeefrage abrackert und fragt: Wie kann der große und allgütige Gott es zulassen, dass guten Leuten böse Dinge zustoßen? Wir brauchen eine andere Theologie des Schmerzes, die endlich die Frage verweiblicht, sodass sie unseren Schmerz zum Schmerz Gottes in Beziehung setzt. Sie wird dann heißen: Wie wird unser Schmerz zum Schmerz Gottes? Wie gewinnen wir Anteil am messianischen Schmerz der Befreiung, am Stöhnen der in Wehen liegenden Schöpfung? Wie leiden wir so, dass unser Leiden Schmerz der Geburt wird?

Es hat mich in den letzten Jahren immer wieder bestürzt, Menschen, oft sehr junge, anzutreffen, für welche die Ausrottung unserer Geschwister, der Bäume und der Libellen, Schmerz bedeutet. Was tut dieser Schmerz denen an, die ihn erleiden? Wie verändert er sie? Was will er ans Licht bringen? Wie werden wir in solchen Schmerzen zu denen, die in Wehen liegen und gebären, wie kommen wir von diesem Alptraum des Tötenmüssens frei? Wie werden wir wiedergeboren?

Die christliche Tradition treibt es weit mit ihrem Geburtswissen; selbst der Tod ist immer wieder als eine Geburt verstanden worden. Auch das sinnlose, bittere Leiden des Sterbens haben sich Menschen so anzuverwandeln vermocht, dass sie von den Eröffnungswehen zu den Presswehen, vom Kampf gegen den Schmerz zur Annahme des Todes gekommen sind.

Ich habe diesen Prozess aus einer gewissen Distanz bei einem mir befreundeten Schriftsteller erlebt, der über Jahre hin mit dem Krebs gekämpft hat. Immer wieder trotz Schmerzen und schwierigster Behandlungsmethoden gab er seinen Beitrag zur geistigen Situation, setzte er sich öffentlich gegen Unrecht ein, in einer großen, verwundeten Nähe zum Tode lebend. Seine Sterbensangst konnte jäh hervorbrechen, er weinte öffentlich oder verstummte plötzlich. Am Tag vor seinem Tod sagte er: »Jetzt kann ich sterben.«

Dieser Satz Erich Frieds hat allen, die ihn kannten, geholfen; in ihm ist das Moment der Freiheit enthalten, der Beteiligung, der Bejahung einer anderen Gestalt des Lebens. So kann das, was der Schmerz der Geburt bedeutet und im Bild fasst, Lebenskraft gewinnen. Wir alle sind weder Maschinen noch Konsumtierchen, sondern schmerzfähig, weil wir liebesfähig sind. Diese absurden Beschäftigungen wie lieben, leiden, gebären, sterben sind schon eine Art Widerstand gegen den Imperativ der Ökonomie, unter dem wir leben. Kinder in die Welt zu setzen und den eigenen Tod langsam zu gebären, ihm zuzustimmen, statt ihn möglichst fix, möglichst ohne Bewusstsein zu erledigen, wie unsere miesesten Fantasien uns vorgaukeln, das sind Akte der Beteiligung an der Schöpfung. Sie sperren sich auf eine fremd bleibende Art der Realität des Geldes und der Gewalt, die das Leben im Griff hat.

Der Schmerz der Geburt ermutigt uns und vergewissert uns des Lebens. Wie ein Stückchen Brot uns Gottes gewiss machen kann, so ist dieser Schmerz, wie konnte uns das je entfallen, ein Sakrament, Zeichen der Gegenwart Gottes.

Die Gabe der Tränen

Vor einigen Jahren starb eine jüngere Frau in unserer Familie an einer Nierenerkrankung. Mein Mann, der in den Tagen vor ihrem Tod im Krankenhaus bei ihr war, sagte über das lange Sterben seiner Schwester: »Sie war von Schläuchen ganz bedeckt. Die Maschinen, an denen sie hing, lenkten alle Aufmerksamkeit auf sich. Ich hätte gern ihre Hand gehalten oder, wenn sie unruhig wurde, ihr den Schweiß von der Stirn gewischt, aber es war unmöglich. Ich ertappte mich dabei, mich ganz anders zu verhalten, als ich eigentlich wollte. Ich fühlte mich genötigt, die pendelnden Werte zu kontrollieren. Ich wurde aus einem Bruder, der seiner sterbenden Schwester beistehen wollte, zu einem Teil der Sterbemaschine, an die sie angeschlossen war.«

Ein normaler Tod in einem normalen deutschen Krankenhaus. Ein Tod ohne Würde, ohne Bewusstsein, ohne Frieden. Ein Tod, der ein paar Stunden später eintritt, weil ein junger Mediziner (das Wort Arzt kann ich immer weniger anwenden) die Sache noch ein paar Stunden länger am Laufen halten will. Das Sterben ist mechanisiert, und der Tod hat keinen sozialen Ort mehr: Die Angehörigen und Freunde nehmen keinen Anteil am Vorgang des Sterbens. Was in einer Dorfgemeinschaft noch öffentlich war, auch vor Kindern nicht versteckt wurde, das ist aus dem verstädterten Leben entfernt worden und zu einem Tabu, das man nicht berührt, geworden.

Ich möchte nicht sterben müssen, wie meine Schwägerin starb. Auch bin ich jetzt über den heldenmäßig-maschinenhaften Wunsch »na wenn schon, denn schon, ruck-zuck-aus« hinaus. Ich habe lange genug dieser – ziemlich unchristlichen – Fantasie angehangen. Ich vermute, sie ist recht verbreitet unter uns, und den meisten Menschen in unserer Kultur fällt zum eigenen Sterben nicht mehr, nichts Besseres ein als: schnell, geräuschlos, unauffällig, schmerzlos, bewusstlos.

Wenn man Menschen lange genug als Zubehör zu Maschinen behandelt, so hat das Folgen fürs Sterben wie fürs Leben.

Müssen unsere Sterbeeinrichtungen so würdelos sein, wie sie sind? Früher hat man um einen »gnädigen Tod« gebetet; das bedeutete, dass man sich religiös auf das Sterben vorbereitet hat. Da ist nicht nur ein Motor stehen geblieben, eine Batterie leer gewesen. Was soll das sein, ein »gnädiger Tod«? »Gnade« kann man nur finden, wenn man sie braucht und nicht nur ein Maschinenteilchen ist.

Das Wissen, die Vorbereitung auf das Sterben, der Wunsch, das eigene Haus zu bestellen, das sind Versuche, den Tod zu humanisieren. So wie wir die menschliche Sexualität durch etwas, das wir Liebe nennen, humanisieren können, so ist das auch fürs Sterben möglich. Zur Gnade gehört aber Bewusstheit, die wir mit anderen teilen. Bewusstheit und Kommunikation, das ist mehr als der schnelle Tod, von dem wir träumen. Es müsste schön sein, in einem Land zu leben, wo niemand allein stirbt und niemandem die Würde des Sterbens angetastet wird.

Die Frage nach der verlorenen Kommunikation stellt sich nicht nur im Angesicht des Todes, sondern auch danach. Fulbert und ich waren einmal auf einer Beerdigung. Ein Kollege und Freund war plötzlich gestorben. Er war noch nicht alt. Am Tage vorher hatten wir noch zusammengesessen und unsere gemeinsame Arbeit geplant. Er war ein guter Lehrer, geachtet bei den Studenten. Er stand für das, was er sagte. Dieser Freund war ein gebildeter Atheist, ebenso seine Frau. Beide waren aus der Kirche ausgetreten. Nun waren wir auf seiner Beerdigung. Wir saßen in der Leichenhalle. Vorne stand der Sarg. Stumm warteten wir etwa zehn Minuten. Dann hoben Träger den Sarg auf den Wagen. Wir gingen zum Grab. Der Sarg wurde hinabgelassen. Als die Letzten des Zuges ankamen, war der Sarg schon im Grab. Wir standen noch ein paar Minuten da. Dann gingen wir nach Hause.

Die hoffnungslose Stummheit der Beerdigung ist mir in schauerlicher Erinnerung. In uns schrie alles: Warum musste dieser Freund so früh sterben? Was ist der Sinn eines solchen Todes? Wir alle waren voll von Zorn und Trauer, aber jeder behielt seine Trauer für sich, sie kam nicht heraus. Sie fand keine

Sprache, keine Gesten, kein Lied, keinen Fluch. Wir blieben stumm.

Am nächsten Tag hatten wir eine Sitzung. Der Leiter dieser Sitzung nahm noch einmal kurz Bezug auf diesen Tod des Kollegen und sagte: »Wir wollen keine großen Worte machen. Aber ich bitte Sie, sich zu erheben und des Toten schweigend zu gedenken!« Der Tod hatte keine Sprache und keinen Ausdruck mehr. Der dürre Rest von Ausdruck war, dass man sich für einen Augenblick erhob, verlegen herumstand und nicht wusste, wohin man mit den Händen sollte. Man war erleichtert, als der Sitzungsleiter in der Tagesordnung fortfuhr.

Aber kann man »in der Tagesordnung« fortfahren, wenn jemand stirbt? Kann man, wenn sich in unserem Leben wichtige Dinge ereignen, auf Klagen, Loben, Danken, Fluchen, Schreien, Anklagen, Preisen, Rühmen verzichten? Was geschieht mit uns, wenn unser Leben so sang- und klanglos wird? Verdorrt nicht das Leben selber, wenn man keine Sprache mehr hat für alles das, was in ihm vorgeht?

Aber ist es ein Trost, weinen zu können? Ist es ein Verlust, wenn uns die Tränen wegbleiben? Ich versuche über diese Frage nachzudenken im Zusammenhang meiner eigenen Erfahrung mit dem Weinenkönnen.

Ich erinnere mich genau an ein Gespräch, das ich vor zwanzig Jahren mit einem Rundfunkredakteur führte. Fast beiläufig erzählte er mir, es gebe in der katholischen Liturgie die Bitte um Tränen. Ich erschrak, weil ich merkte, dass mir etwas fehlte. Heute glaube ich, dass diese Bemerkung eines älteren Freundes keineswegs beiläufig war. Vielleicht kannte er mich besser, als ich mich kannte, und ahnte etwas von der Trauer, die in mir steckte. Er wollte mich hinweisen auf die lösende und reinigende Kraft der Tränen. Es ging nicht um eine Aussprache, und unser Medium war nicht die psychologische Analyse. Es ging um das Weinenkönnen, und das Medium war Religion. Ich erschrak, weil ich merkte, wie lange ich nicht mehr geweint hatte, und dieser Schrecken war der Anfang des Gebets.

Noch nicht sehr lange her, da sind Jugendliche verzweifelt und aggressiv in Zürich durch die Straßen gezogen; einer der Sätze, die sie an die Häuser sprühten, hieß: »Wir haben schon genug Grund zum Weinen, auch ohne euer Tränengas.« Dieser Satz hat mich sehr betroffen. Wenn ich heute über das Weinen nachdenke und über die Gabe der Tränen, dann fallen mir nicht nur die Opfer von Hiroshima ein, die nicht mehr weinen konnten, sondern auch das Gas, das die, die nicht mehr weinen wollen, denen verordnen, die »schon Grund genug zum Weinen« haben.

Oft erscheint es mir so, als seien nur zwei Sprachen erlaubt in unserer Welt: die Sprache der Wissenschaft, die wertfrei und gefühllos ist, und die Sprache, die wir täglich in der Werbung hören, die banal ist und alle Gefühle trivialisiert, sodass Liebe mit einem Auto und Reinheit mit einem Waschmittel zusammengebracht werden. Unter diesen Oberflächlichkeiten gibt es eine Nicht-Sprache der dumpfen Gereiztheit, das Gefühl, dass einem Gewalt angetan worden ist, und den Wunsch nach Gegengewalt. Was in den Schulen und Ausbildungsstätten gelehrt wird, ist die rationale, abgehobene, möglichst handlungsentfernte Sprache, eine Rede, aus welcher der Gestus der Bewegungen, die Farbe des Dialekts, aus der Verlangsamung und Beschleunigung, Rhythmus und Ausdruck von Schmerz und Freude entfernt worden sind. Eine Art Plastiksprache, wie Politiker sie gebrauchen, denen zur Neutronenbombe zunächst nur einfällt, dass sie eigentlich nichts Neues beinhalte.

Die Gefühle, die Ängste und die Freuden werden in dieser Sprache verleugnet, sie zählen nicht. Emotional sein, das wird in dieser Sprache zum Schimpfwort. »Seien Sie doch nicht so emotional« oder »Sie sind einfach viel zu emotional«, solche Sätze habe ich hundertfach gehört, immer wieder. In ihnen schwingt ein Misstrauen mit: Die Gefühle sollen so unterhalb dessen bleiben, was sprachlich zugelassen ist, sie dürfen sich nicht äußern und können, wie totgeboren, nichts bewirken. Es darf nicht geweint werden in unserer Kultur, und somit haben wir auch auf die reinigende und tröstende Kraft, die die christliche Tradition den Tränen zuschrieb, verzichtet.

Ohne Tränen zu sein, das bedeutet, in einer ausdrucksarmen und gefühlsunfähigen Kultur zu leben. Wir verleugnen das Bedürfnis nach dem Geist, der tröstet und zur Wahrheit führt, wir bilden uns ein, wir könnten ohne Geist leben, ohne ausgedrückten Schmerz und ohne Trost. Wir haben die Bitte um die Gabe der Tränen vergessen.

Ich möchte nun von einer Frau erzählen, die von vielen wie eine Heilige unserer Tage angesehen wird, von Dorothy Day, der großen alten Frau eines kompromisslosen Katholizismus, Pazifistin und Anarchistin, Gründerin des *Catholic Worker,* einer Hilfsorganisation für hungernde Arbeitslose in der Zeit der großen Depression in den Vereinigten Staaten.

Vor einigen Jahren nahm mich ein Freund mit in die ärmste Gegend im Süden Manhattans zu der Armenküche des *Catholic Worker.* Die Christen, die dort arbeiteten, erbaten von Bäckereien und Lebensmittelhändlern Reste, Altgewordenes, Unverkäufliches, und bereiteten daraus eine Suppe für ihre zahlreichen Gäste. Diese gehörten zu den Ärmsten der Armen, es waren Stadtstreicher, Obdachlose, psychisch und geistig Gestörte, aus Anstalten Entlaufene, die meisten von ihnen Alkoholiker, die, was sie an Geld von der Fürsorge bekamen, in Alkohol anlegten. Ihre einzige warme Mahlzeit war das, was sie in dem Gastfreundschaftshaus des *Catholic Worker* bekamen.

Ich habe dort mit anderen, meist jungen freiwilligen Helfern Suppe ausgeteilt. Was mir besonders gut gefiel, war, dass nicht die alten Leute Schlange stehen mussten, um etwas zu bekommen, sondern dass sie zu Tisch gebeten wurden und wir ihnen aufwarteten. Ich habe dann ein langes Gespräch mit der damals 82-jährigen Dorothy Day geführt, ständig unterbrochen von den Leuten im Obdachlosenasyl, die kamen und gingen. Zum ersten Mal habe ich damals verstanden, was freiwillige Armut bedeutet. Dorothy Day erwähnte nebenbei, dass Leute immer wieder in ihr Zimmer kommen, dort eine Weile hausen, Sachen mitnehmen oder liegen lassen. Der Verzicht auf Eigentum, den sie lebte, schloss auch den Verzicht auf eine private Sphäre ein.

Dorothy Day, die eine ausgezeichnete, witzige und klar denkende Journalistin war, lebte in Besitzlosigkeit und im Dienst für die, die von der Gesellschaft aufgegeben sind und in den allermeisten Fällen auch sich selber aufgegeben hatten. Der andere Schwerpunkt ihres Lebens war der radikale Pazifismus. Als sie während des Vietnamkrieges bei einer Protestaktion verhaftet wurde, haben viele Christen in den Staaten verstanden, was für ein Krieg und was für ein System das ist, das es nötig hat, diese absolut furchtlose alte Frau ins Gefängnis zu werfen.

Was mich am tiefsten an ihr bewegt hat, habe ich erst nach ihrem Tod erfahren, und es gehört zu unserem Thema. Wie jeder Mensch, der nach Gerechtigkeit und Frieden Hunger und Durst hat, so geriet auch Dorothy Day in Phasen der absoluten Erschöpfung, der Trauer und des Schmerzes. Das Wort »Verzweiflung« scheint mir nicht angemessen, aber sehr weit entfernt davon kann es nicht gewesen sein, was sie durchmachte. In diesen Zeiten, so wurde mir berichtet, habe sie sich zurückgezogen und geweint. Stundenlang, tagelang geweint. Ohne Gespräch, ohne Nahrung einfach dagesessen und geweint. Sie hat sich nicht aus ihrem kämpferischen und aktiven Leben für die Ärmsten zurückgezogen, und sie hat nie aufgehört, den Krieg und die Kriegsvorbereitung als ein Verbrechen an den Ärmsten anzusehen. Aber zuzeiten hat sie bitterlich und lange Zeit geweint.

Als ich das erfuhr, verstand ich etwas besser, was Pazifismus ist; was Gott in der Mitte der Niederlage bedeutet; wie der Geist uns tröstet und uns zur Wahrheit führt, wobei eines nicht auf Kosten des andern geht und Trost nicht mit dem Verzicht auf Wahrheit gekauft werden kann. Dass Dorothy Day tagelang weinte, bedeutet für mich, dass der Trost des Geistes zugleich seine Untröstlichkeit enthält, und in diesem Sinn können wir von ihr lernen, um die Gabe der Tränen zu bitten.

Auch von dieser bemerkenswerten Frau habe ich gelernt, dass Spiritualität eine Bewegung des Geistes ist, in der die Trennung von innen und außen – die in der oben beschriebenen religionsfreien Beerdigung so absolut geworden war – aufgehoben wird. Was innen ist, soll außen werden, sichtbar und hörbar. Wenn wir lernen, den Schmerz und die Freude mit anderen zu teilen, dann wird unser Alltag geheiligt: Die Wünsche und die Ängste leuchten in ihm auf. Unser Leben, unsere Erfahrungen sind nicht beliebig oder bloße Wegwerfprodukte, sondern wert, erinnert und bedacht, beklagt und benannt zu werden.

Gott ist kein Automat, in den man eine Münze steckt und dann herausbekommt, was man will. Die großen Wünsche nach Gerechtigkeit, nach Glück und Heil, nach einem menschenwürdigen Leben, die hat man nicht so einfach im Bauch. Man muss sie lernen. Und man lernt sie, indem man sie ausspricht. Das Unglück der Armen besteht nicht nur darin, dass sie kein Brot und kein Wasser und keine Kleider haben. Es besteht auch darin, dass sie die großen Wünsche für sich selber verlieren, dass sie sich kaum noch vorstellen können, dass das Leben anders ist.

Beten ist eine intensive Vorbereitung auf das Leben. So habe ich es immer wieder erlebt, als den Versuch, Gott zum Verbündeten zu nehmen gegen die Schmähungen und Zerstörungen, die den Armen angetan werden. Warum können wir so schwer beten? Warum schämen wir uns, es zu tun und es zuzugeben? Das hat wohl viele Gründe. Häufig ist das Gebet missbraucht worden. Sicher gibt es das, dass der Mensch sich mit seinem Gebet in einen Zustand der Schwäche und Hoffnungslosigkeit hineinmurmelt. Aber vielleicht hängt es auch damit zusammen, dass unsere Wünsche und unsere Forderungen an das Leben zu klein sind.

In den vergangenen Jahren habe ich einige Friedensgottesdienste mitgefeiert, die eine beeindruckende Dichte, Strenge und Wahrhaftigkeit enthielten. Sie vermieden das generelle Friedensgerede und Friedensgebete. Sie sprachen die Erinnerung an das eigene Volk aus, das schon zweimal in diesem Jahrhundert die Hochrüstung bejahte. Sie gaben dem Frieden seinen heutigen Namen: Gewaltfreiheit. Indem wir unsere größten Wünsche nannten, vertieften wir sie und verstanden uns selbst besser. Der waffenlose Gott wurde etwas sichtbarer.

Wie können wir des Herren Lied singen im fremden Land? Indem wir aus dem kapitalistischen Ägypten auswandern, die Schmerzen anderer und die eigenen ernst nehmen und unsere in Christus real gewordene Ganzheit auf allen Ebenen unseres Lebens darstellen: physisch und psychisch, rational und spirituell, im Kampf für Gerechtigkeit und ein menschenwürdiges Leben für alle und in der Klage über die Niederlagen in der Erfahrung der Befreiung. Eine kleine Gemeinde in New York begann den eucharistischen Gottesdienst jeden Sonntag mit den Worten *We are here to celebrate our liberation.*

Wenn ich an Gottesdienste denke, die mich am meisten bewegt haben, so fallen mir ein:

- Die alte Autowerkstatt in der Via Ostia in Rom, wo der ehemalige Benediktinerabt Giovanni Franzoni und seine Gruppe die Messe feierten. Sie waren aus der Prachtbasilika *Fuori le muri* vertrieben worden, als sie sich für die Obdachlosen einsetzten. Die Besetzung der Kirche durch einige Tausend Leute *senza tecco* (ohne Obdach) war in meinem Verständnis ein liturgischer Akt, der heute weiterlebt: gesungen, gebetet, reflektiert.
- Die Liturgische Nacht auf dem Evangelischen Kirchentag 1973 in Düsseldorf, als Philip Potter, um ein Grußwort gebeten, das Mikrofon ergriff und den Kalypso aus Westindien *Our Father, thou are in Heaven* für 4000 Menschen sang. Liturgie wächst aus der tiefen und unbeirrbaren Liebe zu den Massen; sie wiederholt unsere privaten Erfahrungen mit Gott, sie ist öffentlich und provokativ, wie Jesus war.
- Der Ostersonntag in der Canaan Baptist Church im Herzen des schwarzen Harlem in New York. Nie habe ich so verstanden, dass Liturgie Selbstausdruck der Anwesenden ist, die so zur Gemeinde wurden, durch ihr *Amen, yes, Reverend, hallelujah,* das Singen, Beten, Sich-Bewegen, In-die-Hände-Klatschen, Durch-die-Kirche-Gehen, Rufen, Schreien, Seufzen. Darin waren Elemente eines Ganzen, die wir als Kunst, Politik, kommunale Beziehung, Fürsorge und Erziehung meist nur getrennt erleben. Und dieses Gesamtkunstwerk zeigte, was Liturgie sein könnte: eine Erinnerung, die Zukunft verspricht.

Zweisam und gemeinsam

Bekanntlich ist die Ehe ein Drama: Alles hängt von der Inszenierung ab. Wir beide, Fulbert und ich, inszenieren unsere Streite gern entlang der total verschiedenen Herkünfte. In seiner saarländisch-katholischen, dörflichen Familie gab es den Spruch: »Der neue Lehrer ist protestantisch, *aber* ein anständiger Mensch.« In meiner Familie klang das etwa so: »Der neue Privatdozent für Alte Geschichte ist katholisch, *aber* wirklich intelligent.«

Wir spielen also mit den Gegensätzen nicht nur der Klasse und Konfession, sondern auch mit denen der Alltagsgewohnheiten, der überlieferten Weihnachtslieder und Erziehungsversuche. Seit einem Vierteljahrhundert leidet Fulbert unter meinem zu starken Tee und ich unter seinem zu starken Kaffee, verspottet er meinen »protestantischen Wahrheitsfimmel« und ich seine »katholisch-liebenswürdige Unschärfe«.

Die Ehe halten wir für wünschenswert, insofern sie es Männern und Frauen leichter macht, Menschen zu werden. Das ist eine relative, keine absolute Aussage; nicht um jeden Preis erscheint die Ehe gerechtfertigt. Sie ist eine Einrichtung, eine gesellschaftliche Verabredung, eine Institution, und daher gilt das, was Jesus über die Institution des Sabbats sagte, auch für die Ehe: »Der Sabbat ist um des Menschen willen geschaffen worden, und nicht der Mensch um des Sabbats willen« (Markus 2,27). Die Ehe ist um des Menschen willen da und nicht der Mensch um der Ehe willen. Und so ist auch die Frau nicht »für die Ehe geschaffen«, wie man uns lange hat weismachen wollen. Keine Frau und kein Mann ist für die Ehe geschaffen.

Für uns beide hat Martin Buber eine wichtige Rolle gespielt. Wir haben ihn beide, bevor wir einander kennenlernten, in Israel besucht, ich ratlos als junge Religionslehrerin auf der ersten Reise christlich-jüdischer Zusammenarbeit, Fulbert als Benediktinerpater aus Maria Laach, umgetrieben von der Frage »bleiben oder gehen«. Für jeden von uns waren diese Begegnungen wie ein Geschenk, ein heimlich gehüteter Schatz. Jahre später, 1966, lernten wir einander auf einer christlich-jüdischen Konferenz in Jerusalem kennen. Als wir entdeckten, welche Beziehungen uns mit Buber verbanden, sagte Fulbert kurz entschlossen: »Dann gehen wir eben morgen zusammen zu Bubers Grab.« Alles Weitere nahm dort seinen Anfang. So wurde aus dem großen Religionsphilosophen nach seinem Tod auch noch ein »Schadchen«, wie das jiddische Wort für Heiratsvermittler heißt.

Für mein Verständnis von Ehe ist die Philosophie Martin Bubers sehr wichtig gewesen. In seinem Buch »Ich und Du« hat er zwei menschliche Grundbeziehungen entwickelt, die unser Leben konstituieren: die des Ich zum Du, die reine unmittelbare, die Sprache übersteigende Nähe zueinander, und die vom Ich zum Es, die vermittelte, welthaft agierende, schöpferische Beziehung zu den Sachen. Die Liebe kann auf die Welt und das Es verzichten, sie kennt Augenblicke der reinen, inselhaften Ich-Du-Begegnung. Aber die Ehe, so schien uns, findet gerade am Schnittpunkt von Du-Ich-Beziehung und Ich-Es-Beziehung statt: Die Welt, das heißt verantwortete und mitbestimmte Arbeit, kommt hier zum Tragen. Chancen für die Ehe schienen uns also dort zu liegen, wo ein gemeinsames Feld zu beackern ist, auch ein noch nicht sichtbares.

Die Institution der Ehe ist mit dem Ackerbau entstanden und braucht ein gemeinsames Drittes, das können Kinder sein oder ein Theater wie bei Brecht und Weigel. Ohne Gemeinsamkeit in der Arbeit keine Ehe, ohne gemeinsame Ziele in der Gesellschaft keine Ehe, ohne Vision vom anderen Leben keine Ehe, sondern nur die bloße verblödete Konsumorientierung zu zweit. Ohne Es kein Ich-Du, ohne Welt kein gemeinsames Wachsen.

Eines meiner bekanntesten Bücher »Im Hause des Menschenfressers« ist meinem Mann gewidmet.

Für Fulbert

Säufer und Verwässerer
erster und letzter Leser
Beichtvater im Widerstand

der die Nacht kennt
und die Kerzen ansteckt
das Buch zu lesen

der mich beschützt
vor andern und vor mir
und niemanden aufgibt

außer sich selber manchmal

compañero

Eine andere Bedingung von Ehe, die uns in Gesprächen immer wieder aufging, ist Freundschaft. Eines der schrecklichsten Wörter im Neudeutsch unserer Tage ist die sogenannte »Zweierbeziehung«, ein technizistischer Ausdruck für das, was man früher ein Paar nannte. Dieser Ausdruck verleugnet den gesamterotischen Kontext. Als Elke, eine Bekannte von uns, heiratete, sagte ihr Mann, Arbeiter in einer Schlosserwerkstatt: »Das mit den Freundinnen, das hört mir jetzt auf. Jetzt hast du mich, du brauchst keine Freundin.« Diese Bemerkung wirft ein Licht auf das, was die technische Sprache die »Zweierbeziehung« nennt: Sie ist das Verbot der übrigen Beziehungen, sie kanalisiert die gesamte Erotik auf einen Punkt. Die Ehe, so verdinglicht und aufs Schlafzimmer reduziert, verbietet die Freundschaft brutal; die Beziehung wird obsessiv. So schrumpft die Ehe auf das Bett zusammen, aus einer Lebens- wird eine Konsumgemeinschaft, aus einem Schnittpunkt diverser vielfältiger Interessen und Aktionen wird ein isolierter, asozialer Ruhepunkt. Die Ehe ohne gemeinsame Arbeit, ohne gemeinsame Freunde und ohne gemeinsame Vision erstickt sozusagen in ihrer eigenen Beschränktheit.

In einer Geschichte von Bertolt Brecht heißt es, dass eine Frau, nach ihrem Mann gefragt, Folgendes antwortet: »Ich habe zwanzig Jahre mit ihm gelebt. Wir schliefen in einem Zimmer und auf einem Bett. Wir aßen die Mahlzeiten zusammen. Er erzählte mir alle seine Geschäfte. Ich lernte seine Eltern kennen und verkehrte mit allen seinen Freunden. Ich wusste alle seine Krankheiten, die er selber wusste, und einige mehr. Von allen, die ihn kennen, kenne ich ihn am besten.« Das Leitwort für die Beziehung dieser Frau zu ihrem Mann ist »kennen«. Sie kennt alles – und das heißt: Sie beherrscht alles. Das Kennen dient ihr nur zum Herrschen. Kennen kann man ja eigentlich nur etwas Totes, einen Gegenstand; mit etwas Lebendigem kann man nur Erfahrungen machen, es immer mehr kennenlernen. Kennen gehört in den Bereich der Ich-Es-Beziehung, der in Totalität und Gewöhnung so viele Ehen unerträglich macht. Davon sind wir verschont geblieben, nicht von anderen lebensbedrohenden Krisen.

Mitten in deiner trauer
möcht ich wohnen wie früher in unserm baumhaus
in deinem zelt schlafen und teilen
was anfällt von regen und lärm
schön war zu wissen
vor langer zeit
was dein ist ist mein
gestern wagte ich nicht deine tür zu öffnen
voller angst
bewach ich deinen vernunftlosen schmerz
ein aufpasser bin ich geworden
am rande steh ich
du trinkst immer mehr
ich werd immer nüchterner von deinem trinken

Mitten in deiner trauer
möcht ich gleichzeitig sein mit dir
und bin doch viel älter und lächle
wenn ich dir über die stirn fahre
und besser weiß was gut für dich ist
und bin doch viel jünger und frag dich
wie alle frauen ihre männer
musst du denn immer da hin
musst du ihr alles schenken der trauer

Mitten in deiner trauer
möcht ich wohnen auch wenn wir nicht eins sind
soll ich mir denn die waffen aus der hand schlagen lassen
bloß weil du sie fallen lässt
kann ich denn anders für dich sein
als wenn ich gegen dich kämpfe
und bettle dich an mitzukommen
in ein anderes land lieber bruder

Mitten in deiner trauer
will ich nicht zuschauen
will ich nicht älter sein
will ich nicht jünger sein
will ich nicht nüchtern bleiben
möcht ich gern wohnen wie früher
in unserm baumhaus
mitten in deiner trauer

Ein Regenschirm namens Kirche

Ich bin nicht in eine kirchliche Welt hineingeboren und kann mich in keinem Sinn des Wortes als von Kirche deformiert oder neurotisiert verstehen. Den Polizistengott, der unter die Bettdecke späht, kenne ich nur aus Berichten von Kirchengeschädigten. Diese gewisse biografische Distanz, die sich auch darin ausdrückt, dass ich nie von der Kirche angestellt oder bezahlt war, hat mir den Blick freigegeben für Kritik *und* Bejahung, für Zorn *und* Liebe, konkret: für die Unterscheidung der Kirche von oben und der Kirche von unten. Neben dem machtbewussten Papst Innozenz III. sah ich immer auch den *poverello* Franziskus stehen. Die Unterscheidung von Unterdrückungs- und Befreiungstendenzen in der Geschichte des Christentums ist mir als hermeneutisches Prinzip in Fleisch und Blut übergegangen.

Ich empfinde zum Beispiel gegenüber der Rolle der christlichen Kirchen im Ersten Weltkrieg Fremdheit, Widerwillen, Ekel und Scham. Ich sehe die empirische Kirche oft als eine Struktur »von oben«, die im Bündnis mit Geld und Militärmacht ihre eigene Wahrheit wieder und wieder verrät. Biblisch gesprochen, denke ich oft, die Kirche ist wie Judas, der Christus den etablierten religiösen Mächten auslieferte; oder sie ist wie die männlichen Jünger, die – entmutigt und besiegt – Jesus alleinließen und flohen. Und dann gibt es Zeiten, in denen sich der Gedanke aufdrängt: Die Kirche ist wie Petrus, der leugnete, jemals irgendetwas von Frieden und Gerechtigkeit gewusst zu haben. Ganz selten sehe ich die Kirche wie Petrus bittere Tränen weinen.

Kirchenkonform ist meine Theologie nie gewesen. Ich wollte eigentlich immer wie Kierkegaard »Erbauliche Reden« schreiben. Mein Publikum besteht vermutlich zum größten Teil aus Menschen, die der Kirche entfremdet sind und aus guten Gründen nicht mehr hingehen können, oft dann *Amnesty international* unterstützen, die aber trotzdem das Gefühl haben, dass ihnen in der religionsfreien Tüchtigkeit etwas fehlt. Sie suchen und brauchen etwas anderes. Das sind die Menschen, deren Sprache ich spreche.

Ich befinde mich in einer Suche, wie wir Gott »über alle Dinge lieben« können. Gerade um dieser Suche willen erschienen mir bestimmte Brüche mit überkommenen Lehren oder auch nur denkfaulen religiösen Beschwichtigungen wie das Für-wahr-Halten supranaturaler Ereignisse oder den Glauben an eine postmortale Existenz notwendig. Dietrich Bonhoeffers Insistieren auf der »radikalen Diesseitigkeit des Christentums« war mir dabei eine Hilfe. Später habe ich bei den Mystikern immer wieder Hinweise auf diesen glaubensnotwendigen Atheismus gefunden. Im Gespräch mit humanistischen oder sozialistischen Atheisten ist mir oft entfahren: »Nun ja, Freunde, so atheistisch wie ihr sind wir Christen schon lange.« Die Differenzen fingen beim Brot der Hoffnung an und wo man es herkriegt. Sie betrafen die Spiritualität, die ich suchte.

Und gerade sie verlangt nach Fleischwerdung, sie braucht eine Institution, die Sprache und heilige Texte, Bilder und Zeichen, Rituale und Sakramente tradiert. Zu meinen, ohne Traditionen seien wir freier, halte ich für einen postmodernen Irrtum. Das Neue an unserer Situation besteht darin, dass die Traditionen niemandem mehr aufgezwungen werden können. Das Faktum, dass die autoritäre Religion vor unseren Augen stirbt, sagt noch nichts über ganz andere Formen von Religion und andere Möglichkeiten von Kirche. Vielleicht ist sie nicht so sehr das verfallende Haus, das wir sehen, sondern eher ein Zelt für das umherziehende Volk Gottes. Das Zelt ist nicht immer da, wo ich bin, aber letztendlich treffe ich die Zeltleute wieder – auf der Straße bei den Obdachlosen oder im Gerichtssaal. Das Heilige ist weniger ein Gebäude als ein Ereignis.

Mein Freund, der amerikanische Jesuit und *resister* Daniel Berrigan, benutzte einmal in einem Gespräch das Bild eines Schirmes für die Kirche. Er schützt uns vor dem kalten Regen. Manchmal öffnet er sich zu langsam, und wir bleiben im Regen stehen. Oft ist er nicht sehr effektiv. Trotzdem, sagte Dan, er ist da, und ich möchte ihn nicht missen.

Dieses Bild ist mir lange Jahre nach dem Gespräch, das wir bei einer Demonstration vor dem Pentagon führten, wieder in den Sinn gekommen angesichts der unblutigen Revolution in der ehemaligen DDR. Auch dort war die Kirche ein – nicht immer sehr effektiver – Schirm für viele Menschen in der Bürgerrechtsbewegung. Auch dort ließ sie Leute gelegentlich im Regen stehen. Ich war trotzdem 1989 stolz auf unseren miesen protestantischen Schirm. Immerhin stand die Kirche zum ersten Mal seit 400 Jahren auf der Seite des Volkes.

Das schöne Bild soll freilich die Schwierigkeiten und Auseinandersetzungen nicht verharmlosen, die ich immer wieder mit der offiziellen Kirche hatte. Aber der doppelte Aspekt – Hass, Ignoranz und Anfeindung auf der einen Seite, Offenheit, Lernbereitschaft und Veränderung auf der anderen – ist mir Gott sei Dank nie aus den Augen gekommen.

Es scheint fast eine Dramaturgie in meinem Leben zu geben, dass große Kräche und Anfeindungen mir immer auch neue Freundschaften beschert haben. Es gab ständig persönliche, verletzende Angriffe, aber ich habe gerade dann auch neue Menschen kennengelernt, die sich mit mir solidarisiert haben. Ein Beispiel ist der Freund und Biograf Dietrich Bonhoeffers, Eberhard Bethge.

Der Präses der Rheinischen Synode hat einmal einige unmögliche Sachen über mich geäußert. Ich erinnere mich nicht mehr an den Wortlaut, wohl aber an den großen Blumenstrauß, welchen Eberhard Bethge, den wir damals noch nicht kannten, geschickt hat. Er hat sich sozusagen für diese Synode, für diese Männer entschuldigt, weil er sich einfach schämte. Das hat später in New York zu einer Freundschaft mit den Bethges geführt.

Bethges Leidenschaft für das Leben hat ihm keine akademisch-theologische Selbstbeschränkung erlaubt. Er war zu unpfäffisch, zu musikalisch, ein Narr, der fähig war, sich zu empören. Dazu brauchte er nicht ein Linker – was immer das heißen kann – zu werden, sondern nur starrköpfig-konservativ da zu stehen, wo das Neue Testament ihn einmal hingerückt hatte –

in einer Gesellschaft, die so fantastisch schnell vergaß und verdrängte, die sich so eilig nach rechts bewegte, dass immer mehr Christen sich plötzlich in die subversive Ecke gedrückt vorkommen mussten, sodass »Widerstand« ein keineswegs historisches Thema wurde.

Als in Köln das Politische Nachtgebet von der katholischen Kirchenleitung verboten und von der evangelischen Kirchenleitung angegriffen wurde – eine perfide Ökumene, wie Böll das nannte –, da gehörte Eberhard Bethge, damals immerhin Mitglied der Kirchenleitung, nicht zu denen, die meinten, Glaube und Politik hätten nichts miteinander zu tun. Er gehörte auch nicht zu den Überdifferenzierten, die meinten, die Ideen dieser Leute müssten sich erst entwickeln, perfekter werden, um diskutabel zu sein. Er war keineswegs völlig identifiziert mit uns vom Nachtgebet. Aber er hatte uns zusammen mit Pfarrern der Rheinischen Kirche nach Rengsdorf zu gegenseitiger Weiterbildung eingeladen und mit uns diskutiert. Das war ein Ort, wo wir uns nicht belauert fühlten und wo wir an seiner Kritik gelernt haben. Er hatte einfach weniger Angst, so schien es uns, und so brauchte er auch andere nicht zu ängstigen.

In gewisser Weise erreichten die Kampagnen gegen mich ihren Höhepunkt, als ich 1983 eines der Hauptreferate bei der 6. Vollversammlung des Ökumenischen Rates der Kirchen in Vancouver hielt. Ich sollte über das Thema »Leben in seiner Fülle« sprechen. Schon die Einladung hatte von der EKD und erst recht von evangelikaler Seite heftigste Ablehnung erfahren. Bärbel von Wartenburg, die damals *at the women's desk* in der Ökumene in Genf war, und ihr Mann Philip Potter, der schwarze Generalsekretär aus Jamaica, hatten die Einladung durchgesetzt.

Die Begründung der Ablehnung, die mir entgegenschlug, war rein personenbezogen. Für die Evangelikalen bin ich seit über dreißig Jahren eine Hexe, die man eigentlich verbrennen sollte. »Geh zur Sölle, fahr zur Hölle« oder »Niedergefahren zur Sölle« waren oft gehörte Sprüche in den Kreisen der rechtsgerichteten Bewegung »Kein anderes Evangelium«. Politische und sexistische Einwände kamen da mit der Ablehnung einer radikalen, bibelkritischen Theologie zusammen.

Von den Evangelikalen hatte ich nicht viel anderes erwartet, aber mich wunderte, wie die Kirchenleitung in Hannover reagierte. Es hieß, die Entscheidung des Weltkirchenrates sei »sehr beschwerlich«, ich sei nicht repräsentativ und könne nicht für die Christen Westdeutschlands sprechen. Ich war nicht sicher, woher sie das so genau wissen wollten. Ich denke schon, dass ich für eine ganze Reihe von Christen gesprochen habe. Die Idee, dass irgendein Oberkirchenrat die ganze Breite repräsentieren kann, scheint mir unprotestantisch, eher eine Showmaster-Idee: Wenn man sehr oberflächlich ist und gar nichts zu sagen hat, dann kann man leicht viele Leute repräsentieren. Größere Repräsentanz heißt meistens weniger Substanz.

Es gibt eine bestimmte Qualität von Hass, die ich immer dann zu spüren bekam, wenn die Presse mal wieder einundeinenhalben Satz von mir zitierte. So auch diesmal. Der erste Satz meiner Rede hieß: »Liebe Schwestern und Brüder, ich spreche zu Ihnen als eine Frau, die aus einem der reichsten Länder der Erde kommt, einem Land mit einer blutigen, nach Gas stinkenden Geschichte, die einige von uns Deutschen noch nicht vergessen konnten; einem Land, das heute die größte Dichte von Atomwaffen in der Welt bereithält.« Für diesen Satz habe ich dann wochenlang Prügel bezogen. Ich hatte das bewusst gesagt, weil ich einer internationalen Versammlung klarmachen wollte, dass ich aus Deutschland komme und weiß, was das bedeutet. Und ich wollte, ohne lange darauf einzugehen – weil dazu keine Zeit war – deutlich machen: Ich bin nicht fertig mit dieser Geschichte. Einige von uns können diese Geschichte nicht vergessen.

In der Bundesrepublik wurde nur dieser Satz zitiert, und sofort ging es los. »Sie Nestbeschmutzer, gehen Sie doch in die DDR« waren noch milde Vorwürfe. Es erhob sich ein Sturm der Entrüstung nur über diesen Satz, aber die Leute aus der Dritten Welt haben mich gut verstanden.

Der Hintergrund des Ärgers war die Friedensfrage. Ich war unglücklich über die westdeutsche Kirche, die ich als eine der reichsten und der substanzlosesten Kirchen, die es gibt, empfand. Mit ihrer Unklarheit in der Friedensfrage stand sie in den Achtzigerjahren einzigartig da: Weder die holländischen Kirchen noch die Christen in der DDR, noch gar die katholischen Bischöfe in den USA haben solch gehorsame, staatstreue Voten abgegeben. Es bedrückte mich, dass es immer noch nicht gelungen war, innerhalb der westdeutschen Kirche etwas mehr Mut und Friedensliebe hervorzubringen. Statt klar zu sagen, dass der Besitz atomarer Waffen Sünde sei, wie die Holländer es formuliert hatten; dass nicht nur der Ersteinsatz von atomaren Waffen zu verdammen sei; sondern dass schon die Bedrohung unvereinbar mit dem Glauben an die Erlösung ist, gaben sie allgemeines unklares Friedensgeschwätz von sich. Jahrelang hinkte die EKD weit hinter der Friedensdebatte her, und das spiegelte sich auch in ihrem Verhältnis zum Ökumenischen Rat der Kirchen.

Neben Waschkörben voll Hassbriefen kamen aber auch sehr gute Solidaritätsbriefe vor allem von Frauen, die häufig mit zwanzig oder dreißig Unterschriften versehen an die Adresse der Kirchenleitung gingen: »Wieso ist diese Frau nicht repräsentativ? Für uns ist sie sehr repräsentativ. Wir würden vielleicht gar nicht mehr glauben, wenn wir nicht ein paar Sachen von Dorothee Sölle gelesen oder gehört hätten.«

Merkwürdigerweise fühle ich mich heute mit meinen theologischen Thesen sehr viel weniger allein in der Kirche als früher. Sollte es daran liegen, dass ich milder und zahnloser geworden bin? Ich glaube nicht. Die Entwicklung zum konziliaren Prozess benennt die zentralen Themen des christlichen Glaubens für das Ende des Jahrtausends: Gerechtigkeit, Frieden und die Bewahrung der Schöpfung. In dieser Richtung fühle ich mich mitgetragen. »Konziliar« bedeutet auf Versöhnung gerichtet, und ich kann meine Hoffnung nicht besser benennen als auf das Ende des unabsehbaren blutigen Krieges zwischen Reichen und Armen, zwischen uns allen und der Erde, die uns trägt. In diesem Prozess fühle ich mich zu Hause und getragen von der Tradition.

In den letzten Jahren habe ich wiederholt Gespräche mit Journalistinnen geführt, die einen ähnlichen Ablauf hatten. Wenn ich zu sagen versuchte, was ich unter Glauben oder Hoffen verstehe, wurde es gut aufgenommen. Nur als Rückversicherung kam die Gegenfrage: »Aber Sie meinen doch nicht etwa die Kirche mit dem, was Sie sagen?« Ich, leicht eingeschüchtert, sagte: »Doch, so stelle ich mir die Kirche vor. So erlebe ich sie auch, gelegentlich. So wünsche ich sie mir – und ich habe einen hohen Begriff von der Kraft zu wünschen.« Religiös gesprochen kann ich sagen: So bete ich sie. Ein Regenschirm hilft bei dieser Nässe.

Die Mehrheit der Deutschen glaubt bekanntlich heute nicht mehr an Gott. Das hat mich bislang nicht allzu sehr beunruhigt, weil ich das, woran sie früher glaubten, nicht unbedingt für Gott hielt. Angst habe ich vor diesem Faktum aus einem anderen Grund; ich befürchte, dass es auf Gegenseitigkeit beruht. Welchen Grund könnte Gott haben, an uns zu glauben?

Gegenseitigkeit

Als Sigmund Freud gefragt wurde, wie denn der gesunde, der nicht-neurotische Mensch, der wir alle gern wären, eigentlich aussähe, soll er gesagt haben, dieser Mensch sei fähig zu arbeiten und zu lieben. Ich habe diesen Grundgedanken in einer Theologie der Schöpfung aufgenommen und ein Buch geschrieben, das aus meinen eigenen Erfahrungen mit beiden, »lieben und arbeiten«, Konsequenzen zieht.

Es ist sicher eines der großen Privilegien in meinem Leben, dass ich meine Arbeit mit Sinn erfüllen kann, dass sie mit dem, was ich will, zu tun hat. Ein Kriterium von guter Arbeit ist, dass sie Selbstausdruck des arbeitenden Menschen sein muss. Ein anderer Sinn der Arbeit ist die Beziehung zu anderen, eine gesellschaftliche Verantwortlichkeit. Wir wollen alle etwas herstellen, was andere brauchen. Für die Schriftstellerin heißt das, ihre Arbeit soll nicht nur Selbstausdruck sein, sondern auch eine soziale Beziehung schaffen.

Ich empfinde es deshalb als eine Art von Glück, dass es Leute gibt, die meine Arbeit brauchen. Ich bekomme außerordentlich viel Echo, Briefe von Menschen, die sich oft einfach bedanken und sagen, das hätte ihnen geholfen. Diese Erfahrung lässt mich meine Arbeit als schön empfinden. Vor Kurzem schrieb mir ein jüngerer Theologe: »Vor mir liegt die ›Hinreise‹, der erste Absatz auf Seite 127 ist angestrichen. Die Szene hat sich mir eingeprägt: 17 Jahre war ich, ein Vikar hatte mir das Buch geschenkt. Abends im Bett las ich darin und war so angetan, dass ich ins elterliche Schlafzimmer ging und meinen Eltern diese Passage vorlas. Dass sie nicht auf dieselbe Begeisterung stieß, hätte ich mir denken können. Dennoch hast Du mir so auf ganz indirekte Weise geholfen, meinen Mund zu öffnen – und meine Gedanken für eine freie Theologie. Dafür danke ich Dir – und danke ich Gott.«

Ein anderes Erlebnis dieser Art Resonanz war Anfang der Achtzigerjahre, als ich in Amsterdam einen Friedensvortrag hielt. Danach ist eine alte Frau zu mir gekommen, hat ihren Arm um mich gelegt und gesagt: »You touched me, I want to touch you.« Erst allmählich habe ich verstanden, wie sehr ich auf Echo, Antwort angewiesen bin.

Auch erheiternde Formen der Resonanz bekomme ich manchmal. Eine Mutter teilte mir mit, dass ihr Sohn vor Jahrzehnten in Latein schlecht stand, weil der Lehrer beim geringsten Stocken bei abgefragten Vokabeln »Setzen, Fünf!« sagte. Sie hielt das für ungerecht, weil sie den Jungen selbst abgehört hatte. Sie setzte sich hin und schrieb dem Lehrer, der auch Religion unterrichtete, einen Essay von mir ab über »Dialektik der Liebe«, der im Wesentlichen kritisierte, dass man sich kein Bild vom anderen machen soll. »In einem halben Jahr«, so schrieb sie mir vor Kurzem, »konnte unser Sohn sich in Latein zu einer Drei entwickeln.«

Das schönste Echo steckt in einem kurzen Brief, den ich vor Kurzem erhielt: »Liebe Frau Sölle! Ich bin ein psychisch behinderter Mensch. In Ihren Büchern jedoch fand ich über Jahre Inhalte, die mir halfen, meinen Glauben an meine von vielen getretene menschliche Würde niemals gänzlich zu verlieren. – Dafür möchte ich Ihnen an diesem Weihnachten endlich einmal danken!«

Eine amerikanische Freundin von mir, die feministische Theologin Carter Heyward, hat mir sehr geholfen, Resonanz besser zu verstehen. Sie war in eine öffentliche Auseinandersetzung mit ihrer Institution geraten, als sie mit zehn anderen Frauen in den Siebzigerjahren zum ersten Mal in der Geschichte der anglikanischen Kirche als Priesterin geweiht wurde. Als ich sie kurz danach kennenlernte, hatte ich schon viel von ihr gehört und ihr Buch »A Priest Forever« gelesen. Ich war darüber nicht glücklich und fragte sie in den ersten drei Minuten schon: »Warum um Gottes willen willst du denn Priesterin werden? Sind wir das nicht alle, ob mit oder ohne Weihe? Glaubst du nicht an das allgemeine Priestertum aller Gläubigen?« Eine leidenschaftliche Debatte ging zwischen uns los.

Aus diesem Streit wuchs eine wunderbare Freundschaft. In ihrer Kirche und in wissenschaftlichen Vorträgen habe ich Carter liturgische Stücke singen hören – weil sie deutlicher machen, als Worte es können, welche Kraft, welche Power in der Tradition steckt. Ich teilte dieses Gefühl, dass der rationale Diskurs nicht alles ist, was wir brauchen, mit ihr und steckte auch in Experimenten mit verschiedenen Formen der Mitteilung.

Wir trafen uns nicht nur in New York und Boston, wo Carter lehrt, sondern auch in Nicaragua, beide als internationale Wahlbeobachterinnen unterwegs. Die Bitterkeit der Wahlniederlage für die Sandinistische Revolution haben wir miteinander geteilt, mit Tränen.

Einer der wichtigsten Begriffe, den Carter theologisch durchdacht und entwickelt hat, aber vor allem in ihrem Verhalten lebt, ist der der Gegenseitigkeit, der *mutuality.* Erst in Gesprächen mit ihr und ihrer Partnerin Beverly Harrison wurde mir klar, wie alle wirkliche Beziehung auf gegenseitigem Brauchen und Gebrauchtwerden beruht. Keine lebt allein, jede wird von anderen getragen. Es ist ja nicht so, dass ich nur gebe, denn wenn ich wirklich gebe, dann nehme ich auch. Geben und Nehmen ist eigentlich *ein* Vollzug, für den wir merkwürdigerweise immer zwei Wörter brauchen.

Ich kann dir nur etwas geben, wenn du es nimmst oder wenn du mir etwas gibst. Darin liegt eine ganz tiefe Gegenseitigkeit. Ich kann dir nur etwas sagen, wenn du hörst. Ich kann nur antworten auf das, wonach du mich fragst. Die Briefe von Verzweifelnden, die ich bekommen habe, von Menschen, die im Gefängnis sitzen, Flüchtlingen oder Leuten, die sich für türkische Familien einsetzen – die mich bitten, hilf uns, mach irgendetwas –, die tragen mich auch. Das sind nicht nur Lasten, sondern auch Aufgaben, die mich stärken. Ich empfinde das dann nicht nur als Forderung, sondern immer auch als Geschenk.

Die Bitte, die jemand ausspricht, ist vielleicht eines der größten Geschenke, das man im Leben bekommen kann. Es geht ja nicht nur darum, etwas zu tun, sondern auch darum, für den anderen etwas zu sein. Die amerikanischen Feministinnen haben einen schönen Ausdruck: »das Gewebe des Lebens«. Es gibt ein Buch mit dem Titel »Reweaving the web of life«, also das Gewebe des Lebens wieder zusammenweben. Ich fühle mich oft getragen vom Gewebe des Lebens, von den vielen Fäden, die gerade zwischen Frauen, aber auch zwischen Männern und Frauen gespannt sind. Obwohl ich mich manchmal elend verloren in Westdeutschland gefühlt habe, empfand ich doch immer ein Zuhausesein unter denen, die an diesem Zusammenweben beteiligt sind.

Auch Gott, so eine zentrale Aussage feministischer Theologie, ist nicht ein absoluter Souverän, der unabhängig von uns schaltet und waltet. Auch der Schöpfer des Himmels und der Erde braucht uns, ist auf uns angewiesen, wie jede Gestalt des Lebens es ist.

Ich will noch ein Erlebnis der Gegenseitigkeit erzählen, das ich auf dem Evangelischen Kirchentag 1993 in München hatte. Hoffnungsarm, wie ich oft bin, hatte ich einen kleinen Text über die Hoffnung geschrieben und vorgelesen. Er trug den Titel »Eine Asylantin«.

Hier ist sie nicht geboren
unsere sprache spricht sie nicht
gearbeitet hat sie ohne papiere
gewohnt hat sie wechselnd
bei einer freundin
in einem container
sie würde gern anfangen
zu arbeiten
hier bei uns
ihr name ist hoffnung
hier kennt sie niemand

Als ich wieder in Hamburg war, bekam ich einen Brief von einem mir unbekannten Mann. Er schrieb: »Liebe Frau Sölle, bitte verzweifeln Sie nicht. Die Hoffnung ist keine Asylantin ohne Arbeitsgenehmigung. Sie war am 10. Juni vierzehntausendmal um Sie herum. Niemand ist in die Olympiahalle gekommen, ohne Hoffnung mitzubringen.«

Diese Art Kritik ist vielleicht das Beste, was einem Gedicht zustoßen kann. Eine Antwort, eine Resonanz, die mir das, was ich gesagt habe, halb und unvollständig erscheinen lässt. So sehr brauchen wir einander.

Hunger nach Befreiung

Heute würde ich meinen theologischen Ansatz kaum mehr als »Politische Theologie« formulieren. Dieser Begriff bereitete schon immer Schwierigkeiten, weil er von einem der geistigen Väter der Nazis, vom Rechtsphilosophen Carl Schmitt, geprägt worden war. Er hat diesen Begriff mit Inhalt gefüllt im Sinne einer Rechtfertigung der bestehenden Zustände. »Jede Führung braucht politische Theologie« – das war eine sehr interessante und hinterhältige These. Es muss also beweihräuchert werden, es muss Fahnen, Marschmusik, nationale Symbole geben. Diese Art von falscher Staatsreligiosität ist »politische Theologie« im schlechten Sinn.

Damals, als der Begriff »Politische Theologie« im neuen Sinn aufkam – mit Inhalt gefüllt vor allem von Johann Baptist Metz (»Zur Theologie der Welt«), Jürgen Moltmann (»Theologie der Hoffnung«) und mir (»Politische Theologie«) –, fehlte dem Wort noch seine Klarheit. Unabhängig voneinander waren wir drei durch Auseinandersetzungen mit unseren »Vätern« – Johann Baptist Metz mit Karl Rahner, Jürgen Moltmann mit Ernst Bloch und ich mit Rudolf Bultmann – zu vergleichbaren Aussagen gekommen. Die Entscheidung, die dahinter stand und den Begriff erst deutlich machte, war jedoch damals noch nicht eindeutig im Bewusstsein verankert.

Heute bin ich überwältigt und dankbar, dass sich mit der zuerst in Lateinamerika entstandenen »Theologie der Befreiung« ganz andere theologische Dimensionen auftaten als jene, die ich bis dahin kannte: die *relecture* der Bibel aus der Perspektive der Dritten Welt. Ich weiß noch genau den Tag, an dem mir jemand etwas von der *teología de liberación* erzählte und was ich damals empfand. Es ist ja oft so, dass man schon lange nach einem besseren Wort gesucht hat, und plötzlich nennt es dann jemand und trifft damit genau das Richtige.

In der Theologie der Befreiung kommt zuerst die Praxis, die Auseinandersetzung, der Kampf, der Widerstand. Die Theologie, die Reflexion, das Nachdenken darüber ist ein notwendiger zweiter Schritt. Die Erfahrungen in der Praxis, wie wir sie mit dem »Politischen Nachtgebet« gemacht hatten, waren für mich sehr wichtig: dass eine Gruppe von Christinnen und Christen versuchte, im Wechsel von politischer Auseinandersetzung und Kontemplation, von Kampf und Gebet, miteinander zu einem lebendigen Glauben zu kommen.

Ich verstehe das Evangelium als eine Anleitung zu Kampf und Kontemplation, *lutte et contemplation,* wie Roger Schutz, der Prior von Taizé, sagte. Diese Qualität finde ich auch im Neuen Testament, wo es heißt: »Ich sende euch wie Schafe unter die Wölfe.« Die Jüngerinnen und Jünger lebten unter Wölfen, in einem Reich des Terrors, in dem jeder, der auch nur einen winzigen Schritt auf die Gerechtigkeit zu tat, sein Leben riskierte. Sie wussten das, und dieses Bewusstsein war so stark, dass man die ganze Jesus-Bewegung nicht versteht, wenn man sie nicht als eine Bewegung des Widerstands gegen diejenigen begreift, die sie daran hindern wollten, den Willen Gottes zu tun.

Gott sagt klar: »Du sollst die Hungernden speisen, die Nackten kleiden, die Toten begraben, die Gefangenen besuchen.« Alle diese Werke sind uns auch heute »verboten« durch die wirtschaftliche Struktur, in der wir leben und die dazu gemacht ist, die Hungrigen verhungern zu lassen, die Reichen reicher, die Armen ärmer zu machen. Wir leben in einer Welt, in der wir die Schöpfung Gottes nicht lieben können, sondern sie kaputt machen müssen. Wir können die Gerechtigkeit nicht lieben, wir müssen die Weltbank oder den Internationalen Währungsfonds unterstützen. Diejenigen also, welche die Verelendung weitertreiben und die Hungertoten auf dem Gewissen haben.

Die Theologie der Befreiung lehrte mich, die Bibel nicht nur als einen Ruf zu verstehen, Gottes Willen in einer Welt der Ungerechtigkeit zu tun, sondern sogar als den Ruf, auch Diskriminierung, Schwierigkeiten und – jedenfalls an vielen Stellen der Dritten Welt – das Martyrium in Kauf zu nehmen. »Wer sein Leben behalten will, der wird es verlieren« heißt, das Risiko des Widerstands bewusst einzugehen. Einige ältere Freunde, die den Widerstand gegen die Nazis mitgetragen hatten – etwa Eberhard Bethge –, haben kritisch nachgefragt, ob dieses Wort denn heute am Platz und nicht doch eine Nummer zu groß sei. Ich habe mit vielen Freundinnen darüber nachgedacht und meine: Es ist am Platz. Gegen die Art, wie unsere Lebensgrundlagen zerstört, die Armen dem Tod ausgeliefert und ein sogenannter Friede auf der Herrschaft des Wahnsinns aufgebaut wird, ist Widerstand notwendig. Man kann eigentlich nur Christ werden, in Christus hineinwachsen, indem man in eine Bewegung des Widerstands hineinwächst.

Die Befreiungstheologie sagt immer wieder: Die Armen sind die Lehrer. Das klingt verrückt, wir bilden uns ja ein, die großen Lehrer und Exporteure des Wohlstands zu sein, Medizin, Technologie, sauberes Wasser, Hygiene usw. zu den Armen zu bringen. Aber im Spirituellen können wir sehr viel mehr von ihnen lernen. Von ihrer Fähigkeit zur Hoffnung, zum Wiederanfangen, zum neuen Versuch. Wir Leute aus der Mittelklasse sind so schnell entmutigt. Kaum haben wir mal zwei oder drei Niederlagen erlebt, sind wir irgendwo nicht dort angekommen, wo wir hinwollten, haben wir da oder dort nicht schreiben, nicht reden dürfen – ich spreche jetzt von meinen eigenen Erfahrungen –, schon denken wir, es ist alles sinnlos. Das ist Schwäche, das ist der unter uns wachsende Zynismus. Die Armen, die oft viel längere Kämpfe ausfechten und mit einer viel geringeren objektiven Aussicht durchhalten, wissen genau, wo ihre Stärke ist, und kämpfen weiter.

Zu wissen, dass Waffen und Geld nicht die einzigen Herren dieser Welt sind, berechtigt auch uns zur Hoffnung. Wenn wir uns jedoch in unsere Privatheit zurückziehen, uns einbilden, nur als Privatmensch könne man sich retten, darum das Engagement verlassen und uns mit schönen Dingen umgeben oder beschäftigen, uns sozusagen ein kultiviertes Leben mitten in der Barbarei, in der wir leben, schaffen – wenn wir das tun, dann zerstören wir uns selber. Denn es geht nicht um unsere kleine Kulturinsel, sondern um die Befreiung des ganzen Volkes Gottes. Und zuallererst um die Befreiung der Armen.

Ich möchte das, was Theologie der Befreiung bedeutet, an einigen Menschen darstellen. Zunächst an Oscar Romero, dem ermordeten Erzbischof aus San Salvador. Die Toten sind nicht tot, das lässt sich an ihm lernen. Er ist lebendiger denn je. Es war unmöglich, ihn zu töten. In einem nordamerikanischen Volkslied über den revolutionären Arbeiterführer Joe Hill heißt es: *What they forgot to kill, went on to organize.*

Das gilt auch für Oscar Romero, der uns in den großen Bekehrungsprozess hineinzieht, welcher von den Armen zu den Reichen, von den Ungebildeten zu den Studierten geht. Wie er selber bekehrt worden ist, vor allem durch den Tod eines Freundes, des Jesuitenpaters Rutilo Grande, so bekehrt sein Tod auch uns und viele andere, die lange die Realität nicht wahrhaben wollten. Die Toten sind nicht tot, weder Romero noch die 60 000 anderen, die in diesem Krieg angeblich »niedriger Intensität« ihr Leben lassen mussten. Sie sind unvergessen, selbst bei uns lässt sich Erinnerung nicht einfach löschen.

Wir sind nicht allein, nicht abgeschnitten von der Wurzel, die uns trägt. Was ich damit sagen will, hat das Volk von El Salvador schon lange und klarer gesagt. Es hat seinen Bischof Oscar Arnulfo Romero längst heiliggesprochen. Irgendwann einmal wird es auch der Vatikan in Rom merken und nachvollziehen. Aber das Volk führt in dieser Angelegenheit, und es nennt ihn einen Heiligen, einen Tröster, einen Helfer. Es ruft ihn an, und diese Fähigkeit, jemanden anzurufen und die Wahrheit eines anderen Menschen zu bezeugen, möchte ich auch bei uns verbreiten helfen.

In Agulares, dem Ort des Zuckerrohrs, wurde Romero zum Zeugen, als Rutilo Grande 1977 ermordet wurde, zum Zeugen gegen seine klerikale Erziehung und konservative Grundhaltung. Er vollzog den Bruch mit der Klasse, die sich mit der Kirche liiert hatte, langsam und ohne je die Menschen der Oligarchie aufzugeben. Aber er gab auf, die Welt aus ihrer Perspektive zu betrachten, und das reichte schon. Als er kurz vor seinem Tod die Soldaten und Polizisten beschwor: »Hört mit dem

Morden auf! Gottes Gebot sagt: Du sollst nicht töten« – da war er ganz Zeuge geworden.

Es gibt bei uns eine dumme Meinung, als seien die Heiligen ganz und gar anders als wir, als seien sie nur zum Anstaunen da, zum Anbeten – oder Lächerlichmachen, was aber auf demselben Niveau bleibt – von jemandem, den wir doch nie erreichen. Auf Romero passt das nicht, er war keineswegs vorbildlich, er machte Fehler wie alle. Einmal kam er an einen Ort, wo eine Reihe von Menschen ermordet worden waren. Er hielt eine Ansprache, aber die Leute waren aufgebracht und rissen ihm das Mikrofon weg. Er verstand zuerst nicht, was er falsch gemacht hatte. Er hatte die Namen der Mörder nicht genannt, und das ertrugen die Leute nicht. So erzogen ihn die Armen.

Eine andere Geschichte hat mich noch mehr bewegt, weil sie so menschlich ist. Einmal musste der Erzbischof an einen entfernten, schwer zugänglichen Ort. Nach vier Stunden Marsch durch einen Schlammweg kam er vollständig entkräftet an und bat um etwas zu essen. Sie gaben ihm eine kleine Tamale, ein Fleischbrötchen. Er aß es und bat um mehr. Es war aber nichts mehr da. Da bat Oscar Romero die Leute im Dorf um Verzeihung. Ich denke, dass er sich geschämt hat.

Ich höre in den letzten Jahren vielfach, dass El Salvador doch eben »weit weg« ist. Dieses »weit weg« drückt eine unter uns wachsende Verrohung aus, eine von oben gewünschte Entsolidarisierung, in der das Mitleid stirbt und die Erkenntnis. »Sie interessieren sich für Zentralamerika«, fragte mich ein forscher Journalist unlängst, »haben Sie da Verwandte?« Eine andere Motivation, die über den familiären Tellerrand sieht, ist ihm schon nicht mehr vorstellbar. Ja, hätte ich am liebsten gesagt, es sind alles meine Familienangehörigen, meine Geschwister, die zehn Gewerkschafter und die sechs Jesuitenpatres und die noch unbekannte Zahl der Opfer in den bombardierten Armenvierteln.

Warum also sollte ich mich an Oscar Romero, die größte Verfolgung der Kirche in unserer Zeit und die noch größere eines ganzen Volkes erinnern? Ich fände es schon ziemlich viel, wenn wir das mit Gewissheit wüssten, was dieser Zeuge uns mitteilt. Nein, die Toten sind nicht tot. Nein, der Kapitalismus ist nicht wunderbar, menschenfreundlich und freiheitsfördernd. Es wäre ja schon viel, wenn wir aufhörten, uns in die Taschen zu lügen in der Zeit individueller und nationaler Besinnungslosigkeit.

Dass Oscar Romero lebt, hier *presente* ist, wie die Leute auf den Straßen dort rufen, ist ein Satz, aus dem die Armen Kraft gewinnen – und wir geistig und spirituell Verarmte ebenfalls. Wenn wir glauben, die Toten seien halt tot, dann mästen wir den kleinen Tod in uns. Aber der Mord an Oscar Romero muss »gefeiert« werden, weil er eine Erinnerung an die Zukunft bedeutet.

Ein anderer Befreiungstheologe, von dem ich viel gelernt habe, ist Leonardo Boff. Im Mai 1992 war er zu einem Vortrag in Hamburg, und wir haben ein paar Worte gewechselt. Ich war froh über die klaren Linien seines Vortrags, spürte aber deutlich, dass er auf einige Fragen, den Konflikt mit Rom betreffend, nicht eingehen wollte. Rückblickend ist mir klar, dass ich Angst hatte. Um ihn? Um uns alle? Um unsere Mutter, die Kirche?

Wenig später kam die Nachricht von seinem Ausscheiden aus Priesteramt und Orden. Das hat mich tiefer getroffen, als ich es für möglich gehalten hätte. Ich dachte ungefähr Folgendes: Leonardo geht – und wir? Wer bleibt denn überhaupt noch, und wer bleibt unbeschädigt? Ich rief eine Reihe von Freundinnen und Freunden an und sagte: »Das ist ein Unglück für die ganze Kirche Christi.« Einer meinte: »Nun ja, für den Katholizismus.« Ich wurde ärgerlich und sagte: »Quatsch doch nicht. Es ist ein Unglück für uns alle, er fehlt uns doch allen.«

Leonardo Boff wird uns fehlen in den uns immer wieder aufgezwungenen Auseinandersetzungen mit der Macht und mit der zum Individualismus verkommenen Botschaft. Sein Geist wird uns fehlen, seine Freiheit, seine Chuzpe. Davon haben wir alle zu wenig.

In dieser Nacht weinte ich. Ich habe die Theologie der Befreiung oft wie eine Reformation in Europa empfunden: Eine andere soziale Klasse meldet sich zu Wort, Stumme fangen an zu reden, ein Aufbruch aus autoritär verhängten Machtstrukturen hat begonnen, eine neue Frömmigkeit mit neuen Liedern und Gebeten ist entstanden, eine Entdeckung der Bibel durch die Armen und für sie wächst.

Und ein neues theologisches Denken begleitet diese *ecclesia semper reformanda.* Müssen wir diese Hoffnungen auf eine geschwisterliche Kirche, die sich nicht am römischen Recht, sondern am Evangelium der Armen orientiert, aufgeben? Wird das entstellte Gesicht der Kirche noch einmal glaubwürdiger? Wird die Institution ihren suizidalen Männlichkeitswahn beschämt fallen lassen und die Macht endlich als Einander-Dienen und Macht-teilen-Können verstehen?

Dann hielt ich Leonardos Brief an die »Gefährten des Weges« in Händen, und er machte meine Gefühle widersprüchlicher, was vielleicht der Anfang von Tröstung war. Ich schrieb ihm einen Brief, um ihn das wissen zu lassen, eine Stimme aus Deutschland. Vielleicht sollte ich meine Ängste genauer nennen; sie hängen mit dem schrecklichen Eindruck zusammen, den ich oft habe und für den es das Sprichwort »Die Ratten verlassen das sinkende Schiff« gibt.

Natürlich sah ich das aus der Perspektive der reichen Welt, genauer: aus der ihrer christlichen Minderheiten. Bei uns gibt es – wohl im Zusammenhang mit dem Zusammenbruch des kommunistischen Blocks – einen massiven neuen Säkularisierungsschub. Ökonomisch bedeutet er, dass der fortgeschrittene Kapitalismus das Schmieröl Religion nicht mehr braucht, zumindest erwirbt er es nicht mehr bei den alten, dafür zuständigen Firmen. Ethisch und religiös gesehen, ist die Unglaubwürdigkeit der christlichen Kirchen unübersehbar. Eine europäische Befreiungstheologie, wie wir sie in den Minderheiten des konziliaren Prozesses suchten, sieht sich ständig umklammert: von der Macht der kirchlichen Apparate einerseits und von einer schleichenden Säkularisierung andererseits, einem kostenlosen und schmerzfrei gewordenen Austritt. Der Freiraum, in dem wir Befreiung leben, feiern und denken können, wird kleiner.

Aber das ist nicht die ganze Wahrheit. Ich las in Leonardos Brief noch ein anderes Skript, unauslöschlich. Ich könnte es seine mystische Liebe zur Kirche nennen. Es ist wahr, ich hatte mich oft über seine Demut gewundert, ich bin eine ungeduldige, des Zorns fähige Frau. Vielleicht aber sah ich nur nicht klar genug, dass er tatsächlich bis zur Grenze der Selbstaufgabe gegangen war, dann aber Gott mehr gehorchte als den Menschen. Er trat ja nicht aus dem Kampf aus oder aus der Liebe, falls das überhaupt möglich war. Ich sah die Ökumene von unten an vielen Rändern der institutionellen Kirchen wachsen.

Der Kampf geht weiter, sagte Leonardo Boff, und sie können uns nichts nehmen, die Bibel nicht, den Segen nicht, den heiligen Franz nicht. Welchen Grund könnte er gehabt haben, die Eucharistie nicht mit den *ninos de la rua,* den brasilianischen Straßenkindern, die er betreut, zu feiern …

Gewiss war es ein Bruch für sein Leben. Aber das wirkliche Schiff sinkt nicht, und es segelt nicht dort, wo wir oft gebannt hinstarren. Immer noch verschwenden wir zu viele Kräfte auf die Befreiung der unglaubwürdigen Institution, statt Gottes Frieden ruhig und konsequent, subversiv und *extra muros* weiterzutragen. Nein, Leonardo Boff wird uns nicht fehlen; wir werden weiter an vielen Orten unseres kleinen Planeten miteinander beten und arbeiten. Wir gehen uns nicht verloren: so weit hatte ich seinen Brief verstanden.

Ich umarmte ihn geschwisterlich, dachte daran, dass Christus auch »außerhalb des Tores« war und wir »zu ihm vor das Lager hinausgehen« sollen (Hebräer 13,13). Sein Friede würde auch mit Leonardo sein.

Die Tradition, die uns verbindet, ist die Gerechtigkeit. »Gott ist das All«, »Gott ist der Urheber des Kosmos«, »Gott ist die Energie«, »Gott ist das Licht« – all das kann ich auch sagen. Aber von der jüdisch-christlichen Tradition ausgehend, muss ich als Erstes sagen: Gott ist Gerechtigkeit. Gott kennen heißt das Gerechte tun, und diese Erkenntnis ist nicht etwas Tiefsinniges, Tiefenpsychologisches, Kosmologisches. Ich meine, es ist eine Verleugnung unserer eigenen Tradition, wenn wir von der jüdischen und christlichen Befreiungstradition auf anderes ausweichen. Im Abendland oder in der Ersten Welt scheint alle christliche Theologie an ein Ende gekommen. Die wirklichen neuen Impulse des Christentums kommen von ganz anderen Stellen. Aus irgendwelchen Slums in Brasilien zum Beispiel. Das lebendige Christentum singt neue Lieder, betet neue Gebete, liest die Bibel anders, feiert anders miteinander. Die Basisgemeinden mit ihrer Aufhebung der Hierarchie haben kulturell neue Formen geschaffen. Entstanden aus Priestermangel, haben sie das Priestertum aller Gläubigen wiederentdeckt.

Wir haben allen Grund, von den Christinnen und Christen in der Dritten Welt zu lernen. Unsere Verhältnisse sind natürlich völlig anders. Wir töten nicht direkt, wir stehlen den Armen ihr Brot auch nicht direkt. Erst wenn man den Mord aus Unterlassung, den Diebstahl auch als ungerechte Rohstoffpreise versteht, sieht man ein, dass wir die Armen in der Tat bestehlen, sie tatsächlich töten. Die wesentlichen Sünden, die wir begehen, tun wir durch Unterlassen, durch Schweigen, durch Mitmachen, durch Kopfnicken, durch Gehorchen. Wir sündigen, indem wir alles mit uns machen lassen.

Wenn man endlich begriffen hat, worum es wirklich geht, dann kann man nicht guten Gewissens in dieser bürgerlichen Welt leben und seiner Karriere oder seinem Amüsement nachgehen. Dann gibt es andere Prioritäten im Leben. Diese Prioritäten benenne ich mit dem weiten, großen Wort »Widerstand«. Und der Prozess, der dabei in Gang gekommen ist, ist der »Konziliare Prozess«. Er setzt sich in vielen Gemeinden, Kommunitäten und Gemeinschaften für den Frieden ein – nicht für den Scheinfrieden, der auf dem Gleichgewicht des Terrors, der Vergeudung der Schätze und der menschlichen Intelligenz beruht, sondern für wirklichen Frieden, für Abrüstung. Für Gerechtigkeit, für eine andere Weltwirtschaftsordnung, die nicht die Armen noch weiter verarmen lässt. Für die Umkehr von unserem Industrialismus und die Bewahrung der Schöpfung. In diesem konziliaren Prozess erkenne ich seit

Mitte der Achtzigerjahre den Ruf zur Umkehr, zu einer Theologie der Befreiung für die Erste Welt.

Argentinien zum Beispiel war ein Fall, wo ich mich besonders engagiert habe. Auch deswegen, weil die Tochter meines Lehrers Ernst Käsemann, Elisabeth Käsemann, zu den Opfern gehörte: Sie verschwand eines Tages spurlos. Der einzige Grund, den ich dafür nennen könnte, ist, dass sie arme Mädchen in einer Milchfabrik über ihre gewerkschaftlichen Rechte aufgeklärt hat. Das argentinische Recht ist gar nicht so schlecht; Argentinien hat eine alte Arbeiterbewegung. Dass Elisabeth diesen Mädchen gesagt hat, welche Rechte sie haben – etwas, das ihnen noch niemand gesagt hatte –, das reichte schon, um sie als subversiv zu erklären, verschwinden, foltern und schließlich ermorden zu lassen. An diesem Fall ist mir sehr deutlich geworden, warum unser Kampf und unsere Solidarität auch mit denen sein muss, die unter solch furchtbaren Bedingungen leben.

»Am 11. Mai 1947 geboren, am 24. Mai 1977 von Organen der Militärdiktatur in Buenos Aires ermordet, gab sie ihr Leben für Freiheit und mehr Gerechtigkeit in einem von ihr geliebten Lande«, hieß es in Elisabeths Todesanzeige. Am 11. Mai 1978 fand im *Union Theological Seminary* in New York ein Gedenkgottesdienst für sie statt, in dem Brot und Wein geteilt wurden. Robert McAffee Brown sagte: »Gott zu kennen ist der Inhalt des Bundes; das heißt bei Jeremia, von dem der Ausdruck stammt: Gerechtigkeit zu tun. Das Brot essen und den Kelch trinken, das heißt vor Gott und voreinander unser Gelöbnis zu erneuern, dass Gerechtigkeit getan wird. Es verbindet uns mit Gott, es verbindet uns miteinander, es verbindet uns mit Elisabeth und der ganzen Gemeinschaft der Heiligen. Unsere Feier lebt aus der Erinnerung daran, dass ein Leib gebrochen und Blut vergossen worden ist, um eine Welt zu schaffen, in der keine Leiber mehr gebrochen und kein Blut mehr vergossen werden muss. So soll es sein.«

Lateinamerika liegt mir besonders nahe, aus verschiedenen Gründen. Hier habe ich daran mitgearbeitet, die Menschenrechtsverletzungen in der Zeit der Militärdiktaturen bekannt zu machen. Hier lebt eine meiner Töchter als Ärztin in Bolivien. Eines meiner Bücher (»Gott im Müll«) ist ihr gewidmet:

Für Caroline in Carabuco
die vieles tut
von dem ich nur träumen konnte
manches lebt
dem ich mit Wörtern behangen nachlaufe
einiges leidet
vor dem ich sie gern behütet hätte
weit fort gegangen und doch näher
der Erinnerung an das Feuer
die wir alle zum Leben brauchen
Töchter und Mütter

Außerdem ist Lateinamerika ein christlicher Kontinent, der mir die Sprache meiner Tradition wieder neu geschenkt hat. Ich lese mit den Menschen dort dieselben Psalmen. Ich träume auch ihren Traum.

»Wir sehen schon die Lichter«

Meine Liebe zu Nicaragua hat eine lange Geschichte. Mich an sie zu erinnern, heißt erst einmal an den wundersamen Briefträger zu denken, der seit dreißig Jahren Gedanken und Gedichte, Utopien und Träume, Bücher her- und Gelder hintransportiert, den Wuppertaler Verleger Hermann Schulz. Am liebsten würde ich seinen, den Peter Hammer Verlag, eine Importfirma für Hoffnung und ähnliches Gemüse nennen. »Optimismus statt Einschüchterung« ist bis heute seine Losung geblieben.

Als wir 1966 den »Almanach für Literatur und Theologie« ausdachten, kam Hermann Schulz mit einem neuen Autor an, einem Trappistenmönch und Priester, dem Dichter Ernesto Cardenal, der als einer der wichtigsten Poeten des sechsten Erdteils gilt. Seine Psalmen wurden in wenigen Jahren zum Bestseller einer neuen Generation in ganz Lateinamerika.

Ich zögerte zunächst, als Hermann mir vorschlug, ein Nachwort zu den unter dem Titel »Zerschneide den Stacheldraht« herauskommenden Psalmen zu schreiben. Ich konnte damals kein Spanisch und wusste kaum, wo Nicaragua lag. Aber das sollte sich gründlich ändern, vor allem durch Hermann und Ernesto.

Ich lernte das Land durch seine Poesie kennen, ein kleines Land in Mittelamerika, das in seinen sozialen und politischen Strukturen von Unterdrückung und Neokolonialismus bestimmt war, in dem die landlosen Kleinbauern immer weiter verelendeten, während der Reichtum der feudalen Oberschicht immer weiter wuchs, genährt durch ausländische Investitionen. Cardenal vermied es in seinen Psalmen, die herrschende Klasse als solche zu bezeichnen; er entlarvte sie, indem er sie einfach »sie« nannte, indem er von »ihren« Führern und Festen, »ihren« Radiosendungen und Schlagworten, »ihren« Aktien und Konten sprach.

Er wusste, wovon er redete. Er stammte aus einer der ältesten Patrizierfamilien Nicaraguas, wurde 1925 in der Provinzstadt

Granada geboren, studierte in Mexiko und in den USA Literatur und schrieb Ende der Vierzigerjahre an der Columbia University eine Dissertation über moderne Lyrik seines Landes.

Damit war die glatte Entwicklung dieses Lebens zu Ende. Schon die ersten eigenen Dichtungen enthielten Sprengstoff; 1952 ging in ganz Nicaragua ein anonymes Flugblatt von Hand zu Hand, das ein politisches Epigramm enthielt; die Untergrundbewegung sandte das Gedicht von ihren Radiostationen aus, es war in aller Munde. Cardenal ging eines Abends am Ufer des Sees von Managua spazieren, als neben ihm ein schwarzes Auto hielt; vier Männer sprangen heraus, schlugen den Dichter zusammen, fesselten ihn und warfen ihn ins Auto. Monatelang war er verschwunden, in Konzentrationslagern und Untersuchungsgefängnissen, geschlagen und gefoltert von der berüchtigten Guardia Nacional, der Polizei und Armee Nicaraguas.

Im April 1954 entdeckte die Polizei eine Verschwörung, in die fast alle jungen Intellektuellen des Landes verwickelt waren. Diesmal gelang es Cardenal, sich zu retten; er lebte lange Zeit versteckt. Dann gab es in seinem Leben eine große Wende: Er vertauschte die Barrikaden mit dem Kloster. Er wandte sich von der Politik ab und ging in das Trappistenkloster Gethsemani in Kentucky, USA – als ein Novize des Dichtermönchs Thomas Merton, der als bedeutender Kenner der neueren Literatur Lateinamerikas galt. Als Merton 1968 auf einer Reise nach Vietnam tödlich verunglückte, hat Cardenal ein großes Gedicht über den Tod des Freundes geschrieben, ähnlich dem Text über den Tod der Marilyn Monroe.

Cardenals Gesundheit allerdings war in den Kerkern Somozas ruiniert, das raue Klima Kentuckys konnte er nicht ertragen, er schrieb dort kaum, arbeitete an Skulpturen und widmete sich mehr und mehr einer tiefen Meditation. Dann verbrachte er einige Jahre in einem mexikanischen Benediktinerkloster, in ein immer tieferes Schweigen versinkend. Aber auch dieses Kloster war ihm »zu schön, zu luxuriös«. Er ging nach Kolumbien, in ein Kloster »am Ende der Welt«, dem Urwald nahe, an einem Ort, wo die bitterste Armut herrschte, so fern wie möglich von aller Zivilisation.

Nach zehn Jahren klösterlichen Lebens kehrte Cardenal nach Nicaragua zurück, in das Dorf Solentiname in der Inselgruppe des Gran Lago. Er versuchte dort mit wenigen Gefährten etwas Neues – er wollte eine trappistische Einsiedelei gründen, um den Bauern Nicaraguas zu helfen. Eine bescheidene medizinische Poliklinik und eine Elementarschule waren die Anfänge dieser neuen Art »christlicher Mission«. Hier entstand auch das berühmte »Evangelium der Bauern von Solentiname«, eines der Bücher, das mir die Bibel besser aufgeschlossen hat als viele gelehrte Kommentare.

Die kleinen Häuser in Solentiname wurden 1977 von den Somozisten zerstört. Im selben Jahr trat Cardenal offiziell den Sandinisten bei. Nach der Revolution war er von 1979 bis 1986 Kulturminister in Managua. Er hat sein Land bei einem der Bertrand-Russell-Tribunale der Menschenrechtsverletzungen vertreten, er hat Dichterwerkstätten unter den Campesinos auf dem Land angeregt – das waren wohl die glücklichsten Zeiten im sonst ungeliebten Ministerium. Bei einem meiner Aufenthalte in Managua habe ich, zunächst in seiner Abwesenheit, in Cardenals Haus gewohnt.

La casa de ernesto cardenal

Das haus hat eine stille
    auch wenn das fernsehen dudelt
    und der regen aufs garagendach trommelt in der nacht
    und die hühner schreiend ins zimmer stürzen
dein haus hat eine stille

Das haus ist voll zärtlichkeit
    auch wenn ich wach liege wartend
    dass einer mich willkommen heiße
    und mich krümme verlassen in der hängematte
dein haus ist voll zärtlichkeit

Das haus tröstet mich
  auch wenn es die angst nicht nimmt
  dass sie morgen ihren krieg herbringen
  die heute schon foltergerät testen
dein haus tröstet mich

Das haus beherbergt das buch
  in dem selig sind steht
  die die armut wählen
  die partei der verarmten
dein haus beherbergt mich

Das haus versteckt etwas
  wie alle häuser der liebe
  als könnten die schaukelstühle
  und die steine im innenhof
  ein geheimnis verraten
das ich nicht kenne ernesto
aber zum leben brauche

Zuvor hatte ich ihn einmal in Solentiname besucht und vielleicht dort seine Entscheidung für den revolutionären Kampf der Befreiung am besten verstanden. Der Briefwechsel zwischen Daniel Berrigan und Ernesto Cardenal über Cardenals aktive Beteiligung an der Befreiungsbewegung Nicaraguas war ein wichtiges Dokument dieser Zeit für die Frage, wie Christen es mit dem Frieden halten. Cardenal veränderte seine Position von der Gewaltfreiheit zum Befreiungskampf. Dan Berrigan, Jesuit und Dichter, Widerstandskämpfer wie sein Freund Ernesto, fragte ihn, wieso er das Prinzip der Gewaltfreiheit aufgeben und das Gewehr in die Hand nehmen konnte. »Weißt du nicht, dass jeder, der Gewalt übt, nicht nur seine Opfer tötet, sondern sich selber zerstört?« Beide Männer sind Freunde von mir, ihr Engagement, ihre Liebe zu Gott war außer jeden Zweifel für mich. Beide verkörperten etwas von dem mystischen und dem revolutionären Geist, den ich für so notwendig hielt.

Als ich Ernesto 1979 traf – er war inzwischen im Exil –, sagte er mir, er könne Dan nicht antworten, weil er ihn zu sehr liebe. »Aber, weißt du«, fügte er hinzu, »er weiß nicht, was die Revolution ist.«

Die Psalmen Cardenals haben mir geholfen, meine Stimme zu finden. Sie verbinden biblische und moderne Elemente ohne Bruch. Die Mittel, mit denen Menschen heute von Menschen bedroht werden, haben sich differenziert, aber Angst und Protest, das Leiden am Unrecht und der Jubel der Befreiung sind sich gleich geblieben. Cardenal hat nicht einfach Psalmen »übersetzt«, als müsste da etwas Vergangenes in die Gegenwart transponiert werden, um verständlich und genießbar zu werden. Die Bewegung dieser Dichtung ist umgekehrt: Cardenal versucht Gegenwart auszusprechen, dazu bieten sich ihm biblische Bild- und Sprachelemente an.

Er spricht auf befremdlich selbstverständliche, manchmal geradezu naiv anmutende Weise von Gott. Seine Abwesenheit erfährt er konkret als Hilflosigkeit der Menschen. Wie in den alten Psalmen, so halten sich auch hier Zweifel und Glaube die Waage, beide nicht in einem intellektuellen Sinn, wohl aber existenziell – als der Bogen der Verzweiflung zur Hoffnung, auf den sich die Beterin und der Beter einlassen. Die wiederkehrende Frage heißt darum, wann endlich Gott eingreife:

Wie lange, Herr, wirst Du noch neutral sein?
Wie lange teilnahmslos zusehen?
Hol mich aus der Folterkammer, befreie mich aus dem Konzentrationslager.
Ihre Propaganda dient nicht dem Frieden, sondern provoziert den Krieg.
Du hörst ihre Radios und siehst ihre Fernsehsendungen.
Schweig nicht! Erwache! Erhebe Dich – mein Gott – mir beizustehen, zu meiner Verteidigung.

Es gibt keine Stelle in diesen Psalmen, wo Religion zum Opium des Volkes würde. Nichts lenkt ab auf ein Später, ein Droben, ein Jenseits. Nirgends taucht ein Trost auf, der die Getrösteten der Erde untreu machte. Denn zur Diesseitigkeit, wie sie hier jüdisch und christlich verstanden wird, gehört die Solidarität mit allen Rechtlosen, das Geschrei mit allen Leidenden. Es ist nicht Anmaßung der Weiterlebenden, wenn Cardenal es wagt, von den in Auschwitz Ermordeten per »wir« zu sprechen, wenn er unter »Gottes Volk von Auschwitz« sich mit begreift. Dem distanzierten Betrachter der Weltgeschichte und der Dichtung mag dies wie eine allzu plumpe Vertraulichkeit mit den Toten erscheinen, eine Nivellierung ihres einmaligen Leidens. Aber die Kategorie der Solidarität, die hier zu Wort kommt, lässt sich nicht historisch begründen, empirisch aufzeigen, rassisch oder völkisch festlegen. Sie ist im strengen Sinne des Wortes eine mystische Kategorie: Die Solidarität des Leidens wird im Glauben ergriffen.

Die »Wende« in Nicaragua, die Abwahl der Sandinisten und die neue von der Weltbank diktierte Verelendung der Mehrheit haben diesen Dichter nicht entmutigt und zum Verstummen gebracht. Sein großer *Canto Cósmico,* der kosmische Gesang vom Anfang, in dem sich Mythos, Mystik und Naturwissenschaft verbinden, stellt einen neuen poetischen Anfang dar. Ich schrieb einen Brief an Ernesto.

Ernesto,
als ich Deine Gedichte wieder las, fiel mir ein alter Mythos der abendländischen Welt ein, die Geschichte vom Urteil des Paris. Du erinnerst Dich an diesen schönen jungen Mann aus Troja, der auf dem Berg Ida die Herde seines Vaters hütet und entscheiden soll, welche Göttin die Schönste ist, ob Hera, Athene oder Aphrodite. Er hat einen goldenen Apfel zu vergeben – nur einen. Und so wählt der junge Mann – mit der totalen und selbstverständlichen Arroganz der Männer –, er lässt sich am Anfang der abendländischen Kultur und mythologisch gesprochen vor ihrer größten und durchschlagenden Erfindung, dem Krieg, darauf ein, zu wählen zwischen Ehe und Religion, verkörpert in der Göttin Hera, Wissenschaft und Politik, verkör-

pert in Athene, Herrin der Polis Athen, und Schönheit und Lust, sichtbar in Aphrodite. Das Urteil, das Paris da fällt, ruft Verlust, Entzweiung, Kränkung, Hass und Ressentiment hervor, und es stürzt Trojaner und Griechen in die männlichste aller Beschäftigungen, den Krieg.

Das Wichtigste, das ich über Deine Poesie sagen möchte, Ernesto, ist, dass Du dem Paris nicht gefolgt bist in der Zumutung der Wahl. Du hast die mythische Geschichte auf Deine Weise widerlegt und das Zerstörerische, das Moment der Trennung, der Wahl, der Dezision, das der alte Mythos herausarbeitet, überwunden. An der Exklusion, die immer Beleidigung anderer Mächte des Lebens bedeutet, hast Du Dich nicht beteiligt. Religion, Politik und Liebe hast Du nicht in einen Konkurrenzkampf gesetzt, in dem dann ein selbstherrlicher Jüngling eine Wahl, eine Entscheidung trifft. Du hast sie beieinandergelassen, Religion, Politik und Liebe, Du hast Dich dieser ältesten Wahl, dem Riss, der durch die Welt geht, widersetzt, das mythische Muster nicht erfüllt. Deine Liebesgedichte sind politisch, Deine Psalmen erotisch, und Deine Gedichte aus der Geschichte Lateinamerikas verweigern sich der erzwungenen Wahl immer von Neuem: Es ist, als habe der Urwald die peinlichen Entscheidungen aus Troja längst überwuchert. Deine Bejahung, Deine Feier des Lebens ist umfassend – so wie ja die Bedrohung, die erfahrene Zerstörung des Lebens eine ist: Es ist ja derselbe Feind, der uns beim Küssen stört und die abgespaltene elitäre Wissenschaft fördert, es ist ja derselbe Zertrenner, der die lebendige Religion zu Formeln und Ritualen sterilisiert, in denen kein Psalm mehr neu gesagt werden darf, weil er sonst vielleicht wirklich ein Gebet würde.

Ein gebet für nicaragua

Eine große decke breite aus
über das kleine land der vulkane
dass die bombenflugzeuge es nicht finden können
und die mordbrenner nicht eindringen
und der präsident der vereinigten toten
das kleine land vergisst

Eine große decke breite aus
über das kleine land gerade vier jahre alt
dass die kinder zur schule gehen können
und auch die älteren frauen wie ich
dass der kaffee geerntet und medizin verteilt
und keiner vergessen wird

Eine große decke breite aus
gehalten von allen die das land lieben
die jungfrau maria hat einen mantel
und der heilige franz ein festkleid
das er seinem reichen vater vor die füße warf
und ho chi minh trug ein bauernhemd wie sandino
aus all diesem stoff ist die decke gewebt

Eine große decke breite aus
aus wünschen die so viel zärtlichkeit atmen
dass sie gebete werden
und lieben ist das tätigkeitswort
das zu gott gehört
so kommt die decke von gott

Eine dunkle decke
ausgebreitet die hoffnung der armen zu schützen
bis die nacht endet
bis endlich die nacht endet

Die Verschwundenen

Im September 1979 traf ich in Buenos Aires einen argentinischen Pfarrer, der in New York bei mir studiert hatte. Er stellte mir seine Schwester vor. Ihr Mann wurde an einem Freitagabend von der Polizei verhört, in seinem Haus. Montagmorgen wollte er zur Arbeit gehen. Er sagte, er habe nichts Unrechtes oder Subversives getan, jeder solle seine Pflicht tun. Er war Peronist, fügte Ernestos Schwester hinzu. So ging die Tochter zur Schule, der Sohn zur Arbeit, die Mutter ins Büro, und der Vater verließ ebenfalls das Haus. Das war 1977. Sie haben ihn nie wiedergesehen, es gibt keinerlei Spuren oder Hinweise.

Diese Frau gehörte zu den Tausenden Personen in Argentinien, die Antrag auf Habeas-Corpus-Akte gestellt haben. Sie gehörte zu den Angehörigen der Verschwundenen; zu den Müttern von der Plaza de Mayo, die sich jeden Donnerstagnachmittag dort vor dem Regierungsgebäude in Buenos Aires im schweigenden Protest trafen, bis man ihnen das verboten hat; zu denen, die von Regierungsbeamten *las locas,* die Verrückten, genannt wurden, die sich nicht zum Schweigen bringen ließen und die nur in äußerster Bedrohung untertauchten oder außer Landes gingen; zu denen, welche die einfachste und menschlichste Frage stellten, die in ganz Lateinamerika noch immer gestellt wird: *dónde están?* Wo sind sie?

Dónde están. Ich sah es auf den Mauern von Kirchen und Justizpalästen, auf den Papptafeln, die bei kurzfristigen und schnell wieder aufgelösten Demonstrationen getragen wurden. Ich las es auf Flugblättern und hörte es gesungen in einer *Peña,* einem kleinen Lokal, wo jeder zur Gitarre greifen kann. Als ich 1978 in Santiago de Chile war, sah ich es in der Kirche *Jesus Obrero,* wo vierzig Angehörige und Freunde im Hungerstreik auf Feldbetten lagen, Schilder und Inschriften bei sich: Wo sind sie? Gebt sie heraus! Wir werden sie wiederfinden!

Nach vorsichtigen Schätzungen waren damals, also 1979/1980, in lateinamerikanischen Gefängnissen und Lagern mindestens 17 000 politische Gefangene inhaftiert. Viele sind ins Exil getrieben worden. Mindestens 30 000 Menschen waren bis dahin verschwunden. Die Mehrzahl von ihnen dürfte ermordet worden sein. Ich führte damals sehr viele Gespräche in Chile und Argentinien, und ich rufe sie mir heute in Erinnerung, weil Vergessen eine Art Tod ist.

Die Geschichten, die ich hier noch einmal aufzeichne, habe ich von den Beteiligten selber gehört; es verstand sich von selbst, dass ich Namen der Betroffenen, der Gewährsleute, der Informanten und der Orte nicht angeben konnte. Dass unterdessen die Militärdiktaturen zum Beispiel in Chile und Argentinien überwunden sind, ist ein politisches Hoffnungszeichen; vielleicht war diese Menschenrechtsarbeit und Solidarität doch nicht ganz vergeblich.

Im September 1979 nahm ich an einem Hearing in Washington teil, in dem Zeugen vor dem Unterausschuss der internationalen Organisationen, der zum Komitee für auswärtige Angelegenheiten im Abgeordnetenhaus gehörte, Aussagen zum Problem der Verschwundenen und des Verschwindens machten. Die Zeugen gehörten kirchlichen Organisationen, der Internationalen Liga für Menschenrechte und Amnesty International an.

»Verschwinden« im neuen Sinn, das lernte ich damals, bedeutete das unfreiwillige Verschwinden von Individuen durch die Mitschuld, die Einwilligung oder die Konspiration von Regierungskräften in Argentinien, Chile, Uruguay und El Salvador, aber auch in anderen lateinamerikanischen Ländern. Verschwindenmachen war und ist ein relativ neues Phänomen in der Geschichte des staatlichen Terrors, ein internationales Verbrechen. Jemanden verschwinden zu machen kann man nicht mit einer gewöhnlichen Entführung gleichsetzen, weil keine Forderung nach Lösegeld oder anderen zu erfüllenden Bedingungen damit verbunden ist. Es bedeutet die Festnahme, Verschleppung und folgende Isolationshaft von Personen. Die Zusammenarbeit der verschiedenen nationalen Geheimdienste und Todesschwadronen ist gut bezeugt; Leichen von Personen, die in Argentinien verschwanden, sind zum Beispiel in Uruguay wieder aufgetaucht.

Ich lernte das Verschwinden als einen neuen kriminellen Tatbestand kennen, dabei gab es noch nicht einmal ein Wort für die Verbrecher, die Leute verschwinden ließen. Wir können sie Entführer, Vergewaltiger, Folterer oder Mörder nennen, aber damit ist das Verbrechen noch nicht benannt, das Verschwindenmachen. Normalerweise leugnete die Regierung jede Mitschuld am Verbrechen. In Chile ist zum Beispiel Frauen, die ihren Mann suchten, in süffisantem Ton gesagt worden: »Ach, hatten Sie nicht auch Eheschwierigkeiten? Eine Ehescheidung ist ja gar nicht so einfach zu bekommen … Denken Sie doch mal nach, ob das nicht einen Hinweis gibt.« Es gehört zur Strategie der Verbrecher, nichts zuzugeben, die Fälle als einfache Vermisstenanzeigen zu behandeln, auf andere bürokratische Ebenen zu verweisen.

Die Opfer sprachen meistens von den Verbrechern als »sie«. Eine Freundin erzählte mir, dass frühmorgens um 2 Uhr 30 etwa fünf Männer in Zivil in ihr Apartment kamen, als Erstes verbanden sie ihr die Augen, dann durchwühlten sie alles. Sie fuhr aus dem Schlaf hoch, es ging so schnell, dass sie nicht einmal die Zahl der Geheimpolizisten angeben konnte. »Sie« haben ihn geholt, sagten die Leute, das Subjekt des Verbrechens ist »sie«, die anonyme Macht, die Polizei oder Militär heißen kann, Uniform oder Zivil tragen kann, das spielt gar keine Rolle mehr. Der Terror des Staates ist schwer rechtlich greifbar.

Die Handlungsabläufe beim Verschwinden folgten mit Variationen etwa folgendem Schema: Die Entführer, meist in Zivil, ergriffen ihre Opfer zu Hause, auf der Straße oder am Arbeitsplatz. Sie waren gut organisiert, bewaffnet und diszipliniert. Die Opfer wurden gefangen genommen und verhört; Folter war dabei die Regel, nicht die Ausnahme. Immer häufiger wurden Methoden angewandt, die keine Spuren hinterlassen, eine Kombination aus dem, was die französische OAS in Algerien tat und die CIA in Vietnam. Man nahm den Gefangenen zum Beispiel die Kleider weg und stellte sie im Winter fünfzehn Minuten unter eine eiskalte Dusche. Danach mussten sie sich auf den Steinfußboden legen und wurden geschlagen. Blutergüsse, also Spuren, treten bei dieser Methode nicht auf. Die Gefangenen bekamen zwanzig bis hundert Schläge auf die Fersen. Viele sind unter der Folter gestorben.

Reguläre Militär- oder Polizeieinheiten griffen nicht ein, wenn beispielsweise ein Verschwindender um Hilfe rief. In einigen Fällen gab die Regierung den Sicherheitskräften die unbegrenzte und unkontrollierte Macht, die Opfer festzunehmen, zu verhören, einzusperren und zu töten. In anderen Fällen wurde diese Billigung vonseiten der Behörden schweigend gegeben.

Generell lässt sich sagen, dass die Regierungsorgane jede Mitwisserschaft leugneten. Heute gibt es in vielen dieser Länder die *impunidad,* die Straffreiheit für die Täter. Die normalen Rechtswege waren und sind unmöglich, es bleibt unbekannt, ob die Entführten getötet wurden oder unbegrenzt eingesperrt. In diesem Sinne sind Tausende von Menschen wie vom Erdboden verschluckt; wir wissen nichts über ihr Schicksal.

Wer sind die Opfer des Verbrechens? Sie kommen aus allen Schichten der Gesellschaft: Professoren und Studenten, Arbeiterführer und Gewerkschaftler. Manche von ihnen haben niemals irgendeine politische oder ideologische Verbindung gehabt. Andere stehen in irgendeiner Beziehung zu bereits Verschwundenen. Zum Beispiel wurden in Argentinien im Dezember 1977 zwei französische Nonnen von der Sicherheitspolizei verschleppt, bloß weil sie an einem Treffen der Angehörigen der Verschwundenen teilgenommen hatten. Manche verschwanden auch wegen einer persönlichen Laune der Entführer. Andere wurden einfach irrtümlich festgenommen, wurden durchgefoltert und unter Umständen wieder entlassen.

Ein Priester der Dritten Welt arbeitete in einem Elendsviertel, einer *villa miserias.* Ich fragte ihn, wer in seinem Umkreis verschwunden sei. Ihm war in dem etwa von 5000 Menschen bewohnten Gebiet des Slums nur ein Fall bekannt, aber, fuhr er fort, alle, die hierher kamen und uns geholfen haben, Rechtsanwälte, Lehrerinnen, Sozialarbeiter, Hausfrauen und Studentinnen, Krankenschwestern und Ärzte – von ihnen war niemand mehr da. »Exiliert, geflohen, ermordet, verschwunden oder so in Angst versetzt, dass sie sich nicht mehr blicken ließen, ich weiß es nicht.«

Eine junge Lehrerin, die ich kannte, arbeitete in einer *villa miserias* und bekam Schulmaterial geschenkt, Hefte, Bleistifte, Bücher. Manchmal fand sie eingelegt in ein Heft einen Geldschein, den sie für weiteres Material für die Kinder verwandte. Sie wurde abgeholt und mit der Begründung, die Schule sei von den Monteneros unterstützt worden, zu acht Jahren Gefängnis verurteilt. Eine solche reguläre Verurteilung ist allerdings sehr selten; normal ist, dass man von den Verschwundenen nichts mehr hört.

»Wir hatten Freunde«, erzählte mir eine Dame, »ordentliche Leute, zur evangelischen Gemeinde gehörend, sie hatten drei Töchter. Die beiden älteren Mädchen arbeiteten in einem Elendsviertel, sie waren sehr idealistisch, wissen Sie, siebzehn und achtzehn Jahre alt. Sie schlossen sich einer dieser Gruppen an, Sie wissen schon. Eines Nachts gegen drei Uhr kommt die Geheimpolizei, beide abzuholen. Die Ältere schreit, sie will nicht gefoltert werden, nimmt eine Tablette und begeht Selbstmord. Die Jüngere wird mitgenommen, sie ist seitdem verschwunden.«

Ob es politische Aktivisten, Dissidenten, Gewerkschaftsmitglieder oder einfach Bürger sind, die noch human empfinden und das Verschwinden ihrer Nachbarn nicht einfach mit ansehen wollen, vom Staat werden sie zu Staatsfeinden erklärt. Subversiv ist jeder, der noch selber denkt und fühlt. Werke von Freud oder Marx zu lesen ist gefährlich, ein Fotokopiergerät zu besitzen ist fast, als hätte man Sprengstoff im Haus.

Der sich verschärfende Terror des Verschweigens, der die Angehörigen von Verschwundenen betrifft, wächst. Schon das Verschwinden selber ist eine psychologische Folter für die Angehörigen. Sie haben keine Gewissheit des Todes und müssen die Trauer ständig verschieben. Sie wissen, dass ihre Angehörigen gefoltert werden, sie hören die grauenvollen Details, wie das, dass manchen die Augen ausgerissen werden – ohne zu wissen, was der ihnen nahestehende Mensch wirklich erduldet. Hoffnung und Ungewissheit zusammen werden zu einem Folterinstrument.

Eine Mutter in Chile erzählte mir von ihrem Sohn, der 1974 sechsundzwanzig Jahre alt war. Er war ein respektierter Lehrer an der Universität, ein Sprecher für die Studenten. Als er nach dem Putsch gefeuert wurde, versuchten viele, sich für ihn einzusetzen. Seine Mutter hat Grund anzunehmen, dass er tot ist. Sie hatte erfahren, dass sie ihm Kleidung und Essen bringen sollte, wurde aber nicht ins Gefängnis gelassen. Acht Monate nach seiner Verhaftung wurde er von einem Kameraden in *tejas verde* – einem berüchtigten Folterlager – gesehen. Der Lagerkommandant, nach ihm befragt, gab die Antwort, »wenn solche Schweine hier sind, dann hat das seinen Grund«. Ein Jahr später ist ein Schwager der Mutter, der sehr gute Beziehungen zur Junta hatte und an elektronischen Geräten, wahrscheinlich Folterwerkzeugen, arbeitet, vorstellig geworden. »Er ist tot«, sagte er ihr, »und es sind mehr als tausend. Hör auf zu suchen, es hat keinen Zweck.« Diese Mutter weinte nicht, sie war stolz: »Er war und blieb hart, er hat nichts gesagt, keine Namen preisgegeben. Keiner seiner Freunde wurde verschleppt.« Ich fragte sie nach ihrer persönlichen Motivation für den Hungerstreik für die Verschwundenen. Sie sagte, sie wolle es wissen. Sie sollten offen sagen, dass alle, die nach 1974 verschwunden sind, ermordet wurden, und die meisten, die 1975 verschwunden sind, ebenfalls.

Die Mutter einer Freundin erzählte mir, dass sie von einer nordamerikanischen Gruppe aufgefordert wurde, Gefangene in Villa Devoto zu besuchen. Sie war bereit dazu, aber ihre Tochter setzte sie unter Druck. »Du hast sieben Enkelkinder hier im Land.« – »Ich habe es nicht getan«, sagte sie zweifelnd, »war das falsch?« Geschichten vom Widerstand, vom unterlassenen Widerstand und vom Zerbrochenwerden.

Alle Angehörigen wurden bedroht. »Unternehmen Sie nichts, falls Sie Ihren Mann wiedersehen wollen.« Dieser Terror des Schweigens war eine wichtige Strategie der Staatsterroristen. Auch die Verschwundenen wurden ihm ausgesetzt; manche riefen zu Hause an und sagten: »Bitte, keine Nachfragen, es geht mir den Umständen entsprechend gut, sprecht zu niemandem.« Was soll man in einer solchen Situation tun? Auch von den wenigen, die wieder auftauchen, sind viele nicht bereit zu erzählen, in welchen Lagern sie festgehalten wurden. Sie ziehen es vor, über erlittene Folter zu schweigen.

Ein ungarischer Pastor kannte einen Colonel bei der Polizei. Als zwei Freunde von ihm verschwanden, bat er den Offizier, sie ausfindig zu machen. Es gelang, den Gefangenen wurde mitgeteilt, sie hätten das Land zu verlassen. Einer der beiden, ein Jesuit, fand sich in einem Sumpfgebiet in der Nähe des La Plata wieder. Er nimmt an, dass sie ihn besinnungslos gespritzt und dann aus einem Hubschrauber geworfen haben. Er rief seinen ungarischen Freund an, bekam einen Pass und verließ das Land. Über die erlittene Folter wollte er nicht sprechen.

Die Terrorregierungen haben verschiedene Taktiken entwickelt. Zunächst wird alles abgestritten. Wenn der internationale Druck zunimmt, werden vonseiten der Regierung Einzelfälle zugegeben, wo übereifrige Offiziere sich zu Exzessen hätten hinreißen lassen. Nicht alle Sicherheitskräfte, heißt es dann bedauernd, seien unter vollständiger Kontrolle. Trotz dieser Einsichten ist noch niemals ein Sicherheitsoffizier für einen Exzess wie das Zu-Tode-Foltern bestraft worden.

Es gibt aber noch weit zynischere Methoden, mit dem Verschwinden fertig zu werden. In Chile haben eine Reihe von Angehörigen der Verschwundenen seit Mai 1979 Briefe mit Todesdrohungen erhalten. Eine Frau, deren Mann im August 1976 verschwunden ist, bekam mit der Post folgenden Zettel: »Es ist zwecklos zu versuchen herauszufinden, wo dein Mann ist; wir töteten ihn im April 1977 und warfen seinen Körper zusammen mit vielen anderen ins Meer. Wir töteten ihn, weil er ein Kommunist war und ein Vaterlandsverräter. Auch du bist so gut wie tot.«

Man kann die einfachsten Fragen nicht oft genug stellen. Was hat das alles mit uns zu tun? Stimmt es, dass die Menschenrechte unteilbar sind? In welchem Sinn ist unterlassene Hilfeleistung eine Menschenrechtsverletzung? Ist Profitmaximierung eine, wenn andere den schmutzigen Teil der Arbeit übernehmen? Die Mutter einer Verschwundenen in Argentinien hat ein Paket erhalten, einen Schuhkarton. Darin lagen die Hände ihrer Tochter. Das Ziel von *Amnesty* ist, Folter international so zu ächten, dass sie »so undenkbar wie Sklaverei« wird. Das Problem ist nur, dass »Sklaverei« in ihren neuesten Formen ja gerade Folter braucht. Sklaverei, totale Abhängigkeit ist das Ziel des stummen Kriegs der Reichen gegen die Armen, in dem wir begriffen sind; Folter ist nur eine Methode, um den Widerstand gegen die wirtschaftliche Unterwerfung zu brechen.

In einem Flugblatt aus dem chilenischen Untergrund, »an diejenigen, die zu resignieren drohen und deren Engagement nachlässt«, hieß es: »Hier liegt für uns im Augenblick die größte Gefahr, aber auch eine große Gefahr für unsere Kinder und kommende Generationen: der Verlust moralischen Empfindens, die gewollte oder zumindest hingenommene Begriffsverwirrung zwischen Gut und Böse. Es gibt nun einmal Dinge, die man wenigstens im Innern seiner Seele schreien muss, wenn man sie schon nicht draußen auf der Straße laut sagen darf. Sonst vergisst man sie noch. Damit du alle diese Dinge nicht vergisst, sondern aufwachst und wie eine Fackel aufleuchtest, wurden diese Zeilen geschrieben.«

Aber wer innerhalb der Ersten Welt der Verursacher hört solche Worte? Es scheint mir zynisch, sie als »nur moralisch« zu etikettieren und dann zu vergessen. Wer so redet, zerstört sich selber, lässt sich »seine Seele austauschen«. Wir können mehr lernen aus dem Widerstand der unterdrückten Völker, die mit einfacher, altmodischer (»moralischer«) Sprache auch für uns sprechen und uns helfen, Widerstand zu organisieren: »Erwache Chile, lass nicht zu, dass man dir deine Seele austauscht«, entzifferte ich auf dem Flugblatt. »Dein freiheitsliebender Geist sang früher andere Lieder. Wird er eines Tages wieder Lieder von Freiheit und Gerechtigkeit singen? Achte darauf, wie man deine Kinder erzieht! Verfolge, was man ihnen beibringt! Sonst kommt es noch so weit, dass – während du schläfst – man ihnen sagt, es sei gut, seinen Bruder umzubringen, es sei gut, das zu glauben, was die offizielle Presse sagt, Wahrheit sei Lüge und Lüge sei Wahrheit.«

Und dann hörte ich eine wunderbare Geschichte aus Chile, einen Wunderbericht, ein Zeichen der Hoffnung, die von der Drohung der Folter, vom Terror des Schweigens und auch von unserem sanften Terror der Vergesslichkeit nicht ausgelöscht werden kann: Ein presbyterianischer Geistlicher aus dem Süden von Chile verteilte Lebensmittel, die er von nordamerikanischen Freunden bekommen hatte. Er wurde verhaftet und nach Santiago in das Gefängnis Los Alamas gebracht. Es lebten dort 150 Männer in einem Haus von der Größe einer Seminarbibliothek. Er übernahm die Rolle eines Hauskaplans und hielt täglich Bibelstunden und Andachten für seine Mitgefangenen, meistens Sozialisten. Er habe nie eine solche Gemeinde gehabt, sagte er mir. Als er entlassen wurde, schrieben seine Mitgefangenen ihre Namen mit abgebrannten Streichhölzern auf seinen Rücken. Es war November und warm, er hatte Angst zu schwitzen. Er kam ohne Leibesvisitation heraus und ging zum *Peace Committee.* Die meisten Namen derer, die als verschwunden galten, waren noch zu lesen.

Die Namen tauchten auf, auf dem Rücken eines Gefangenen, mit Streichhölzern geschrieben. Die Stunde des Schweigens war zu Ende.

Bewegung für den Frieden

Den 12. Dezember 1979 habe ich als einen der schwärzesten Tage in der Nachkriegsgeschichte Deutschlands empfunden. An diesem Tag mit der NATO-Entscheidung für die Nachrüstung setzte ich mir eine innere Verpflichtung: Ich wollte den Rest meines Lebens für den Frieden geben, wobei die Gerechtigkeit für die Dritte Welt als Grundlage dazugehört. Damals ist mir deutlich geworden, dass das für mich zentral ist, auch tief in der Geschichte meiner Jugend verwurzelt, dieses: »Nie wieder Krieg!«

Ich tat das nicht nur für meine Kinder oder für die Menschen allgemein, sondern auch um meiner selbst willen. Ich konnte in einem Bombenland nicht mehr lachen. Es hielt ja nicht nur den Overkill für andere bereit, sondern es zerstörte auch die Menschen, die das bezahlten, produzierten, installierten und propagierten. Die Zeit nach dem NATO-Doppelbeschluss wurde oft mit 1914 verglichen. Die internationalen Spannungen hatten ein Ausmaß erreicht, dass nur eine kleine Dummheit eines der Führenden, nur ein kleiner Computerirrtum schon reichte, um die Weltkatastrophe auszulösen.

Das Wort »Frieden« tauchte in den Reden führender Politiker immer seltener allein auf. »So ganz ungeschützt« wollte man es nicht mehr in den Mund nehmen. Es musste mit »Sicherheit« verbunden werden. Wenn man lautstark und militärisch klar genug über Sicherheit geredet hatte, dann war das angehängte »und Frieden« nicht mehr bedrohlich. *First things first,* erst mal absolute Sicherheit. Dieser Begriff wurde immer neurotischer.

In einem Flugblatt der amerikanischen Friedensbewegung las ich den Satz: »Die Bomben fallen jetzt!« Daraus habe ich viel gelernt. Zuvor meinte ich immer, Aufrüstung sei eine Art Vorbereitung auf das, was vielleicht später, vielleicht nie kommt. Aber die Aufrüstung verschlang unser Geld, unsere Steuern, unsere Intelligenz, unsere Anstrengung; sie zerstörte unser eigenes Land und ließ die Dritte Welt nicht zum Frieden oder zur Gerechtigkeit, zum Sattwerden kommen.

Einmischung hieß Widerstand organisieren. Was wir in den nächsten Jahren brauchten – und erreichten –, war eine breite, umfassende, von der Mitte bis nach links gehende Widerstandsbewegung gegen den Militarismus: für den Frieden eintreten, sich einmischen, Partei ergreifen für das Leben, gewaltfrei und – wenn nicht anders möglich – illegal. Aus dem Widerstand in Chile bekam ich ein Flugblatt in die Hand, das dort unter Lebensgefahr verbreitet wurde. Ich war überzeugt, wir könnten vieles von dem, was sie dort sagten, für unsere Situation übernehmen: »Misch dich ein! Verweigere die Kooperation mit dem Tod! Wähle das Leben! Lass nicht zu, dass man dir deine Seele austauscht!«

Der Widerstand artikulierte sich und wuchs an vielen Orten. Das niederländische Parlament lehnte die Stationierung von Mittelstreckenraketen ab, und das war ein Stück Regenbogen am Himmel. Die Holländer, gerade auch die Christen in der Reformierten Kirche, haben den Widerstand in Europa vielleicht am deutlichsten und unmissverständlichsten angeführt. Viele Europäer wurden von dieser »holländischen Krankheit« angesteckt.

Die sich erstmals auf dem Evangelischen Kirchentag 1981 in Hamburg deutlich artikulierende deutsche Friedensbewegung hat sich aus der jüdisch-christlichen Tradition kommend verstanden. Mit »deutlich« meine ich: so militant, so gewaltfrei und so illegal wie Jesus und seine Freunde. Gerade die Frauen in Deutschland spürten nicht den geringsten Grund, sich weiterhin als Objekte männlicher Militärpolitik zu begreifen: *Wer sich nicht wehrt, lebt verkehrt!* In der Frauenbewegung wuchs das Engagement für Frieden. Frauen umzingelten das Pentagon, fassten sich an den Händen, wurden ins Gefängnis geworfen und kamen später mit noch größeren Gruppen wieder.

Ich erinnerte mich in dieser Zeit an einige Erlebnisse der älteren Friedensbewegung in den Fünfzigerjahren. Wir waren damals oft elend kleine Gruppen, viele ältere Frauen in abgeschabten Mänteln dabei. Wenn ich daran zurückdenke, habe ich im Kopf, dass es regnet oder kalt ist, und damals hatte ich nur dünne Schuhe und einen dünnen Mantel. Auch im übertragenen Sinn dieses Grundgefühl: Einsamkeit. Nichtzusammen sein. Machtlos sein. Ohnmacht. Ich vermisste meine gleichaltrigen Kommilitonen, mit denen ich lieber zusammen gewesen wäre.

Einmal sprach Martin Niemöller zu uns. Wir hockten in den winzigen Bänken einer Volksschulklasse in Köln-Ehrenfeld. Ich hatte versucht, einen jungen forschen Journalisten für uns zu interessieren. »Das lohnt doch nicht, so'n paar alte Friedenstanten«, war seine Antwort. Diese Beleidigung vergaß ich nie: gegen die älteren Menschen, die immerhin zwei Weltkriege mitgemacht hatten, gegen die Frauen, die man eh nicht ernst nehmen muss – und gegen den Frieden.

Das waren für mich Frauen von einer unsentimentalen Stärke, in ihrer Selbstverständlichkeit, mit der sie ganz alltägliche Drecksarbeit anpackten. Nach ihrer Zwangsverpflichtung in einer Munitionsfabrik waren sie dann die Ersten, die gesehen haben, dass die Mädchen aus der Ukraine verhungerten. Sie haben ihnen dann etwas von dem bisschen abgegeben, das sie hatten. Viele solcher Geschichten könnte ich erzählen, aber sie sind verdrängt und vergessen durch den jahrzehntelang grassierenden Antikommunismus.

Radikale Formen des bürgerlichen Ungehorsams und des Widerstands gegen den militaristischen Staat kamen auch aus der amerikanischen katholischen Linken. Die Brüder Daniel und Philipp Berrigan arbeiteten seit der Zeit des Vietnamkriegs mit vielen Gruppen zusammen gegen die Aufrüstung, die sie als »Diebstahl an den Armen« bezeichneten. Sie sind radikale Pazifisten. Lange Zeit hatten viele in Deutschland den gewaltfreien Widerstandskämpfer Daniel Berrigan als Spinner abgetan, der ohne politisches Konzept »nur Zeugnis ablegt«, in bester alter pazifistischer Tradition. In den Achtzigerjahren wurde mir immer deutlicher, wie gerade Einzelne oder Widerstandsgruppen dieser Art das Salz innerhalb der ganzen Friedensbewegung darstellten. Ihre Bereitschaft, ihre Freiheit und notfalls ihr Leben zu geben gegen den Moloch, das große Tier aus dem Abgrund, hat langsam immer mehr Christen radikalisiert, darunter Bischöfe und Kirchenführer wie Raymond Hunthausen, den Erzbischof von Seattle, der sich weigerte, Steuern zu bezahlen.

Diese katholische Widerstandsbewegung war in den USA historisch neu: Noch während des Vietnamkriegs war die katholische Kirche äußerst langsam und spät mit dem Widerstand gegen den Völkermord in Indochina. Zur Zeit der Friedensbewegung jedoch war sie führend, setzte sich an die Spitze und ging in ihren Forderungen weit über moderate Formen der Kampagne – etwa für *Freeze*, für das Einfrieren von Bau, Test und Stationierung von Nuklearwaffen – hinaus.

1981 standen Freunde von mir, darunter Daniel und Philipp Berrigan, in Norristown im amerikanischen Bundesstaat Pennsylvania vor Gericht. Sie hatten ihre Gruppe »Pflugschar 8« genannt, nach dem Wort des Propheten Jesaja: »Sie werden ihre Schwerter zu Pflugscharen umschmieden« (Jesaja 2,4). Diese acht Männer und Frauen – darunter eine katholische Nonne und eine Mutter von sechs Kindern – hatten am 9. September 1980 eine Niederlassung der General Electric in King of Prussia, Pennsylvania, betreten, wo Nuklearraketen gebaut wurden. Mit Hämmern zerstörten sie zwei atomare Sprengköpfe und schütteten menschliches Blut auf geheime Konstruktionspläne. Von Militärpolizisten überwältigt, wurden sie der örtlichen Polizei übergeben und verhaftet. Die Anklage lautete auf Einbruch, kriminelle Verschwörung, unbefugtes Betreten fremden Eigentums, aufrührerisches Verhalten, Unruhestiftung (damit meinte die Anklagevertretung wohl das Singen frommer Friedenslieder), einfachen Raub und Nötigung. Das Urteil: zehn Jahre Gefängnis für Dan Berrigan, drei Jahre für seinen Bruder Phil.

Phil Berrigan hatte angesichts der amerikanischen Aufrüstung gesagt: »Wir müssen größere Risiken eingehen, als wir je eingegangen sind.«

Auch in Deutschland wurden Formen des zivilen Ungehorsams entwickelt und eingeübt, gingen Hunderttausende in eindrucksvollen Demonstrationen auf die Straße. Einem Journalisten fiel zu den 300 000 Menschen am 10. Oktober 1981 in Bonn nichts ein als »wie unter Hitler«. Über diese Blindheit und Verfälschung der Realität war ich empört wie lange nicht. Es gehört zur konservativen Ideologie, anzunehmen, nicht die Inhalte, derentwegen Menschen sich organisieren und auf die Straße gehen, seien wichtig; das Massenhafte sei in sich selber bedrohlich und gefährlich. Trotz der Millionen Europäer, die seit 1980 ihrem Verlangen nach Frieden durch absolut gewaltfreie Demonstrationen politischen Ausdruck gaben, wurde den Friedensfreunden immer Gewalttätigkeit oder -bereitschaft unterstellt. Die wirkliche Entwicklung verlief umgekehrt. Wir sahen immer deutlicher: Mit Eingaben, Briefen an Abgeordnete, Flugblättern allein war gegen die Arroganz der Macht, die sich im Militarismus am deutlichsten ausdrückte, nicht anzugehen.

So näherten sich viele Friedensfreunde den Methoden gewaltfreier Illegalität langsam an. Wir beschlossen, zu Blockaden aufzurufen, was strafbar ist, und zu blockieren. Meine pazifistischen Freunde Klaus und Hanne Vack vom »Komitee für Grundrechte und Demokratie«, zu dessen Beirat ich seit seiner Gründung ja gehörte, organisierten gewaltfreie Blockaden vor den Massenvernichtungsmitteln in Mutlangen, später in Waldfischbach vor dem Giftgas. Verhaftung und Kriminalisierung, Prozesse und Verurteilungen waren für mich wichtige Erlebnisse. Sie stellten nicht nur Öffentlichkeit her, sondern verbanden all die Blockierenden, junge und alte, Prominente und Unbekannte miteinander.

Auf der kirchlichen Ebene meldete sich die Gegenseite unter dem Stichwort »Sicherung des Friedens« zu Wort und sprach für die Aufrüstung. Prominente Theologen wie Wolfhart Pannenberg, Trutz Rendtorff, Gerhard Ebeling, Heinz Zahrnt, Laien und Wissenschaftler, hielten aus christlicher Verantwortung die einseitige Abrüstung für falsch und friedensgefährdend. Sie waren der Meinung, die Bundesrepublik könne beim gegenwärtigen Stand der Militärtechnologie, also im atomaren Krieg, erfolgreich verteidigt werden, was die Anhänger der Initiative »Ohne Rüstung leben« verneinten. An der Frage des Friedens zeigte sich, wie Menschen das Christentum heute verstehen, sie zwang zu einem Bekenntnis und brachte uns zu dem *Status confessionis*, der in der Geschichte der Kirche immer eine klärende Rolle gespielt hat. Diese Unterscheidung am Thema Frieden war weit wichtiger als die der herkömmlichen Konfessionen.

Einmal stand ich mit einer Studentengruppe vor der Hamburger Führungsakademie der Bundeswehr, und wir haben im kalten Schnee gesungen und gebetet. Wir sprachen über unsere persönlichen Ängste und Hoffnungen. Ein junger Mann sagte vor dem riesigen Zaun, der das Gelände umgab: »Vor vier Jahren stand ich noch auf der anderen Seite des Zauns, da hielt ich euch alle für Spinner. Jetzt bin ich froh, dass ich hier bin und weiß, warum ich hier bin.« Er, der ehemalige Offizier, studierte Theologie. In dieser Situation zeigte sich für mich ein Stück Einheit von Kampf und Kontemplation. Wir standen da, hatten einen prophetischen Text aus der Bibel gelesen, schlotterten vor Kälte und fühlten uns machtlos. Doch wäre keiner auf die Idee gekommen, Pflastersteine in die Hand zu nehmen. Wir erfuhren, wie schwer der Kampf ist und wie lange er dauern konnte, wie unendlich lange.

Über die Erfahrung der Ohnmacht und der Verzweiflung hatte ich ein Gespräch mit Dan Berrigan. Er sagte mir: »Es gibt Situationen, wo du nicht nach dem Erfolg fragen kannst, weil dich diese Frage sonst kaputt macht. Wenn du sie zur herrschenden Frage machst, dann hast du dich schon an das System verraten. Natürlich gibt es eine Erfahrung der Ohnmacht, aber sie darf einen nicht lähmen. Zivilcourage hat mit Selbstachtung, mit der Selbstbehauptung menschlicher Würde zu tun. Und das kommt vor dem Erfolg.«

Damals dachte ich wieder an meine Mutter, die mir Erfolglosigkeit prophezeit hatte. Ich empfand auch eine Art von protestantischem Trotz, ein »Und wenn die Welt voll Teufel wär und wollt uns gar verschlingen, so fürchten wir uns nicht so sehr, es muss uns doch gelingen«. Ich erinnere mich an einen Friedensgottesdienst in einer überfüllten Kirche, der mit Luthers Lied »Ein feste Burg« endete. Ich hatte das Gefühl, das Lied noch nie richtig verstanden zu haben. All die altmodischen Bilder, von den Teufeln, die uns verschlingen wollen, von dem Fürst dieser Welt, der sich »sauer« stellt, stimmten plötzlich, weil sie auf eine Lebenssituation, einen Kontext bezogen waren.

In der Bewegung für den Frieden war mein Glaube ganz wach, dass es eine Auferstehung vom Tod gibt, von dem Tod, in dem wir waren. Und dass es auch nach Niederlagen, also nach der Stationierung, noch einen sinnvollen Kampf für den Frieden geben konnte. Die Stationierung war eine Niederlage nicht nur des Friedens, sondern auch der Demokratie, eine Niederlage von allem, wofür der Westen eigentlich stand: von Freiheit, Demokratie, Selbstbestimmung.

Als ich einmal sehr deprimiert war, hat mir ein Freund, ein Pazifist aus Holland, etwas sehr Schönes gesagt: »Die Leute im Mittelalter, welche die Kathedralen gebaut haben, haben sie ja nie fertig gesehen. Zweihundert oder mehr Jahre wurde daran gebaut. Da hat irgendein Steinmetz eine wunderschöne Rose gemacht, nur die hat er gesehen, das war sein Lebenswerk. Aber in die fertige Kathedrale konnte er nie hineingehen. Doch eines Tages gab es sie wirklich. So ähnlich musst du dir das mit dem Frieden vorstellen.«

Das hat mir damals sehr geholfen. Es ist gut zu wissen: Ich baue an einer Kathedrale, und ich wusste auch, dass sie irgendwann fertig werden würde. So wie die Sklaverei abgeschafft worden ist, so würde auch der Krieg abgeschafft werden; aber das geht über meine Lebenszeit hinaus.

Ich finde seit damals, man kann eigentlich nur richtig leben, wenn man sich so im Leben verankert, dass man mit den Menschen, die vor uns waren, und den Menschen, die nach uns sein werden, verbunden ist. Wenn man diese Verbindung zerstört und sich auf ein Single-Dasein beschränkt, dann zerstört man sich selbst. Ich fand es wichtig, für die Toten von Hiroshima und Nagasaki auf die Straße zu gehen. Sie gingen mit uns, und das wussten auch die Machthaber, die spürten, dass wir ein unsichtbares Heer bei uns hatten. Wir waren nicht allein, wir waren auch viel mehr als die Aufrüster, weil die immer die um ihr Leben betrogenen Toten der Kriege gegen sich haben.

Erfahrungen mit Filmen

Das Filmemachen habe ich als eine der interessantesten Erfahrungen publizistischer Arbeit empfunden. Mein erster Film entstand 1967 für das Fernsehen; der Westdeutsche Rundfunk hatte ihn bei dem Kameramann und Regisseur Lucas Maria Böhmer und mir in Auftrag gegeben. Böhmer kannte ich von einem sehr schönen meditativen Film her, zu dem Heinrich Böll den Text geschrieben hatte. Unser Ziel war es, politische Meditationen zu christlichen Verheißungen in Texte und Bilder umzusetzen. Es kommt in diesem Film über »Glück und Vergeblichkeit« keine Einheit von Bildern und Worten zustande. Unser Nachdenken geht hin und her zwischen den Bildern, die uns beschlagnahmen wollen, weil sie eine perfekte fertige Welt spiegeln, und den Worten Jesu.

Mein alter Freund Hans-Eckehard Bahr gab Bölls und mein Filmskript mit Bildern als Buch heraus und schrieb in seinem Vorwort: »Die Filmmeditationen Dorothee Sölles und Heinrich Bölls beschwören die universalen Verheißungen des Christentums nicht mehr als ideale Vorstellungswelt oberhalb der Ordnung unserer Geschäfte. Sie sehen sie als produktiven Widerspruch zu dieser Ordnung politischer Ökonomie, identifizieren also die unterdrückten, alten Verheißungen als große, politische Antithese zu bestehenden Ordnungspraktiken, im Medium alltäglicher Vorgänge, im Einkaufszentrum, auf dem städtischen Friedhof, am Schalter der Versicherungs-AG … Es sind Meditationen, die auf politisches Schicksal reflektieren, nicht direkte Handlungsanweisungen, nicht Veränderungsstrategien. Das noch unverwirklicht Mögliche, das die Gesellschaft unterdrückt mit ihrer Ordnung des Geschäfts, die verdrängten Verheißungen, das nötigt nicht nur zur analytischen, sondern auch zu einer neuen meditativen Konkretion.« Genau das hatte ich mir gewünscht.

Aber es lief nicht immer so reibungslos: Schwierigkeiten gab es vor allem im öffentlich-rechtlichen Bereich immer dann, wenn meine Aussagen als anstößig empfunden wurden. So bekam ich zum Beispiel Anfang 1989 die Aufgabe, den Text für einen religiösen Film zu schreiben. Die Sendereihe hieß »Der liebe Gott – wie sieht er aus?«. Vier verschiedene Filmbeiträge sollten auf diese Frage antworten; einer hatte den Titel »Wie ein Kind«, ein anderer »Wie Mann und Frau«, ein weiterer »Wie der Geringste«, und der letzte Beitrag, den ich wiederum zusammen mit Lucas Maria Böhmer zu verantworten hatte, hieß »Der liebe Gott, wie sieht er aus? – Ganz anders«.

Der Film wurde fristgerecht fertiggestellt, vom zuständigen Redakteur abgenommen, dann aber zwei Tage vor der Sendung aus dem Programm genommen. Der Redakteur teilte mir mit, der Film könne so nicht gesendet werden. »Hat die Zensur zugeschlagen?«, fragte ich und erhielt die Antwort, selbstverständlich gebe es keine Zensur im Zweiten Deutschen Fernsehen. Man habe aber an einigen Stellen des Films Anstoß genommen und bäte uns, sie zu ändern.

Was folgte, war ein langes und zähes Ringen um Wörter und Ausdrücke, das ich hier dokumentieren will, weil es von allgemeinem Interesse ist, wie weit die Meinungsfreiheit geht und was bei uns als »sendbar« gilt und was nicht. Eine Schwierigkeit im Verfahren bestand darin, dass der verantwortliche Leiter der Hauptredaktion Kultur keine Begründungen abgab, weder den Schreibern der nach der plötzlichen Absetzung des Films eingegangenen Protestbriefe, noch auch den Filmemachern selbst gegenüber. Er überließ diese hässliche Arbeit dem Redakteur, der seinerseits den Film für sehr gut und durchaus sendbar hielt, nun aber mit uns, dem Filmemacher und der Autorin, um einzelne Stellen kämpfen und feilschen musste.

Unser Film über Gott ist eine Art Meditation mit Elementen der Reportage geworden, alles in allem ein Versuch, nicht Aussagen »über« Gott zu machen, sondern in einen Dialog »mit« Gott einzutreten. In einer solchen Meditation über die bedrohte Schöpfung wurde eine Szene aus Wackersdorf übernommen, die den Kampf zwischen Polizisten und Demonstranten darstellt. Mein Kommentar dazu lautete: »Vergiss die nicht, die es nicht mehr ertragen, dass weite Teile deiner Schöpfung auf Jahrtausende unbewohnbar gemacht werden. Bleib bei ihnen, da gehörst du hin, Gott, und nicht auf die Seite von Pharao und Pilatus.«

Dieser letzte biblische Hinweis auf die mächtigen Gewalthaber, die Vertreter des Staates und der militärischen Gewalt im Alten und Neuen Testament, wurde gestrichen. Danach schwenkt die Kamera auf einen Innenraum mit leeren Stühlen und Tischen, und der Kommentar zu diesen Amtsstuben, in denen Prozesse auch gegen Pazifisten und Anhänger der gewaltfreien Bewegung vorbereitet werden, sollte ursprünglich lauten: »Vergiss die nicht, Gott, die mit allen Mitteln klein gemacht werden, mundtot, die zensuriert und bespitzelt werden, weil sie deine Schöpfung lieben.« Auch hier wurde entschärft, die Konkretion der Sprache weggenommen und die Wörter, die auf Zensur und Bespitzelung hinweisen, gestrichen. »Eine Zensur findet nicht statt«, so heißt es in Artikel 5 zum Grundgesetz.

Der nächste Punkt der Konflikte war das Unglück von Ramstein. Der ursprüngliche Kommentar lautete: »Du hast auch den Tod geschaffen, unseren Bruder, aber nicht den Mord, nicht die sorgfältige Vorbereitung des Mordens, die wir Rüstung nennen. Versöhn uns nicht mit dem Mord, Gott! Versöhn uns nicht mit den Schreibtischtätern!« An diesem Text schien den Fernsehleuten vor allem das Wort »Mord« für die Rüstung und »Schreibtischtäter« für die Verantwortlichen unzumutbar. Unser erster Vorschlag, statt Mord doch »Abschlachten« zu sagen, weil dieser Begriff juristisch nicht belastet ist, scheiterte.

Diesmal bekamen wir das korrigierte Manuskript von höherer Stelle zurück. Auch die »sorgfältige Vorbereitung des Tötens« bzw. Abschlachtens oder Mordens, die wir Rüstung nennen, sollte nicht hörbar werden, wenn sie auch in den Bildern der Katastrophe von Ramstein sichtbar war. Übrig blieb der Text: »Du hast auch den Tod geschaffen, unseren Bruder. Aber nicht diese Art Tod, die wir Rüstung nennen.« Auch hier also eine Art Zwang zum blasseren, undeutlicheren Stil. Dass die

Wahrheit konkret ist, dass hinter dem neutralen Wort »Rüstung« Menschen stecken, profitmachende Geschäftsleute, die ein hohes Interesse am Bombengeschäft haben, weiß der Fernsehzuschauer natürlich, auch wenn es nicht gesagt wird. Trotzdem ist es meiner Meinung nach wichtig, bestimmte Dinge laut und öffentlich zu sagen, weil sie nur so ihrer schicksalhaften Selbstverständlichkeit entrissen werden.

Der letzte Eingriff der Zensur bezog sich auf eine Gelöbnisszene, in der Soldaten außerhalb der Kaserne in einem Eisenwerk vereidigt werden. Mein ursprünglicher Text lautete hier: »Wehr dich, wenn du missbraucht wirst, Gott! Gib deinen Segen nicht, wenn sie Hochzeit feiern und miteinander ins Bett gehen – das Industriekapital und das Militär! Bleib den kleinen Leuten treu, die Opfer dieser Gewalthaber sind.« Auch hier blieb von der kräftigen und deutlichen Sprache nichts übrig. An dem Satz »Wehr dich, wenn du missbraucht wirst, Gott!« wollte ich aus theologischen Gründen festhalten; ich fragte höflich an, ob man denn das zweite Gebot, das lautet »Du sollst den Namen des Herrn, deines Gottes, nicht unnützlich führen«, nicht mehr zitieren dürfe. So blieb der Satz erhalten, aber die Gewalthaber – Industrie und Militär – und ihre Hochzeit, erst recht natürlich, dass sie miteinander ins Bett gehen, mussten fallen.

Das sind drei Änderungen, die beiden Parteien, den Redakteuren und uns, Ärger und Zeitaufwand gekostet haben. Man kann sich darüber streiten, ob sie essenziell sind. Wie alle Autoren hänge ich natürlich an jedem Wort und war mehrmals nahe daran, das Unternehmen aufzugeben. Es ist gar nicht leicht, exakt die Grenze zu bestimmen, an denen der Kompromiss zu weit geht und der Selbstverrat beginnt.

Die Arbeit an diesem Film hat mir viel Freude gemacht, und ich wollte nicht aufgeben. Freunde bestätigten mir später, dass sie nicht umsonst war. Ich bin noch einmal davongekommen, es ist nicht wunschgemäß, aber doch erträglich ausgegangen. Aber wie ergeht es anderen, vor allem jüngeren und unbekannten Autoren unter diesen unsichtbaren, fein verzweigten Zwängen?

Ich habe viel aus diesem Fall gelernt. Anders als in manchen Ländern funktioniert die Zensur hierzulande nicht durch eine eigens eingesetzte Behörde, sondern als Selbstzensur. Ein Redakteur oder eine Redakteurin, die sich so viele Schwierigkeiten mit nichtkonformen Leuten einhandeln, werden sich wahrscheinlich beim nächsten Mal nach bequemeren Autoren umsehen. Kritische, kontroverse Leute fallen ihnen dann gar nicht mehr ein. Dieses Phänomen ist bei uns als die »Schere im Kopf« bekannt. Die Redaktion braucht keine Zensur von außen, jeder weiß, was sendbar, unauffällig und problemlos ist. Der leichtere Weg empfiehlt sich selbstredend, und so schnippelt diese innen eingebaute Schere Texte, Autoren und Themen weg, ohne dass es den mit der inneren Schere Ausgerüsteten überhaupt noch bewusst wird.

Kritik an der Militarisierung unseres Landes ist eines der Themen, die wie einst im Kaiserreich als »Majestätsbeleidigung« geahndet wird; sie hat, jedenfalls im öffentlichsten unserer Medien, zu unterbleiben. Kritik an der gewalttätigen Industrie, die über Sonntagsreden hinausgehend Ross und Reiter beim Namen nennt, wenn es um die Erhaltung von Grundwasser und Luft geht, hat es ebenfalls schwer.

Ich sehe in diesem Zusammenhang nicht nur die Meinungsfreiheit, sondern auch die Religionsfreiheit zumindest bedroht. Religiöse Harmlosigkeiten, ungetrübtes Gottvertrauen, persönliche Vertiefung in den Sinn des Lebens werden ja an vielen Stellen angeboten und konsumiert. Die Verkürzung der Religion auf den Horizont dcs Individuums ist erlaubt, ja, sie wird gefördert. Ein kritisches Bewusstsein aber, das sich auf die Propheten des Alten Bundes stützt und die Klarheit der Verkündigung Jesu aufnimmt – mit anderen Worten: eine sich auch innerhalb der reichen Welt langsam entwickelnde Theologie der Befreiung –, soll möglichst klein gehalten werden.

In der Zeit des Neuen Testaments nannte man diese Art erlaubter Religion »religio licita«. Die römischen Kaiser gestatteten ihren Untertanen, die eigene, nichtrömische Religion zu behalten, sofern sie sich nicht auf Konflikte mit der Hauptreligion des Imperiums einließ. Die Verehrung des Kaisers garantierte die Unterwerfung unter die Militärmacht. Diese Arbeitsteilung – hier Religion, dort Politik; hier Innerlichkeit, dort der Versuch, den Willen Gottes zu tun – hat damals für zwei religiöse Gruppen nicht geklappt: das waren die Juden und die ersten Christen. Sie glaubten weiterhin, dass die Erde Gott gehöre und nicht den Mächtigen.

Gibt es also eine Zensur in unserem relativ freien Land? War das, was ich in einem kleinen Beispiel erlebt habe, nicht doch ein Sieg der Demokratie? Ich lasse diese Fragen offen und arbeite beharrlich weiter an einem nicht ganz stromlinienförmigen Verständnis der einigermaßen bedrohten Realität.

Gegen die Apartheid

Vor etwa dreißig Jahren erlebte ich eine Geschichte, die zeigt, wie alt, wie uralt der Kampf gegen Gewaltherrschaft und ihre Komplizen ist. Ich besuchte damals Freunde in Ost-Berlin und brachte, in letzter Minute eingekauft, ein großes Netz Apfelsinen mit. Alle freuten sich, endlich mal wieder Apfelsinen zu sehen, bis auf eine meiner Freundinnen, Elisabeth Adler, die damals die Ostberliner Evangelische Akademie leitete. Sie sah die Früchte an und schrie: »Aus Südafrika? So was ess ich nicht!« Ich habe mich lange nicht so geschämt wie damals; seitdem kaufe ich nie mehr Obst, ohne nachzusehen, woher es kommt. Ich habe etwas gelernt über den Stolz und die Empörung einer Christin aus der damaligen DDR und etwas über die Apartheid, die auch in mir hockte.

Es gibt zwei Arten von Mitleid. Das eine ist Bedauern über das Schreckliche, das an vielen Stellen der Welt geschieht. Wir fühlen uns betroffen, erschüttert, wir sind bereit, Geld zu geben, wir denken an die Opfer – aber damit hat sich's dann auch. Unser Alltag wird nicht berührt, wir leben genauso weiter mit der ganzen Apartheid im Kopf und im Herzen, die uns von den »armen Schwarzen« trennt.

Mitleid kann wie jedes starke, unmittelbare Gefühl zwei Wege einschlagen: Es kann sich von Analyse, Verstand, Sachkenntnis abspalten und sozusagen kindisch bleiben und daher auch schnell wieder vergessen werden – oder es kann bohrend, fragend, selbstkritisch werden und sich mit den analytischen Fähigkeiten verbinden. Unsere Medien haben zum größten Teil auf das kindische Mitleid gesetzt und das echte Mitleiden, das an die Wurzeln geht, ausgeschaltet.

Wenn Menschen in einen Prozess der Sensibilisierung kommen, dann wissen sie ziemlich genau, wo sie selber umkehren können. Für jeden, der einigermaßen wach ist, gibt es viele Möglichkeiten, nicht mehr mitzumachen. Nein zu sagen zu bestimmten Konsumgütern, zu einem extremen Konsum von

Energie oder Fleisch; zu einer kritischen Hinterfragung der Industrieproduktion zu kommen. Aber auch Möglichkeiten, den Lebensstil zu ändern, sein politisches Bewusstsein zu ändern, sich einer Organisation anzuschließen, um bestimmte Dinge zu erreichen.

Vor einigen Jahren begegnete ich in den Vereinigten Staaten zwei jungen weißen Studenten aus Südafrika. Wir unterhielten uns ein bisschen, und ich fragte sie nach der Situation in Südafrika, nach den Schwarzen und insbesondere, ob sie Soweto kennen würden, ob sie dort gewesen seien, ob die Menschen dort Wasser in den Hütten oder Baracken hätten oder nicht, ob sie Elektrizität oder Öl hätten oder nicht – lauter sehr präzise Fragen. Und sie hatten keine Ahnung. Sie kannten die Golf- und Tennisplätze, wo sie spielten. Sie kannten ihre kleinen Schulen. Sie redeten, als sprächen sie im Auftrag eines Reisebüros. Sie erzählten mir, wie schön das Land sei; auf meine immer präziser werdenden Fragen jedoch gingen sie überhaupt nicht ein, weil sie nichts wussten. Sie kannten einfach nicht die Wirklichkeit ihres eigenen Landes. Es gab eine unsichtbare Mauer, nicht weniger schlimm als die Berliner Mauer.

Die meisten meiner Landsleute lebten hinter einer solchen Mauer, denn Apartheid ist kein bloß südafrikanisches Problem, sondern eines der reichen und sogenannten Ersten Welt. Wir kannten zwar die leckeren billigen Bananen und den guten Kaffee, aber unsere Sicht blieb die eines Touristen, nicht die Sicht einer Schwester oder eines Bruders.

In einem Gespräch fragte mich Christiaan Beyers Naudé, Generalsekretär des Südafrikanischen Kirchenrats, auf was oder wen ich meine Hoffnung auf Veränderung gründete. Ich sagte ihm, dass ich meine Hoffnung vor allem auf Frauen setzte, die so verzweifeln an der Kultur, in der wir leben, an der kulturellen Apartheid, an der Brutalität und am Ungeist des Wettbewerbs, dass sie sich davon absetzen müssen – einfach, um menschlich zu bleiben oder es zu werden. Der Preis für das Christsein würde in den nächsten zwanzig Jahren steigen; es würde immer mehr kosten und es würde härter werden, eine echte Christin zu sein.

Ein sehr schönes Beispiel für Umkehr war für mich die Bewegung der evangelischen Frauen, die einen Boykott gegen die südafrikanischen Früchte organisiert und durchgeführt haben. Als sie Anfang der Achtzigerjahre damit begonnen haben, wurden sie ausgelacht. Die Evangelische Kirche in Deutschland sperrte ihnen das Geld und erklärte, das müsse ein Mann verwalten, sie seien dazu offensichtlich nicht in der Lage. Auch ich hatte früher gedacht, die Frauenarbeit beschäftige sich vor allem damit, Socken zu stricken; ich hatte keine Vorstellung davon, welche erstaunlichen Sachen diese Frauen machten. Sie sind im Zug des Boykotts zu den Großhändlern gegangen – auf die Märkte, morgens um fünf! – und haben gesagt: »Diese Apfelsinen aus Südafrika, die schmecken nach Blut. Verkauft sie nicht mehr, nehmt nicht an dieser Sklaverei teil!«

Es ist eine merkwürdige und unverzichtbare Erfahrung, die jede, die sich nicht entmündigen und zum Schweigen bringen lässt, machen kann: dass die Schwachen stark werden und die Getöteten Leben erzeugen. Genau das haben uns die evangelischen Frauen gelehrt; auch sie wurden beschimpft und gedemütigt; ein junges Mädchen hat mir einmal mit Tränen in den Augen erzählt, wie ihr männlicher Mitarbeiter auf dem Großmarkt wenigstens angehört, sie aber mit »Was verstehst du denn schon davon!« fertig gemacht wurde. »Ich geh aber wieder dahin«, fügte sie dann trotzig schluckend hinzu. So blieben die Frauen dabei. Kleine Geschichten von der Stärke der Schwachen. Von der Kraft der Ohnmächtigen. Von der Auferstehung aus dem Tod, in dem wir uns eingerichtet haben.

Südafrika – das war für über zwei Jahrzehnte eine Herausforderung für mich, das Mitleid ein bisschen ernsthafter auszudrücken. Es war aktiv und selbstkritisch, es drang in mein alltägliches Leben ein, in Essen, in Geldgeschäfte, in meinen Umgang mit anderen. Ich konnte die ermordeten Schulkinder von Soweto nicht im Kopf haben und im Alltag vergessen. Sie forderten mich – und viele Frauen – auf zu handeln: Kündigt die Konten! Geht am Montagmorgen zu den Filialen derer, die mitfoltern, mitaussiedeln, mittöten! Sagt nicht: Ich bin zu jung, zu arbeitslos, ich habe ja kein Konto. Dieses Mitleid sagte uns: Südafrika brennt – und sie schütten noch Öl ins Feuer. Sie stecken Achtjährige ins Gefängnis und ihr bezahlt es noch. Haben wir eigentlich nicht genug Rassismus hierzulande gehabt? Und genug Mitläufer und Mitmacher und solche, die dicke Bretter »Das haben wir nicht gewusst« vor dem Kopf haben? Erklärt den Leuten in und vor der Bank, was los ist und warum dieser Terrorstaat immer noch nicht zusammengebrochen ist, wer oder was diese Menschenverachtung aufrechterhält. Wer davon profitiert und warum immer mehr sterben müssen.

Die Banken in Deutschland hielten den lange sichtbaren ökonomischen Zusammenbruch des Apartheidregimes auf. Ihre Politik der Unterstützung der weißen Minderheit war blind für die Geschichte, sowohl die hinter uns, aus der sie nichts gelernt haben, wie auch blind für die Geschichte vor uns, die verzögert, aber nicht aufgehalten werden konnte. Diese Verzögerung nützte niemandem. Wie oft erwies sich die Hoffnung auf eine Reform der Apartheid als Illusion und Verrat an den lebendigen Hoffnungen der schwarzen Menschen. Jede Form von Opposition sollte erstickt werden. Jeder und jede, die anders dachten als die Regierung, wurden rechtlos gemacht und ohne Begründung gebannt. Und zugleich sollte die Solidarität der vielen Freunde der gerechten Sache in der ganzen Welt verbannt und verboten werden. Es war, als sagten sie uns: »Es ist dir verboten, deinen Nächsten zu lieben.«

Reichlich spät lösten Fulbert und ich im April 1985 unser Konto bei der Dresdner Bank, die mit ihren Krediten die weitere Militarisierung Südafrikas finanzierte und mit schuld war an den blutigen Opfern, welche die Apartheid jeden Tag unter der farbigen Bevölkerung forderte. Die Citybank in New York hatte sich kurz zuvor aus dem blutigen Geschäft zurückgezogen. Wir verlangten nun von der Dresdner Bank, dass auch sie ihre Geschäftsbeziehungen zu Südafrika einstellte und den Respekt vor den Menschenrechten auch im Bankgeschäft nicht einfach ignorierte.

Wir wurden daraufhin zu einem Gespräch eingeladen, in dem die Vertreter der Bank betonten, dass sie – wie wir – gegen die Apartheid seien, wirtschaftlichen Boykott aber nicht für das richtige Mittel zur Veränderung hielten. Zufällig fand am selben Tag in Hamburg eine Demonstration gegen das System des »Vierten Reiches« statt, wie Jesse Jackson es nannte. Während wir noch im schönen alten Haus am Jungfernstieg diskutierten, schallte von unten der tausendstimmige Ruf herauf: »Deutsche Waffen, deutsches Geld morden weiter in der Welt.«

Die Frauen mit ihrem Boykott ließen sich nicht von denen irremachen, die sagten, es nützt sowieso nichts. Sie haben nach zehn Jahren geduldiger und beharrlicher Arbeit wenigstens erreicht, dass Hertie und Kaufhof keine Früchte der Apartheid mehr anboten: »Auf dringenden Wunsch unserer Kunden importieren wir keine Früchte aus Südafrika mehr.« Das war ein Sieg, der anspornte, ihn zu verhundertfachen.

Darum mein Plädoyer für ein starkes und helles Mitleid: Die Gerechtigkeit ist eine Sonne, und sie sollte auch hier scheinen, bei dir und mir und bei unseren Freunden und schließlich bis in die finstersten Winkel der Chefetagen hinein. Es hat lange gedauert, bis die Sonne dorthin kam. Aber nichts und niemand – weder Geld noch Militär und Geheimpolizei – konnten diese Sonne aufhalten. Sie schien – Gott segnete Afrika.

Nach dem Ende der Apartheid hätte ich mir von der Evangelischen Kirche in Deutschland gewünscht, dass sie die Glocken läuten lässt und den Frauen von der Frauenarbeit dankt. Das geschah natürlich nicht, aber ich hatte ein anderes schönes Erlebnis. Eine mir unbekannte Frau rief mich an und fragte nach einem Gedicht, das bei einer Feier im Frühjahr 1994 vorgelesen wurde. Ich hatte die freie Wahl in Südafrika begeistert verfolgt, mein altes Gedicht vom Anfang der Achtzigerjahre aber vergessen. Es ist ein seltenes Glück, wenn eine Vision in Erfüllung geht und Poesie von der Befreiung nicht nur träumt.

Nkosi sikelel i afrika

Immer wenn ich das lied der befreiung höre
denk ich an die schulkinder
die eines tages singen werden
in ihrer sprache
gott schütze afrika
und manchmal denk ich lacht mich nicht aus
es wird noch zu meinen lebzeiten sein
ich werde noch mitsingen können
nicht vom himmel
aber mit allen seraphim und cherubim hier
in hamburg altona werd ich singen
vielleicht ist meine stimme dann ganz dünn
aber singen werd ich mit euch
drei tage werden wir ein fest feiern
und robben island wird eine insel sein
und soweto eine junge stadt
und gott wird afrika schützen
und ich werde singen
so oder so

Nächstes Jahr in Jerusalem

Im Frühjahr 1980 nahm mich mein Freund Robert McAffee Brown mit zu einem Besuch bei Elie Wiesel, dem jüdischen Schriftsteller, der, selber ein Überlebender von Auschwitz, das Wort »Holocaust« in Umlauf gebracht hat, damit in den Wörtern wie »Endlösung« oder »Ausrottung« nicht die Sprache Hitlers weiterlebe, noch in den Wörtern »Katastrophe«, »Völkermord« oder »Genozid« die der Neutralität.

Das Gespräch in Wiesels Wohnung am Central Park in New York drehte sich zunächst um die Planung des Holocaust-Monuments. Elie Wiesel war Vorsitzender der Kommission, deren Hauptschwierigkeit die Begrenzung oder Auswahl der Opfer zu sein schien. Waren es nur die Juden, die wie Ungeziefer vernichtet wurden? Nicht auch die Zigeuner? Nicht auch die Homosexuellen? Mehr und mehr ethnische Gruppen meldeten sich zu Wort und wollten ihrer Toten und ihrer Vernichtung gedenken. Die Esten, die Litauer, die Letten. Die Kurden … und andere. Während wir sprachen, klingelte immer wieder das Telefon, und Wiesel zuckte zusammen, ein schmaler, störbarer Mensch, und nahm den Hörer ab, weil die genannte Frage akut war. Eine Frage der Totenabwägung. Eine Frage der Leidenskonkurrenz. Eine grauenvolle, unmögliche und unumgängliche Frage.

Dann wurde unser Gespräch persönlicher. Wiesel erzählte uns, wie er mit seinem damals etwa acht Jahre alten Sohn umging. Jeden Abend hatten Vater und Sohn eine festgesetzte Stunde zusammen. Wiesel sagte, dass er deswegen nicht gern reiste und wenn möglich seinen Sohn mitnahm. Es gab ein paar Regeln für diese gemeinsame Zeit: Jeder von beiden darf alles fragen; jeder von beiden antwortet nach bestem Wissen. Der Junge bat den Vater zum Beispiel, von seiner Schulzeit zu erzählen. »Wie war das, als du ein Junge warst?« Er fragte nach den Lehrern, den Schulkameraden. Der Vater erzählte ihm viel. Dann stellte der Junge manchmal Fragen wie: »Wo ist dein Freund jetzt?« Oder: »Lebt der Lehrer noch? Was passierte danach? Steht der Kirschbaum noch im Garten des Onkels?« Und der Vater antwortete nicht. Er sprach nicht. Er schwieg. Und eines Tages stellte der Junge eine merkwürdige Frage an den Vater. Er sagt: »War es davor oder war es danach?« Der Vater hatte dem Kind nichts erzählt über Deportation, über Vernichtungslager, über Gas. Und doch wusste der Junge etwas und umschrieb es mit den Worten »davor« und »danach«. »Das war davor, Vater, nicht?«, sagte er. Irgendwann wird es ihm der Vater gesagt haben, was zwischen davor und danach geschehen ist.

Als ich 1946 die Matthäus-Passion zum ersten Male wieder hörte, hatte man den machtvollen Chor »Sein Blut komme über uns und über unsere Kinder« weggelassen. Was »davor« ging, war »danach« unmöglich geworden. Das Ereignis hat die Wörter, die Gedanken und Bilder befleckt und ihnen einen anderen Sinn gegeben.

Mein eigenes Altern wird mir an nichts so klar wie an der Unmöglichkeit, meinen Nachkommen das, was Auschwitz für meine Generation bedeutet hat, zu vermitteln. Natürlich versuche ich es, natürlich finde ich es ungeheuerlich, wenn Leute, die erklären können, was die Quantentheorie beinhaltet, die Wörter Selektion, Rampe, Zyklon B nicht kennen. Natürlich habe ich immer wieder gefragt: Wie können wir die Geschichte der Schande überliefern? Und doch spüre ich den Graben der Generationsverschiedenheit. Wie kann ich die Gefühle der Scham und der Schuld so tradieren, dass sie nicht vergessen werden? Wie kann eine nationale Identität entstehen, die diese unsere Vergangenheit nicht »aufarbeitet«, sondern weitergibt?

Es ist wahr, ich kämpfe gegen mein eigenes Altwerden, dagegen, dass meine Erfahrung Wegwerferfahrung wird. Aber auch dagegen, dass jemand in meinem Land verkündet: »Wir sind wieder wer«, worin ich die deutliche Absage an das Gefühl kollektiver Scham höre.

Auschwitz hat nicht in Auschwitz geendet. Was können wir tun?, fragte ich Elie Wiesel. Die jüdische Tradition lehrt, dass wir beten und das Gerechte tun sollen. Niemand soll ankommen und es angeblich nicht gewusst haben. Es bedeutet, nicht alles mit sich machen zu lassen, sondern Widerstand zu leisten. Es bedeutet, den Hungrigen Brot zu geben statt immer raffiniertere Waffen. Beten bedeutet, nicht zu verzweifeln. Beten ist Widerspruch gegen den Tod. Es bedeutet, sich zu sammeln, nachzudenken, Klarheit zu gewinnen, wohin wir eigentlich leben, was wir mit unserem Leben wollen; Gedächtnis zu haben und darin Gott ähnlich werden; Wünsche zu haben für uns und unsere Kinder; die Wünsche laut und leise, zusammen und allein zu äußern und darin immer mehr dem Menschen ähnlich zu werden, als der wir gemeint waren.

Bei meiner zweiten Begegnung mit Elie Wiesel im April 1982 – wieder in seiner Wohnung – wollte ich mit ihm über das Thema »Heimat« sprechen. Ich fragte ihn: Gibt es irgendeinen Ort in der Welt, an dem Sie sich zu Hause fühlen? Diese Frage stellte ich einem Überlebenden aus Auschwitz, aber ich stellte sie auch mir selbst und hoffte, aus dem Gespräch nicht Antworten, aber eine bessere Einsicht in die Frage zu gewinnen.

Elie Wiesel hat im Gespräch drei Zugänge zum Thema Heimat deutlich gemacht, drei Grundzüge von möglichem Zuhausesein: 1. Heimat haben wir eher in der Zeit als im Raum zu suchen. 2. Das Zurückgehen in die eigene Kindheit ist eine Art Nachhausekommen. 3. Jerusalem ist der Heimatort für ihn.

Diese drei Grundzüge von möglichem Zuhausesein waren im Gespräch ganz und gar verschlungen, durchdrangen sich. »Ich fühle mich zu Hause in meiner Stadt, in Jerusalem«, war seine spontane Antwort auf meine Ausgangsfrage. Aber sie verband sich sofort mit der Erinnerung an die Kindheit in Osteuropa. Die Zeit, in der Elie Wiesel sich zu Hause fühlte, ist die Kindheit in Rumänien, die Zeit vor der Vernichtung von allem, was einem osteuropäischen Juden »Heimat« bedeuten konnte. Das Erste, was ich aus seinem hervorbrechenden »Jerusalem. Meine Stadt. Ja, Jerusalem« hörte, war eine Distanzierung von seinem jetzigen Leben in New York. Wenn mich jemand nach Heimat fragt, empfinde ich genauso und möchte sagen: hier nicht. Jetzt nicht. Kein Ort, nirgends.

Heimat hat so viel mit Kindheit und Verwurzelung und Herkunft zu tun, dass jeder Versuch eines Exilierten, sie in einer anderen Sprache zu benennen, fehlschlagen muss. Wir redeten englisch; mein Gesprächspartner erwähnte, dass er später Französisch gelernt habe und seine Bücher französisch schreibe; er verstand das deutsche Wort »Heimat«, das ich nicht übersetzen wollte. Aber alle unsere Sprachen sind nicht das Rumänisch seiner Kindheit. So bringt schon die Sprache ein Stück Heimatlosigkeit ins Bewusstsein.

Und während der Straßenlärm von der 84. Straße heraufschlägt, wird mir deutlich, warum New York so anziehend für Ausländer ist: weil diese Stadt nicht das geringste falsche Versprechen macht, Heimat gar nicht erst anbietet. Die vielen verschiedenen Nachbarschaften dieser Stadt mit ihren Namen, Sprachen, Handwerkern, Essgewohnheiten, Speisen, Gerüchen – sie erzählen von früher, von gewesener Heimat. Hier nicht, sagen sie. Früher ja, jetzt nicht. Deutlich wurde mir daran, wie sehr wir beides brauchen: zu Hause sein und fremd bleiben. Für mich ist Manhattan Symbol von Heimat und Heimatlosigkeit zugleich.

»Zu Hause fühle ich mich in meiner Stadt, in Jerusalem. Ich habe dort das Gefühl, schon da gewesen zu sein, seit vielen, vielen Jahren. Ich liebe Jerusalem. Es ist wahr, ich lebe in New York. Habe ich auch ein Bedürfnis, fort von Jerusalem zu sein? In unserer Tradition gibt es die Legende vom himmlischen Jerusalem, nach dem wir immer Ausschau halten. Diese Sehnsucht kann nicht zerstört werden. Wir brauchen es, dort zu sein.«

Mir fiel dazu die Passahliturgie ein, in der es heißt: »Nächstes Jahr in Jerusalem!« Bezieht sich das auf das himmlische oder das irdische Jerusalem?, fragte ich.

»Beides. Wirklich: beides. Jerusalem ist so spirituell wie real. Aber nicht nur der Ort, auch die Zeit. Das ist doch der Sinn der Passahliturgie. Dieses Jahr sind wir Sklaven, nächstes Jahr werden wir frei sein. Es gibt immer eine Projektion in die Zukunft, und das ist auch eine ins Menschliche. Eine menschliche Vorstellung, auf die Menschheit hin. Das klingt ironisch heutzutage! Aber so war es wohl gemeint. Jerusalem – das bedeutet, die Zukunft mehr und mehr zu vermenschlichen.«

Wir sprachen über Jerusalem als einen Schnittpunkt der Dimensionen des Zuhauseseins. Hier waren für ihn die Erinnerungen an sein Städtchen im Osten am deutlichsten. An keinem Ort der Welt erinnert er sich so klar und lebendig an seine Kindheit. In Jerusalem buddelt er beim Gehen Steinchen aus, steckt sie in die Tasche, wie er es als Kind getan hat.

Heimat ist ein Ort, wo die Erinnerungen bleiben dürfen und nicht weggeschickt werden. Ein Ort der Harmonie oder, er verbesserte sich beim Reden: ein Ort, wo die Dissonanzen zur Harmonie werden. Elie Wiesel sprach über die Sicherheit, die ein Kind hat, weil es weiß: Schwarz ist schwarz, gut ist gut, böse ist böse. Selbst in Auschwitz hätten Kinder aus dieser Sicherheit gelebt. Die Gefühle kamen viel später. Früher war diese Gewissheit da, die eine Art Schutz bietet und Widerstand, »eine erstaunliche Qualität von Widerstand«.

Wer schafft denn Heimat?, wollte ich wissen. »Oft sind es die Kinder. Mein Junge für mich. Ich glaube, die Kinder tun viel mehr für uns als wir für sie.« Am Ende sprachen wir über Kain und Abel. Ob wir nicht, fragte ich ihn, falls wir wählen könnten, lieber Abel als Kain sein könnten. Aber Elie Wiesel wies meinen pazifistischen Traum zurück, er betonte die Verantwortung beider Brüder füreinander. In welchem Sinn denn Abel verantwortlich sei, wollte ich wissen. »Er war stumm, als Kain ihn brauchte. Er schwieg.«

Es ließ sich nicht vermeiden, dass wir immer wieder auf Kriegsvorbereitung und Friedensbewegung zu sprechen kamen. Der Ausdruck »nuklearer Holocaust« wurde damals immer öfter gebraucht. Hatten wir ein Recht, so zu sprechen? Elie Wiesel gehört zu den Überlebenden, die dazu beigetragen haben, dass heute das Wort »Holocaust« eher spezifisch, eben für den Massenmord am europäischen Judentum, benutzt wird, sodass das Brandopfer von sechs Millionen alle anderen Formen von Holocaust-Brandopfern verzehrt hat. Hatten wir recht, wenn wir dasselbe Wort auf die anwandten, die den begrenzten und gewinnbaren Atomkrieg planten? Im Gegensatz zu manchen anderen jüdischen Sprechern bejahte Elie Wiesel meine Frage sofort. Wir können nicht nur so sprechen, wir müssen es.

Am 30. September 1988 wurde der Friedensnobelpreisträger Elie Wiesel sechzig Jahre alt. Ich war zu einer Tagung ihm zu Ehren nach St. Louis, Missouri, eingeladen, die mich wieder einmal in Berührung gebracht hat mit etwas, das es in Deutschland nicht mehr geben kann: eine Begegnung mit dem Geist des Judentums. Nicht, als gebe es nicht gelegentlich Tagungen, an denen wir einzelne jüdische Künstler treffen könnten; was uns fehlt – und umso schmerzlicher, wenn man ahnt, was es bedeutet haben muss –, ist das Ambiente, das Klima, die Lebenswelt des Judentums. Ich hatte zum Beispiel noch nie mit etwa tausend jüdischen Menschen, viele von ihnen Kinder von Überlebenden, Verwandte von Ermordeten, im Empfangssaal eines großen Hotels feierlich gespeist, koscher natürlich und unter hebräischen Segenssprüchen und Festreden voller Chuzpe und Witz. Elie Wiesel wurde mit dem »Baum des Lebens« geehrt, eine Auszeichnung, die darin besteht, dass in Israel ein Wald in seinem Namen gepflanzt wird.

Was ist es mit diesem Geist des Judentums nach seiner größten Katastrophe, der Vernichtung der europäischen Juden? Die Tagung war nicht nur Begegnung mit einem Überlebenden von Auschwitz, sondern mit einer ganzen Gruppe von Künstlern, Historikern, Ärzten, Philosophen und Theologen, die sich anlässlich des vor fünfunddreißig Jahren zuerst erschienenen Buches »Nacht« von Elie Wiesel miteinander austauschten. »Nacht« erschien zuerst auf Jiddisch in Argentinien unter dem Titel »Und de Welt hot geschwign«; es ist heute ein Buch, das in vielen Colleges und Schulen zur Pflichtlektüre gehört. Wann wird es bei uns so weit sein?, fragte ich mich.

Dann hörte ich diesem alten gebrechlichen Psychiater aus Oslo zu, der zusammen mit Elie Wiesel in Auschwitz war. Dr. Leo Eitinger erzählte, was es hieß, dort Arzt zu sein. Einen Patienten als genesen zurückzuschicken bedeutete, ihn in die

Hölle zurückzuschicken. Ihn nicht zu behandeln hieß, ihn aufzugeben. »Sie waren mein Doktor«, sagte Elie Wiesel später zu diesem Arzt, und dieser meinte: »Das ist das Beste, was einem gesagt werden kann.«

Durch den ganzen Tag zog sich das Thema der Freundschaft als der Suche danach, einander zu verstehen, und das Thema des Nicht-Aufgebens. Elie Wiesel sagte: »Das Wesen des Jüdischseins ist, niemals aufzugeben. Alles, was mit Auschwitz zu tun hat, führt letzten Endes ins Dunkel. Was ist dieses Dunkel? Die Fragen müssen als Fragen bleiben, es gibt keine letzten Antworten.« Eines der Schlüsselwörter Elie Wiesels ist das immer wieder auftauchende »und doch, und doch«, Ausdruck dieses jüdischen Nicht-Aufgebens.

Wiesel hatte noch eine andere bemerkenswerte Begegnung mit einem Arzt, einem Chirurgen in einem New Yorker Krankenhaus. Als Reporter bei der UNO arbeitend, wurde der junge Elie Wiesel von einem Taxi überfahren und hatte über vierzig Brüche. Ein Ambulanzwagen fuhr ihn zum Krankenhaus, aber zwei Krankenhäuser wollten den mittel- und versicherungslosen Ausländer nicht aufnehmen. Schließlich nahm ihn Dr. Braunstein auf und arbeitete monatelang mit ihm, woraus eine Freundschaft entstand.

Der Religionsphilosoph Franklin Litell, der oft als der Vater der Holocaustforschung in den Vereinigten Staaten genannt wird, gab eine brillante Kritik an der wissenschaftlichen Bearbeitung des Themas: »Die Soziologen reden von ›rassischen Vorurteilen‹, die Psychologen von Massenpsychologie, die Politologen von Diktatur, andere von den Folgen von Grausamkeit und Sadismus – aber das sind alles Versuche der Verharmlosung, die in ihrer Sprache nicht anders operieren als die berüchtigte Wannseekonferenz vom Januar 1942, auf der die Endlösung der Judenfrage beschlossen wurde.«

»Verharmlosung« war einer der Begriffe, die in diesem Zusammenhang auf Deutsch gebraucht wurden. In der Tat nimmt sich der deutsche Historikerstreit über die Einmaligkeit und geschichtliche Bedeutung des Holocaust seltsam aus, wenn man einen Tag lang mit Überlebenden, Rettern und Zuschauern zugebracht hat; er erscheint dann wie eine besinnungslose Spezialität deutscher Kultur.

Ich war als christliche Theologin eingeladen und versuchte etwas zum Thema Scham und Erinnerung beizutragen. Wer sich nicht erinnert, wer vorgibt, es nicht gewusst zu haben, und wer es auch später nicht wirklich wissen wollte – oder von der »Gnade der späten Geburt« faselt –, hat nichts begriffen. Gott ist Gedächtnis, und darum ist Sich-Erinnern eine Annäherung an Gott, Vergessen und Verdrängen eine Art, Gott loszuwerden. Das englische Wort *to remember* hat einen schönen Doppelsinn: Es bedeutet wörtlich genommen, wieder ein Mitglied, ein *member,* ein Teil des Ganzen zu werden. Wer sich nicht erinnert, ist *dismembered,* ausgeschlossen, ohne Ort in der Familie der Völker.

Elie Wiesel ging auf unsere verschiedenen Beiträge in einem Dankeswort ein, in einer leichten, von jüdischem Humor getragenen Art, welche die Offizialität und die allzu hehren Komplimente und Rituale erträglich machte. »Ich bin der Fragen wegen in die Philosophie gekommen – und wegen der Antworten habe ich sie wieder verlassen«, sagte er dem Philosophen. Und zu dem Lyriker William Heyen sagte er: »Warum sollte ich ein zweitklassiger Lyriker sein, wenn ich in Wirklichkeit ein erstklassiger Leser von Poesie bin?« Zu mir gewandt, sprach er sehr bewegend über die Kinder der Deutschen, die er kennengelernt hat. Er kritisierte den Begriff einer kollektiven Schuld, ohne den einer kollektiven Scham aufzulösen. Er sprach von Begegnungen mit jungen Deutschen, die ihm anvertraut hatten, dass sie erst mit zwanzig Jahren erfahren hatten, dass ihre Väter mitbeteiligt waren – und die nun versuchten, damit zu leben.

Es war ein ungewöhnliches Zusammensein mit einem großen Erzähler unserer Zeit, einem Zeugen der Geschichte und einem – so schien es mir – immer frömmer gewordenen chassidischen Rabbi. Im Verlauf der Diskussion stellte jemand die Frage: Bedeutet der Holocaust das Ende des Judentums? Die

Antwort – nicht Elie Wiesels, aber einer jüngeren jüdischen Frau – lautete: Nein, aber das Ende des Christentums. Diese Antwort hat mich den ganzen Tag über begleitet und dann nie wieder losgelassen. Ich muss sie hören und will sie widerlegen. Nicht durch Argumente, sondern durch ein Leben vor dem, der auch mir gesagt hat, was gut ist und was Er von mir fordert (Micha 6,8).

Kirchenasyl

Die Begegnungen mit dem *Sanctuary Movement* gehören zu meinen stärksten amerikanischen Erfahrungen. Im November 1985 kam es zu einigen für mich sehr wichtigen Kontakten mit dem *Sanctuary* in Arizona. Mit Schwester Darleen Nigorski machte ich eine Wanderung ins Wüstental von Tucson; zwei Nonnen, ebenfalls Schulschwestern des Hl. Franz, gingen mit. Der Weg führte leicht ansteigend ins Sabrina Valley, unterhalb einer Bergkette, die ständig die Farben wechselte, die Schatten veränderte. Rote Früchte hingen an den Kakteen; ich probierte eine.

Wir wanderten zum Holy Cross, wo die Schwestern wohnten, zum Spaghetti-Essen. Ich fühlte mich sofort wohl, kein superchices Badezimmer, alles war einfach, es gab Wasser und Wein zu trinken, die armen Frauen der Nachbarschaft und der Kommunität kamen und gingen. Eine alte Frau sah aus wie eine deutsche Studienrätin, erzählte von einer Rassismuskonferenz, die sie gerade besucht hatte. Alle waren mit Suppenküche und anderen Arbeitsprogrammen beschäftigt.

Darleen erwies sich als eine Person mit sehr klaren Vorstellungen. Als der Pfarrer, mit dem sie auf dem Land in Guatemala arbeitete, ermordet wurde, musste sie gehen. Sie wurde eine der führenden Leute im *Sanctuary Movement*, aber, weil sie eine Frau war, öffentlich wenig sichtbar und beachtet.

Obwohl ich sehr müde war, begleitete ich Darleen zu einem Abendgottesdienst des *Catholic Worker*: eine einfache Liturgie, Schriftlesung, dünner Gesang mit Gitarre. Ein bunt zusammengewürfelter Haufen: ein schweigsamer Stadtstreicher, eine neurotische vierzigjährige Frau, die den Abendmahlswein durchaus wegtrinken wollte, eine alleinstehende Mutter mit einem Sechsjährigen, der unsägliche Geräusche aus der Nase produzierte, eine sehr alte Frau, ein Student. Maria, eine der Schwestern, leitete die Andacht und spielte die Gitarre. Die Störungen wurden mit Selbstverständlichkeit getragen; ich fragte mich, was Demut ist. Ich hatte den Text über Wahrheit und Pilatus aus dem Johannes-Evangelium zu lesen, fühlte meine bleischwere Müdigkeit und tauchte in das Gebet der anderen – für die Flüchtlinge, für die Obdachlosen – tief ein.

Am Abend darauf fuhren wir nach West-Tucson. Die ganze Stadt ist von Hügeln umgeben, die abends die unglaublichsten Farben entwickeln. Ich traf mich zu einem Abend der Besinnung mit Angeklagten in einem Prozess gegen die *Sanctuary*-Bewegung. Wie verschieden diese Menschen waren! Da war Schwester Darleen, ganz geprägt von ihrer Erfahrung in Guatemala und dem Krieg gegen die Ärmsten, den die amerikanische Regierung unter dem Stichwort der *counter-insurgency* und Terroristenbekämpfung betrieb. Da war Jim Corbett, ein Quäker und Naturfreund, der jeden Pfad über die Grenze nach Mexiko kannte und im Übrigen ein hartnäckiger Individualist war. John Five, ein sehr gemeindebewusster presbyterianischer Pfarrer, der viele Flüchtlinge über die Grenze brachte und jetzt vor Gericht stand. Die anderen waren meist jüngere Leute, die »einfach als Christen«, wie sie sagten, den Gedanken nicht ertrugen, Leute, die nichts getan hatten, zurück in Folter und Tod zu schicken.

Mit ein paar Bemerkungen zu einer künftigen Theologie des Widerstands, am Ende des konstantinischen Zeitalters, versuchte ich, die Angst der stärker oder »rein« religiös Motivierten abzubauen. Den Widerstand lernen wir als die religiös-politische Aufgabe der Christen in der Ersten Welt. Es wurde ein sehr ernsthaftes Gespräch in dem verwinkelten, Platz und Sonne nutzenden Haus, mitten im Grillengezirp, unter dem Mond und den Saguaros der Wüste. Um Mitternacht kam ich zum Flughafen, und dann war ich froh, wieder im alten, nasskalten, schrecklichen, geliebten New York zu sein.

Ein paar Tage später schrieb ich den neu gewonnenen Freunden folgenden Brief:

Liebe Freundinnen und Freunde in der Sanctuary-Bewegung!

Ich schreibe diesen Brief, um Euch für die Tage zu danken, die ich mit Euch in Tucson verbringen durfte. Habt Dank dafür, dass Ihr mich in die Schönheit der Wüste mitgenommen habt – und in das Labyrinth des Rechtssystems der Vereinigten Staaten; und Dank darüber hinaus für Eure Geduld mit all meinen Fragen. Einige davon sitzen immer noch als Vogel in meinem Baum und warten darauf, gefüttert zu werden.

Ich habe Briefe an Freundinnen und Freunde in Deutschland geschrieben, um die *Sanctuary*-Bewegung bekannt zu machen. Internationalität ist in unseren Bewegungen äußerst wichtig, um durchzuhalten; schon weil der Feind so multi- und international organisiert ist! Die *Sanctuary*-Bewegung hat mich ermutigt, weil sie neue Wege zeigt, sich auf die Seite der Opfer der Ungerechtigkeit zu stellen. Dies in Europa bekannt zu machen, kann christliche Gruppen dort stärken; zurzeit werden gerade die Rechte der Flüchtlinge in der Schweiz heiß debattiert, und in Hamburg fand eine Seefahrerfamilie aus den Philippinen Asyl in einer Kirche. Was ich mit dem Begriff »Internationalismus« zu sagen versuche, drückt sich in einem starken Gefühl aus, das ich am Abend unserer Mini-Freizeit hatte: Wir brauchen Leute wie Euch in den USA.

Ich mache mir immer noch Gedanken über die Spannungen zwischen der Chicago- und der Tucson-Gruppe. Ich frage mich, was dies für uns alle bedeutet, die wir versuchen, Formen des Widerstands gegen das System des Terrors zu entwickeln, unter dem wir alle leben. Was können wir von diesen beiden Lagern lernen im Hinblick auf die Zukunft des *pueblo de Dios?* Ich bin überzeugt davon, dass die Schwierigkeiten, die Ihr in der *Sanctuary*-Bewegung erfahrt, typisch sind für die meisten Gruppen von Christen, die sich für die Opfer des Staatsterrorismus engagieren; die Spannungen sind unvermeidlich. Ich habe ähnliche Debatten miterlebt in der Gruppe des Politischen Nachtgebets, das wir in Köln

Ende der Sechzigerjahre hatten, und ebenso in der Friedensbewegung seit Anfang der Achtzigerjahre.

Ich denke, es ist eine Dimension unserer Realität in der Ersten Welt, dass so viele engagierte und wundervolle Menschen Angst haben, als »politisch« angesehen und in etwas hineingezogen zu werden, was ihnen unbekannt ist. Ich würde vorschlagen, die Differenzen zwischen *Sanctuary*-Arbeitern in Tucson, Chicago und anderswo nicht als strikte, ausschließliche Optionen anzusehen aufgrund unterschiedlicher theologischer und ethischer Prinzipien. Ich tendiere eher dazu, sie als Phasen der Bewusstseinsbildung zu verstehen, wo unterschiedliche Standpunkte und Strategien ihre eigene Identität haben.

Die Richtung des Prozesses muss jedoch unumkehrbar sein. Das heißt ganz einfach, wir alle müssen stärker in die Liebe hineinwachsen. Dieses Wachsen meint eine Politisierung des Bewusstseins, ganz im Gegensatz zu unserer normalen christlichen Erziehung, die so sehr damit beschäftigt ist, unsere spirituelle Stärke zu privatisieren, zu familiarisieren und zu individualisieren, sodass sie auf der Ebene der Barmherzigkeit stehen bleibt, wie dies der Bourgeois in uns deutet. Liebe, die nicht ihren eigenen Horizont überschreitet und nicht wagt, unbarmherzig nach den Gründen des Terrors zu fragen, unter dem wir leben, ist keine Liebe.

Warum nur fürchten sich Leute so sehr, in eine bestimmte Ecke gestellt zu werden? Ihre Angst ist – und ich höre so etwas auch von einigen von Euch –, »vereinnahmt« zu werden von einem anonymen Apparat und seiner politischen »Ideologie«. Sie würden Dezentralisierung einem Zentralkomitee vorziehen, Pluralismus einer bestimmten Parteilinie und Parteirhetorik; sie haben sich vor Ort in einer aktuellen Arbeit für die Flüchtlinge engagiert und bleiben misstrauisch hinsichtlich einer nationalen Organisation. Sie wollen den Flüchtlingen helfen, ohne in eine »Ideologie« verwickelt zu werden, wofür sie jede politische Analyse halten, ob von rechts oder von links.

Die meisten, so scheint mir, wollen einfach Jüngerinnen und Jünger Christi werden, Nachfolgende in einem praktischen Sinn des Tuns der Barmherzigkeit, wo auch immer sie gebraucht werden. Wenn die Bewegung »zu politisch« wird, fühlen sie sich überfahren als religiöse Menschen oder sogar missbraucht. Mir wurde der Ernst dieser Debatte bewusst, als ich Menschen vom »Benutzen« von Flüchtlingen für politische Zwecke reden hörte. Es scheint mir die Integrität der Bewegung auf dem Spiel zu stehen, sobald eine Fraktion der Bewegung sich die Rhetorik des Staates aneignet und gegen eine andere Fraktion anwendet. Diese Integrität schließt sowohl jede Form der Manipulation der Flüchtlinge wie auch jeden Versuch, die Ursachen der Flüchtlingsproduktion zu verschweigen, aus.

Im Nachdenken über die spirituelle Situation dieser beunruhigten Graswurzel-Arbeiter in der Bewegung fiel mir die Bibel ein, besonders die Struktur des Neuen Testaments. Wenn Ihr die ersten drei Evangelien mit den Paulus-Briefen vergleicht, findet Ihr eine ähnliche Spannung zwischen der Guten Nachricht, dem Heilen, der Speisung, dem Tun der Arbeit Gottes einerseits und den reflektierten Gedanken und der Praxis des Apostels Paulus andererseits. Im Neuen Testament als einem Ganzen spüren wir die wachsende Notwendigkeit für eine vollständiger organisierte und theoretische Entwicklung, die auch die frühen Christen gespürt haben müssen.

Es mag überraschend klingen (für diejenigen von Euch, die mich als Feministin kennen), wenn ich es wage, etwas zum Lob des Paulus und seiner Lebensarbeit zu sagen. Aber mit Euch in Tucson zu sein ließ mich neu verstehen, wie sehr die frühe Jesusbewegung den Paulus nötig gehabt hat. Sie brauchte eine Organisationsstruktur für die wachsende Bewegung, und sie brauchte in zunehmendem Maße eine »Theorie« darüber, was Liebe bedeutet in ihrer Welt. Sie brauchte all diese Pamphlete und Flugblätter, die Paulus produzierte, ansonsten bekannt als »Pastoralbriefe«; sie brauchte Kommunikatoren zwischen ihren winzig kleinen Gruppen, und sie hatte es nötig auseinanderzubuchstabieren, was Liebe, Glaube, Geschaffensein als Ebenbild Gottes, Freiheit usw. bedeuten. Sie brauchte »Theorie«, ansonsten bekannt als »Theologie«.

Der Unterschied zwischen Paulus und seinen Freundinnen und Freunden in Rom, Korinth und Chicago einerseits und den Freundinnen und Freunden Jesu in Galiläa und Tucson andererseits liegt meines Erachtens in zwei Punkten: in *Theorie* und *Organisation.* Beide sind notwendige Schritte, die aus der Verpflichtung wachsen, unsere Nächsten wie uns selbst zu lieben. Beide haben jedoch eine gewisse Kälte, die es den Graswurzel-Leuten schwer macht, sich in Theorie und Organisation hineinzubewegen.

Ich denke, die frühen Christen mussten eine bewusste Entscheidung treffen für beide – die Theorie und die Organisation der Liebe. Es war eine bewusste Entscheidung für eine sozio-politische Analyse, die schon im Lehren Jesu gegenwärtig war, und ein Schritt in die Organisation, die damals *ecclesia* genannt wurde, die Kirche. Das war keine »ideologische« Entscheidung, abstrahiert von der Realität und diese vernebelnd, selbst wenn die Propagandisten des Römischen Reiches und seines »Friedens« die Lehren des Paulus sicher für eine Ideologie hielten! Es war eine Analyse der historischen Situation unter den »Mächten und Gewalten Roms«, die den frühen Christen die Klarheit zu verstehen und den Mut zum Widerstand gegen das System gab.

Die Situation der Christen am Ende des 20. Jahrhunderts hat viele Ähnlichkeiten mit der frühen Christenheit. Militarisierung unseres Erdballs – und darüber hinaus – im Interesse eines allmächtigen, allwissenden und allgegenwärtigen Systems des Staatsterrorismus produziert Elend, Unterdrückung, Folter, Todesschwadronen und als Konsequenz Flüchtlinge. Die *Sanctuary*-Bewegung ist eine Antwort derjenigen, die den Aufschrei der Unterdrückten hören. Mit ihrer Basis bei den entpolitisierten Mittelklassebürgern der Vereinigten Staaten nimmt sie mit großer Integrität die besten Traditionen nordamerikanischer Geschichte in Anspruch. Sie ist ein Versuch, endlich diese Traditionen der gesetzlichen Mittel »in Besitz zu nehmen« – von der Sklavenbefreiung bis zur Bürgerrechtsbewegung, dem Kampf für Menschenrechte international und national – mit legalen Mitteln und falls notwendig, sogar durch zivilen Ungehorsam.

In diesem Prozess der Inbesitznahme der eigenen Geschichte wird die Notwendigkeit einer Bewegung von spontaner Barmherzigkeit zur Liebe innerhalb der Strukturen des Bösen offensichtlich. Liebe ist die Macht, die »das von Gott« in anderen Menschen freisetzt; sie offenbart die versteckte Kraft des »Jahwe-Kennens« in anderen. Jahwe zu kennen heißt, Gerechtigkeit zu leben. Liebe gibt uns die Stärke dazu, und die bewusste Entscheidung für Analyse und Organisation ist eine der Taten der Liebe.

Sie ist einfacher für Menschen, die direkt bedroht sind vom Staatsterrorismus, nämlich für die Flüchtlinge selber. Aber wenn wir auf sie hören, müssen wir ihre Kritik jeder Form billiger Wohltätigkeit, welche die Ursachen der Unterdrückung ignoriert, verstehen. Wie eines der Prinzipien der Theologie der Befreiung erklärt: Die Armen sind unsere Lehrerinnen und Lehrer. Wenn wir ihnen zuhören, gelangen wir zur Analyse der Flüchtlingsproduktion und lernen, diejenigen zu benennen, die den realen Terror aufrechterhalten, weil sie davon profitieren. »Das Böse«, sagte Bertolt Brecht in den Dreißigerjahren, »hat eine Adresse. Es hat eine Telefonnummer.« Wir haben diese Lektion erst zu lernen. Wir müssen über Katastrophenhilfe und Wohltätigkeit hinausgelangen und der Heiligen Geistin vertrauen, die keine Angst hat vor Organisation, Struktur und Theorie, sondern all diese Dinge für ihre Zwecke einsetzt.

Gott segne die *Sanctuary*-Bewegung und gebe uns allen Frieden mit Gerechtigkeit.

D.S.

Von diesem Segen kann ich heute, Mitte der Neunzigerjahre, auch in Deutschland etwas sehen. Kirchenasyl hat durch die Aushöhlung des Bleiberechts für Verfolgte eine neue Aktualität gewonnen. Das ist ein schönes Zeichen für die Kraft der biblischen Tradition. So problematisch diese Tradition in manchen Fragen, zum Beispiel die menschliche Sexualität betreffend, ist, so eindeutig und klar ist sie in der Frage der Flüchtlinge, auch derer, die wir als Wirtschaftsflüchtlinge disqualifizieren. Den Fremden aufzunehmen und zu beschützen ist für das Volk Israel mit der Begründung versehen, dass »auch ihr Fremdlinge in Ägypten« wart. Die Erinnerung an erlittenes Unrecht muss nicht zur Abschottung und Besitzstandswahrung führen.

Wie Kirchenasyl in den Kirchen diskutiert wird, ist nach den Gesichtspunkten »von oben« und »von unten« unterschiedlich. Aber die Bibel ist und bleibt, wie Luise Schottroff nicht nur behauptet, sondern immer wieder beweist, »unsere beste Bundesgenossin«.

Erinnerung an Heinrich Böll

Heinrich Böll ist einer, der mir fehlt. Seit er im Sommer 1985 gestorben ist, fehlt mir jemand, bei dem ich mich verstecken kann; der mir zuhört und »das darfst du dir nicht gefallen lassen« sagt; der Geschichten so erzählt, dass ich die Geräusche höre und die Gerüche rieche; der schweigen kann und mich nicht wegschickt; der den Krieg so gründlich hasst, wie es sonst nur Frauen tun; der ihn wittert auch in der unscheinbarsten Verleugnung oder Beschönigung der Vergangenheit, auch in der harmlosesten bürokratischen Vorbereitung; jemand, der zwei in diesem Land sehr naheliegende Dinge nicht getan hat: desertieren und emigrieren. Jemand, der blieb, ohne zu Hause zu sein, nicht in diesem Land und nicht auf dieser Erde. Mir fehlt einer, ohne den es kälter ist.

Ich erinnere mich an einen Sommerabend in Langenbroich in der Voreifel, wir saßen draußen um den Gartentisch, Hein und Annemarie Böll, eine Schwiegertochter und wir, von Köln herübergekommen. Wir gerieten ins Singen, so wie wir sonst ins Plaudern und manchmal ins Debattieren gerieten. Ein Lied rief das andere herbei. »Zogen einst fünf wilde Schwäne« zog »Ik wull wir wärn noch kleen, Johann« nach sich. Annemarie wurde immer jünger, ihr fielen alle Strophen wieder ein. Hein wunderte sich, weil ich so viele Lieder aus der Jugendbewegung kannte, am meisten aber, als ich »Meerstern, ich dich grüße, o Maria hilf« anstimmte, eines der katholischen Lieder, das in »Haus ohne Hüter« von einer alten Frau gesungen wird.

Das Singen war so selbstverständlich wie das Essen und Weintrinken. Obwohl ich immer überzeugt war, »gar keinen Hunger« zu haben, geriet ich bei den Bölls immer ins Essen, und in den letzten Jahren, als Hein mich manchmal mit Zärtlichkeit und Spott »Alte« nannte, hörte ich ihn hin und wieder sagen: »Trink doch noch was, Alte.«

Die selbstverständliche Nähe war langsam gewachsen; ich habe Böll 1967 im Haus von Vilma Sturm kennengelernt. Es war die Zeit des Vietnamkriegs, und wir waren alle in einem großen Lernprozess hinsichtlich der armen Länder, die dann bald die Dritte Welt genannt wurden. Ich erinnere mich, wie wir Bölls in Müngersdorf in der Belvederestraße besuchten, die Wohnung war mit den schrecklichen Möbeln der Nachkriegszeit voll, es war herrlich, ich meine das Gefühl, dass Möbel vollkommen unerheblich sind!

Es muss zwei oder drei Jahre nach unserem Kennenlernen gewesen sein, als Hein uns das damals noch nicht so übliche Du anbot, eher beiläufig: »Ach, sagt doch du!« und dann, wie zum Ausprobieren: »Fulbert! Dorothee!« Wir waren sehr glücklich. Hein hatte eine Art zu schenken, die ganz selten ist, es geschah so leicht wie eine zärtliche Berührung, und es hinterließ nie auch nur die leiseste Beschämung beim Beschenkten, nichts von diesem kleinmädchenhaften »Das kann ich doch nicht, darf ich doch nicht annehmen«. Ich erinnere mich, wie er uns öfter einlud mit der Formel: »Kommt uns doch besuchen, wir haben Zeit.« Dieser Satz in einer Welt, wo alle wichtigen Leute nie Zeit haben, war auch so ein nebenbei gegebenes Geschenk wie die Blumen, die er, nach meiner Erinnerung, in braunes Packpapier gewickelt, an das linke Hosenbein gedrückt, zu unserer Hochzeit mitbrachte.

Wir empfanden Heinrich Böll wie einen Vater in unserem Kreis des Politischen Nachtgebets in Köln: eine innere Instanz, vor der unsere Texte bestehen sollten; einen Ratgeber zu den verschiedenen Konflikten mit Kirchenbürokratie und Verfassungsschutz; einen aufmerksamen Zuhörer, der dann unvermittelt »diese Schweine!« oder nur »schnöde, schnöde« stöhnen konnte. Böll unterstützte das Nachtgebet, das seit Oktober 1968 jeden Monat in Köln stattfand, kritisierte aber unseren Wunsch, es in einer wenn möglich katholischen Kirche abzuhalten.

Die Bölls schlugen sich damals mit dem Gedanken herum, ihre Kirchensteuer einer Gemeinde in Chico, Ecuador, zu widmen. Selbstverständlich lehnte das Generalvikariat diese Zumutung ab. So traten sie schließlich aus der unglaubwürdigen Institution aus, während wir darin blieben.

Öffentlich auftretend habe ich Hein Böll neben den Bonner Demonstrationen und der Mutlanger Blockade von 1983 vor allem im Kölner Dom erlebt. Es ging damals im Herbst 1970 um sechzehn baskische Freiheitskämpfer, die im Spanien Francos zum Tode verurteilt waren. Unser Plan war, am Abend zuvor mit den Bölls in der Hülchrather Straße ausgeheckt, die Nacht im Dom zu wachen. Das Wort »Dombesetzung« kam nicht von unserer Seite, empfanden wir doch, dass es »unser Dom« sei, in dem wir uns zu Gebet und Protest eine Viertelstunde vor der offiziellen Schließung versammelten.

Wir beteten Psalmen in der Nachdichtung Ernesto Cardenals, hörten Folterberichte und ließen uns, Spanier und Deutsche, Leute vom Republikanischen Club und Nachtbeter, nicht vertreiben. Schließlich wurden wir in den Dom eingeschlossen.

In den folgenden langwierigen Verhandlungen mit der Kirchenbehörde spielte Böll eine sehr kölsche Rolle: listig, begütigend und fromm zugleich. Er versuchte, die zunächst völlig verständnislosen Kirchenleute zu gewinnen. Als zwei Jugendliche sich eine Zigarette anzündeten, redete er dem entsetzten Domkapitular in kölschem Tonfall gut zu: »Die wissen das nicht. Das müssen Sie denen erklären, wirklich! Es gibt Leute, die wissen nicht, dass man in einer Kirche nicht raucht.«

Später erschien dann der Weihbischof und versuchte, uns – unter anderem unter Hinweis auf die fehlenden Toiletten – zum Gehen zu bewegen. Wir könnten ja später, an einem anderen Tag, wiederkommen und beten. Der Bischof schlug den Weltgebetstag der Männer vor, einen Monat später, und bat die Spanier, dann zurückzukommen, obwohl das Leben der Verurteilten doch jetzt auf dem Spiel stand. Da machte Heinrich Böll eine Bemerkung, die ich nie vergessen werde: »Aber, Herr Bischof, man kann doch Gethsemane nicht verschieben!«

Gethsemane, das war jetzt, die dunkle Nacht im Kölner Dom, einige von uns hatten sich in Decken gewickelt, einige lagerten auf den Kirchenbänken. Ich war im achten Monat schwanger und ging nach Hause, mein Mann und Hein tranken noch einen Schnaps am Bahnhof. Die Verurteilten wurden aufgrund der weltweiten Proteste zwei Tage später begnadigt.

Wenn einem ein Freund stirbt, ein älterer Bruder, dann ist es erst wie bei einer Amputation: Etwas fehlt. Obwohl wir es doch, als es noch da war, keineswegs immer wahrgenommen haben, ist das Loch plötzlich die ganze Zeit gegenwärtig. Jetzt, so erzählen die Amputierten, tut es da weh, wo nichts mehr ist. Nach der Amputation habe ich das Bedürfnis, mich zu erinnern, die Bilder aufsteigen zu lassen, »weißt du noch« zu den Freunden zu sagen, Dinge hervorzukramen, wie das bunt bemalte Holztöpfchen mit russischer Erde, das Hein Böll unserer Tochter Mirjam zur Taufe schenkte, halb verlegen »Die sind ja verrückt, die Russen, mit ihrer Erde« murmelnd und doch gewiss, dass ein Kind Erde braucht.

Nach dem Erinnern taucht noch ein anderes Moment in meiner Trauerarbeit auf: das Wissen, jetzt älter zu sein, weil mich niemand mehr beschützt. Unversehens gerate ich in die Rolle, andere zu beschützen, und vielleicht ist das eine Annäherung an den Tod, eine Art, traurig zu lächeln wie Heinrich Böll, die ich gern noch gelernt hätte.

Als heinrich böll starb

Wer schützt mich jetzt
vor den projektilen der polizei
die in die unbewaffnete menge schießt
wer schützt meine augen
vor dem tränengas
wer schützt unsere stimmen
vor dem knebel des schweigens
wer beschützt uns den verstand
vor bild boenisch & co
und wer unser herz
vor verzweiflung
wer unsere verzweiflung
vor kälte

Wer erinnert uns jetzt
an das brot der frühen jahre
und den geschmack der schuld
und den geruch feuchter klamotten
in einer engen wohnung
und das sakrament der geteilten zigarette
wer erinnert uns jetzt
an diese art feindesliebe
die du höflichkeit nanntest

Wer beschützt uns jetzt
vor uns selber
wer tröstet mich
mit untröstlichkeit
wer verspricht uns
nicht sieg unter einem himmel
der immer schöner schimmernden kampfflugzeuge
aber wenigstens tränen
wer stärkt uns
mit waffenlosigkeit
wer bittet für uns

Links nach der Wende

Nach dem Zusammenbruch der kommunistischen Herrschaft in Osteuropa wurde ich oft gefragt, ob damit nicht auch – endlich – der Sozialismus erledigt sei. Mit kaum verhohlener Genugtuung wurde das Ende aller Utopien, nicht nur der marxistischen, ein für alle Mal festgestellt und der Endsieg des Kapitalismus proklamiert.

Endlich begriff ich, wo ich hingehörte, die *taz* hatte es mir klargemacht: zur »Erbengemeinschaft aller geistig Getäuschten und Beleidigten«. Erbengemeinschaft gefiel mir gut, und arglistig getäuscht wurde ich natürlich auch. Hatte ich nicht Grund genug, nun nach dem Zusammenbruch des Staatssozialismus mein geistiges System endlich zu revidieren?

Ich musste, was die Intellektuellen angeht, in einer regelrechten Verblendung gelebt haben. Ich hatte mir eingebildet, der Geist sei immer links. Als zum Beispiel in den Siebzigerjahren der damals als »Westdeutscher Rotfunk« bekannte Sender gereinigt wurde, gewann ich den Eindruck, dass nicht allein der rote Geist, sondern jede Spur dieser Substanz zurückgedrängt oder abgewickelt wurde. Nett und friedlich sollte alles klingen.

Rechtsintellektuelle kannte ich damals nur vom Hörensagen. Ich hielt sie schlichtweg für lübkehaft erheiternd, für dumm oder seelisch hornhäutig. Jetzt schien es an der Zeit, dieses Vorurteil zu beerdigen, es gab sie massenhaft: Intellektuelle im Dienst der Macht, im Einverständnis mit der als »zivil« gepriesenen Gesellschaft, deren Militär-Etat sich so feindunabhängig erhielt. Diese neuen Intellektuellen waren eloquent und gescheit, im umfassenden Sinn gebildet; ich las mit Erheiterung und Bauchweh zugleich, was die Witzigsten unter ihnen schrieben. War es nicht eine schöne Frucht der Wende, dass *taz* und *FAZ* nun endlich zusammengekommen waren? Ergänzte nicht das Flotte jenes Gravitätisch-Seriöse wunderbar, geradezu wiedervereinigend, was zuvor zerstritten war?

Und so fand sich die Erbengemeinschaft, der ich angehöre, vor dem Schrotthaufen der Geschichte. Das Haus wurde abgerissen, die Sachen verramscht, hier ein Schränkchen mit utopischem Branntwein, auch Geist genannt, dort ein vorbellizistisches Visionsgemälde, ein Schmarren über Löwen und Lämmer, einige Aktenordner mit wirtschaftspolitischen Vorschlägen für Banker, wie sie beim Melken der Armen vielleicht doch die Kinder schonen könnten, usw. Endlich hat es ein Ende, das linksintellektuelle Gerede von Utopie (ist sie nicht immer dogmatisch?), von gesellschaftlicher Veränderung (hat sie je etwas verbessert?), ja von jeder Art antizipierendem Denken (will ich nicht jetzt und sofort meine XY-Schuhe?). Das Ende der Geschichte war mit dem amerikanischen Präsidentenberater Francis Fukuyama bereits eingeläutet worden. Zu neuen Ufern lockte ein postmoderner Tag.

Ich fürchte oft, dass Christentum und Sozialismus in der Postmoderne nur mehr eine Art Dinosaurier sind. Die postmoderne Lebenswelt räumt vollkommen auf mit jeder Art von christlichen oder sozialistischen Menschheitsvisionen, das alles ist veraltetes Zeug. Es gibt kein *Bonum Commune,* in dem Menschen sich für das verantwortlich fühlen, was in ihrem Dorf und in ihrem Stadtteil mit den Nachbarn und ihren Kindern geschieht.

Die neue mitleidslose oder das Mitleid abschaffende Form von menschlicher Entwicklung, die Organisation der Menschen unter dem Gesichtspunkt der Singles, der Konsumismus als ästhetische Erfüllung des Menschengeschlechts, das ist postmodern. Die herrschende Klasse, wenn man sie so nennen will, also die jungen dynamischen Unternehmer und höheren Angestellten, haben für uns alle, ob humanistisch, sozialistisch oder christlich, nichts als ein mitleidiges Lächeln übrig. Und meine Frage wäre dann, ob es nicht auch ein Stück religiöser Sprache braucht, um eine solche Bezogenheit der Menschen aufeinander, um Gemeinsamkeit, um das für alle gute Leben festzuhalten.

So steht die Erbengemeinschaft solcher menschheitlichen Träume vor der Frage, ob sie ihre Hoffnungen innerhalb des alternativlosen Kapitalismus ansiedeln kann. Lässt das Biest sich zähmen, die Klauen stutzen, seiner Süchte – nach mehr Autos und besseren Waffen – entwöhnen? Seine Vision – »Alle können es so gut haben wie wir, wer's nicht schafft, ist selber schuld« – ist bekanntlich ökologisch und ökonomisch auf dieser Erde nicht zu befriedigen. Also streichen unsere siegreichen Rechtsintellektuellen schlicht das »Alle«, wer träumt denn noch von so was, die Geschichte wird reduziert auf die Perspektive weißer Männer der Ober- und Mittelschicht in den reichen Ländern, für welche die Geschichte in der Tat an ein glorreiches Ende gekommen ist. Die ewig gleichen Utopien, die abwechselnd »dogmatisch« oder »fanatisch« genannt werden, hindern nur, stören den überaus selektiven Pragmatismus. Also weg mit der Bergpredigt und ähnlichen Manifesten!

Aber Spott beiseite, die neue Lage nach der Wende fordert neues Nachdenken, und ohne eine linke Selbstkritik wird es kaum möglich sein, aus der Position des Schmollwinkels, des Rückzugs oder des beleidigten Verstummens, in dem sich die Linke zurzeit befindet, herauszukommen. Die Frage ist berechtigt: Was haben wir falsch gemacht?

Dazu muss ich etwas weiter zurückgehen. Das Christentum hat im Lauf der Geschichte so furchtbare Selbstentstellungen und -niederlagen zuwege gebracht, dass wir, Kummer gewöhnt, etwas mehr revolutionäre Geduld aufbringen könnten. Auf die Frage nach einem Sozialismus nach dem Stalinismus möchte ich als Christin meine älteren Erfahrungen einbringen. Seit zweitausend Jahren besteht dieses merkwürdige Christentum, hat Hexen verbrannt, die Conquista getragen, die Inquisition erfunden und noch und noch Unterdrückung produziert. Gleichwohl glaube ich an Jesus Christus, an Gott, an die Hoffnung, an den Menschen – in einem Sinn, der diese furchtbaren Selbstzerstörungen in Betracht zieht und ihnen nicht ausweicht. Es ist mein tägliches Brot, ich treffe ständig Menschen, die vom Christentum enttäuscht und verbogen, zerstört und angewidert sind und die mir sagen: Was willst du denn noch damit?

Ich meine trotzdem, dass die Missbrauchsgeschichte die Gebrauchsgeschichte nicht ersetzen kann. Mit dem Sozialismus ist es ähnlich: Wir können und sollen uns nicht davon verabschieden, eben weil die Grundsätze und Einsichten, die sich in diesem Denksystem verkörpern, nicht dadurch widerlegt worden sind, dass sie so furchtbar missbraucht wurden. Wir brauchen allerdings eine praktische »Reinigung« dieser Begriffe und eine Alternative zum autoritären Staatssozialismus. Wir können noch zeigen, wie es anders geht, welche anderen Möglichkeiten es tatsächlich gibt. Aber wir dürfen uns unsere systemkritische Analyse nicht wegnehmen und auch die alternativen Versuche, die es unter uns gibt, nicht zerstören lassen. Es muss einen dritten Weg geben. Für mich ist es einfach undenkbar, mich auf diese simple Spaltlogik einzulassen: Kapitalismus oder Stalinismus.

Der historisch notwendige Untergang des Kommunismus ist nicht auf die Agitation und Häme des Antikommunismus im Westen zurückzuführen, sondern hat mit dem autoritären und undemokratischen Charakter des Staatssozialismus zu tun, mit dessen unerträglicher Verhöhnung der Menschenrechte. Wir haben in der Linken oft die falschen Denkmuster benutzt und gefragt: Ist nicht diese oder jene Ungerechtigkeit des Staatssozialismus bloß Folge des westlichen Antikommunismus? Wir haben versucht, den Antikommunismus zu bekämpfen, aber aus ihm lässt sich das Versagen des Staatssozialismus weder historisch noch ökonomisch erklären. Die miserablen Zahlen der Produktivität im Osten waren für viele Freunde in der DDR, aber auch für mich, erschreckend; niemand kommt darum herum, das in aller Deutlichkeit zu erkennen.

Darum sollten wir uns selbstkritische Fragen stellen: Wo haben wir geschwiegen, wo Reden am Platz gewesen wäre? Welche Elemente der Theorie haben wir unbefragt mitgeschleppt, wo waren wir blauäugig den Entwicklungen in der DDR gegenüber?

Diese Fragen wurden uns, vor allem an die Adresse der westdeutschen Friedensbewegung, von der Bürgerrechtsbewegung der DDR gestellt. Für uns – und ich rede jetzt über meine Heimatgruppe, die christliche Linke – war der Zusammenbruch des autoritären Staatssozialismus nicht das Ende unserer Hoffnungen. Wir waren nicht interessiert daran, Verhältnisse wie in der DDR zu erreichen – diese steinzeitlich-antikommunistische Unterstellung wird auch in der tausendfachen Wiederholung nach der Wende nicht richtiger als in den vierzig Jahren davor. Aber die kritischen Fragen mancher Freunde und Weggenossen nötigen zum Nachdenken. Ich denke an Bärbel Bohley oder sogar an Rainer Eppelmann, die ich beide in den Achtzigerjahren besucht habe, durchaus verfolgt von Autos, die wenige Meter vor den Wohnungen der Gesprächspartner hielten.

Eine zentrale politische Frage war das Verhältnis von Friedensbewegung und Menschenrechtsbewegung. Gehörten sie nicht untrennbar zusammen? Wieso konzentrierten wir uns im Westen nur auf die Raketen? Mussten wir nicht mit gleicher Leidenschaft die Unrechtsstrukturen, die Unfreiheit von Meinung, Reisen, Ausbildung und Beruf angreifen?

Ich war in dieser Frage anderer Meinung. Ich erhoffte mir eine Milderung und allmähliche Demokratisierung durch einen geringeren Aufrüstungsdruck. Mehr Frieden von außen und mehr Aufstehen für den Frieden von innen, so hoffte ich mit vielen anderen, konnte beide Ziele näher bringen. Dem entsprachen auch meine DDR-Erfahrungen.

Mitte der Achtzigerjahre hatte ich in Dresden in einer überfüllten Kirche zu »Aufrüstung tötet auch ohne Krieg« zu sprechen. In der Diskussion, die sich anschloss, gab ein Zuhörer eine leidenschaftliche Kritik der staatssozialistischen Bildung von sich. Er sprach als Vater mit Verve und hoher Intelligenz über die Erziehung zur Anpassung und Kriechertum gegen Vorgesetzte. Das Schlimmste sei, dass junge Menschen zum Zynismus gegenüber den eigenen kritischen Überzeugungen gebracht würden. Im überfüllten Raum herrschte Totenstille, während er sprach. Ich konnte jedes Wort nachvollziehen – und hatte zugleich Bauchschmerzen vor Angst. »Sei doch still«, dachte ich, »gleich holen sie dich ab. Sie warten doch nur darauf.« Aber dem Sprecher geschah nichts. Später erfuhr ich von meinen Freunden, dass er ein bekannter Arzt war. Sie erzählten mir auch, dass eine ganze Reihe von Spitzeln der »Firma« in der Kirche anwesend waren, das sei eben immer so. »Was hat sich denn verändert?«, fragte ich. »Die Angst ist kleiner geworden«, sagte der Pfarrer, der mich eingeladen hatte.

An dieses Erlebnis habe ich nach der Wende oft zurückdenken müssen. Niemand konnte ahnen, wie schnell der Umsturz kam, aber Vorzeichen von Zivilcourage, geistiger Unabhängigkeit und demokratischem Freimut waren schon da.

Ich nahm auch teil am Treffen einer kleinen Ökologiegruppe im Gemeindehaus. Dort sprach ein Physiker über die Schadstoffe in der Luft und verglich sie mit den offiziellen Beruhigungsmeldungen. Auch hier fragte ich später nach, wie es denn mit der Stasi sei. »Die Frau, die neben dir saß, ist seit vier Jahren Mitglied der Gruppe. Sie hat noch nie einen Ton gesagt. Wir nehmen an, dass sie von der ›Firma‹ ist.« Mich wunderte der Mut und das gewachsene Selbstvertrauen.

Damit hing noch eine andere Grundfrage der Bürgerrechtsbewegung der DDR zusammen, die nach Bleiben oder Gehen. Ich hatte die kirchliche Diskussion in dieser Sache verfolgt und mir die Position, die mit einem Wort aus dem Propheten Jeremia umschrieben wurde, zu eigen gemacht: »Wer glaubt, der bleibt.« Die Kirche forderte ihre Mitarbeiter auf, nicht in den Westen zu gehen, jedenfalls im Regelfall. »Suchet der Stadt Bestes« war der zugehörige Bibelspruch.

Ich erinnere mich an einen Besuch in Jena bei einer dortigen Friedensgruppe. Das Gespräch unter ca. achtzehn Leuten in einem Wohnzimmer wurde von einer Frau etwas formelhaft mit dem Satz »Wir, die wir uns entschieden haben, hierzubleiben …« eingeleitet. Ich wusste nicht ganz, wie ich das deuten sollte. Nach einer Weile begriff ich den Hintergrund: Einige der jüngeren Leute dieser Friedensgruppe hatten es darauf angelegt, die Staatsmacht so zu provozieren, dass sie abgeschoben wurden. Die Zurückbleibenden waren bitter über dieses Verhalten.

Sie fühlten sich instrumentalisiert von denen, die »Frieden« sagten und »Ausreise« meinten.

Ich konnte mir in dieser Frage natürlich kein Urteil anmaßen, aber meine Sympathien waren bei denen, die blieben. In dieser Zeit hatte ich ein schönes Gespräch mit Christa und Gerhard Wolf, die ich auf einer Tagung traf. Als Christa Wolf nach der Wende im Rahmen der Kampagne gegen sie auch deswegen angegriffen wurde, weil sie – auf mehr Demokratie hoffend – blieb, war ich empört. Woher nahmen die Kritiker in den Feuilletons das Recht, ein Bekenntnis zum Kapitalismus zu verlangen?

Eine letzte Frage zur Selbstkritik der westlichen Linken bezog sich auf die Menschenrechte. »Wieso redet ihr immer nur von Chile, Südafrika oder El Salvador? Im eigenen Land geschieht doch genug an himmelschreiendem Unrecht! Wieso seid ihr so einäugig?« Diese Fragen haben mir am meisten zu schaffen gemacht. Unsere Entschuldigung für die Einseitigkeit war naheliegend: Im Kalten Krieg griffen die westlichen Medien jede Menschenrechtsverletzung aus dem Ostblock freudig auf; Meldungen, die unsere Verbündeten in Pretoria oder Washington oder Santiago de Chile betrafen, wurden meist verschwiegen oder verkürzt. So schien es uns wichtiger zu zeigen, wie in unserem angeblich demokratischen System die Menschenrechtsverletzungen in die Peripherie exportiert wurden, während in den Zentren eine relative Rechtssicherheit herrschte. Bei diesem Verfahren geriet oft das, was im Osten geschah, aus dem Blick; ein bitterer Nachgeschmack über unser Verhalten bleibt.

Es ist aber zugleich diese Perspektive auf die ganze Welt, die das, was »links nach der Wende« heißen kann, bestimmt. Ich halte es für eine unzureichende Verkürzung, wenn die Menschenrechte nur noch im westlichen Sinn definiert werden. Dass die kollektiven Menschenrechte auf Wohnen und Arbeiten, trinkbares Wasser und atembare Luft, zum Arzt gehen können und einen Kindergartenplatz finden, erhalten blieben oder endlich zu schaffen wären, ist für mich – auch und erst recht nach der Wende! – unaufgebbar. Was wir uns seit der Wiedervereinigung erhofft hatten, war, dass auch dieses unproduktive letzte Drittel von älteren Frauen, psychisch Labilen und anderen weniger flotten Leuten arbeiten dürfte.

Nicht der Schmollwinkel macht mir Sorge. Eher eine Art Angst vor der Angst, die ich vielfach beobachte. Ich will das an einem Teil der Bewegung, des Aufbruchs in den letzten zehn Jahren benennen. Die christliche Utopie hieß dort »Konziliarer Prozess«, was sich in der Trias von »Gerechtigkeit, Frieden und Bewahrung der Schöpfung« durchbuchstabierte. Das bedeutete: Zurzeit leben wir nicht »versöhnt«, sondern in einer Art Krieg gegen die Armen, in einem Frieden, der sich nur durch Terror sichert, und mit Kurs auf den Eisberg, der tatsächlich die Schöpfung zurücknehmen kann: *To undo creation* ist die einleuchtende Prognose. Der in den Kirchen entstandene konziliare Prozess hält fest an der Notwendigkeit einer anderen Weltwirtschaftsordnung, einer auf Gerechtigkeit basierenden Art von Frieden und an der »Integrität der Schöpfung«.

Dieser Prozess, der in der alten DDR aus guten Gründen weit lebendiger lebte, scheint verronnen. »Der konziliare Prozess ist tot«, hörte ich schon vor einigen Jahren von christlichen Freunden. Ich war so wütend darüber, dass ich sagte: »Ihr seid wohl selber tot!« Ist es denkbar, ohne Versöhnung zu leben? Die Feindschaft gegen Kinder, Fische und Schmetterlinge schlägt in die Feindschaft gegen das heitere, flotte, süchtige Ego selber um. Diese Feindschaft, die man in der Bibel Sünde, Trennung vom Leben genannt hat, ist für die Erbengemeinschaft unerträglich, aber nicht nur für sie. Allen war nämlich – in diesem »unverweslichen Erbe« (ich entschuldige mich für so viel Paulus, aber er ist einfach besonders klar) mehr versprochen. Alle brauchen mehr als das, was die postmoderne Identität einigen anbietet. Auf Dauer ist mir da nicht bange. Niemand kann diese Erbengemeinschaft für ewig sterilisieren, wir kriegen Kinder. Niemand, muss ich korrigieren, außer wir selber.

Die Frage, ob ein linksorientiertes Christentum nicht eine Gegenmacht darstellen könne, bringt mich ins Stottern. Ein Teil der christlichen Kirchen bewegt sich im Tempo der Schnecke darauf zu. Ich sehe das zum Beispiel in Hirtenbriefen der katholischen Bischöfe in den USA, die man schon als gemäßigt sozialdemokratisch bezeichnen kann. Ich sehe das an den Evangelischen Kirchentagen mit ihrer breiten Öffnung für die Dritte Welt, für den konziliaren Prozess, mit ihrem Erwachen in einer neuen Spiritualität, die wie ein Gegenprogramm zur sektenhaften Frömmigkeit der Fundamentalisten wirkt. Das setzt sich sehr langsam theologisch durch. Ich bin da nicht ohne Hoffnung, um es vorsichtig auszudrücken. Ich fühle mich heute stärker getragen als noch vor zwanzig Jahren, durch einen breiteren Strom in der Ökumene, durch Christinnen und Christen, die sich auf Frieden, Gerechtigkeit und die Bewahrung der Schöpfung einlassen und diese drei Themen des konziliaren Prozesses auch politikfähig machen.

Auch wenn es in diesen Jahren nicht sehr *trendy* ist, »ich steh hier und singe / in gar süßer Ruh« (Bachfreunde mögen die Verse davor und danach über die tobende, krachende »Welt« mitsummen). Oder wie Pablo Neruda sagt: »Für jetzt verlange ich doch nicht mehr als das Recht zu essen.« Meint denn jemand im Ernst, wir könnten ohne Hunger und Durst nach Gerechtigkeit leben?

Fliegen lernen

Theologie und Literatur – das ist ein *Cantus firmus* in meinem Leben. Wissenschaftlich bin ich dieser in meinen Augen so notwendigen Beziehung in meiner Habilitationsschrift nachgegangen, die unter dem Titel »Realisation. Studien zum Verhältnis von Theologie und Dichtung nach der Aufklärung« 1973 als Buch erschienen ist. Diese Arbeit ging von einem theologischen Interesse an Literatur aus. Das Material, an dem sich dieses Interesse entzündete, bestand aus den vielfältigen Spuren religiöser Sprache innerhalb von Dichtungen, die sich selber keineswegs religiös verstehen: Zitate und Anspielungen aus der Bibel, Figuren und Motive, Bilder und Gestalten des religiösen Bereichs. Die Sprache des christlichen Glaubens ist im Lauf eines Säkularisierungsprozesses dem uneigentlichen, dem metaphorischen Sprechen verfügbar geworden; sie hat zwischen Blasphemie und Sakralisation die verschiedensten Funktionen gewonnen.

Dieser emanzipative Gebrauch religiöser Sprache in der Dichtung berechtigte nicht nur die Theologin, sondern auch die Literaturwissenschaftlerin dazu, nach den theologischen Implikationen zu fragen, die mit solcher Übernahme oder Aneignung geschehen. Welche Rolle spielt die Sprachebene der Bibel oder die allgemeiner Religiosität in einem nach anderen Gesetzen gebauten Text? Wozu war sie dem Autor nötig? Welchen Anteil hat Theologie an einem solchen Text? Welche Perspektive bringt sie ein? Worauf kann sich eine theologische Interpretation stützen und wie sähe sie aus? Diesen Fragen bin ich mit Interpretationen von Werken Georg Büchners, William Faulkners, Thomas Manns, Karl Philipp Moritz', Jean Pauls und Alfred Döblins nachgegangen.

Schon einige Jahre zuvor hatte der Peter Hammer Verlag 1967 den »Almanach für Literatur und Theologie« als Experiment gestartet, den Wolfgang Fietkau, Arnim Juhre, Kurt Marti und ich herausgaben. Er erschien fünfzehn Jahre lang jedes Jahr und behandelte Themen wie »Tod in der Gesellschaft«, »Gewalt«, »Revolution und Liebe«, »Angst«, »Der Mann«, »Ehe«, »Alternativ leben«. Die Redaktionstreffen machten großen Spaß; sie habe ich in der angenehmsten Erinnerung.

Aus dieser Zeit rührt meine Freundschaft zu Kurt Marti. Dieser große Schweiger aus Bern, der ganze Sitzungen lang in höflicher Aufmerksamkeit zuhören kann, vielleicht doch ein wenig belustigt vom Treiben um ihn herum – das sind meine ersten Erinnerungen an Marti. Dass die Berner langsamer sind als wir Flinken aus dem Rheinland, war mir sofort klar, aber *wie* bedächtig sie dem Leben und Treiben von uns anderen gegenüberstehen, sodass eine zögernd gehobene Augenbraue schon ausreicht, uns zur vorsichtigen Skepsis einem Text, einem Autor gegenüber zu bewegen, darüber werde ich mich noch eine Sekunde der Ewigkeit lang wundern. Das »wir« fließt mir leicht von den Lippen, es hängt aber genau genommen eher mit Hanni als mit Kurt Marti zusammen! Sie ist es, die die Menschen verbindet, und sei's auch nur im Abscheu über das Ausmaß an WAAhnsinn, das uns umgibt. Daran hat sich bis heute nichts geändert, übrigens an beiden Behauptungen des letzten Satzes.

Kurt Marti ist mir literarisch seit den »Gedichten am Rand« (1963) gegenwärtig und nah gewesen.

Ich wurde nicht gefragt
bei meiner zeugung
niemand wurde gefragt
außer dem Einen

und der sagte
ja

Ein »Geburt« betitelter Text, dessen Gottessprache erträglich ist, nachsprechbar, das war für mich ein Wunder. Im Politischen Nachtgebet in Köln war das »andere Osterlied« in der Vertonung von Peter Janssens, die Elemente vom Choral »Christ ist erstanden« aufnimmt, einer unserer Hits.

Ich erinnere mich an eine Diskussion in Köln mit Nichtchristen, die uns auf ein Eiapopeia vom Himmel abdrängen wollten; da fing eine ältere Frau aus unserem Kreis an, laut zu singen:

Das könnte den Herrn dieser Welt ja so passen,
wenn erst nach dem Tode Gerechtigkeit käme,
erst dann die Herrschaft der Herren,
erst dann die Knechtschaft der Knechte,
vergessen wäre für immer.

Die Theologie dieses Liedes war stark genug, gleich einen ganzen Berg Christentumsschutt abzuräumen.

Eine meiner schönsten neuen Begegnungen mit Marti fand im Jahr 1989 statt, als wir miteinander an einem Oratorium für die bedrohte Schöpfung arbeiteten. Schweizer Ärztinnen und Ärzte für den Umweltschutz hatten die Idee, das große Thema nicht nur durch Information und Aktionen zu bearbeiten, sondern der Lähmung, die sich bei rein intellektueller Betrachtung so leicht einstellt, durch eine künstlerische Darstellung entgegenzuwirken.

Die Aufführung dieses lange und intensiv miteinander erarbeiteten Gesamtkunstwerks aus gregorianischer Orgelmeditation und mehrchöriger Dramaturgie, Instrumentalisten und Solisten, poetischen und essayistischen Texten, schließlich Architektur und Tradition eines am Vorabend der Reformation entstandenen großen Kirchenbaus, fand am 25. und 26. November 1989 im Berner Münster statt. Der Komponist war Daniel Glaus, die literarischen Autoren Kurt Marti, Adolf Muschg und ich.

Im Januar 1989 saßen wir bei Martis zu einer Vorbesprechung zusammen, und mir wurde die Rolle zugedacht, über die Hoffnung zu schreiben. Ich seufzte: »Woher soll ich die nehmen? Ihr seid wohl verrückt.« Kurt Marti, weniger schweigsam als früher, ermutigte mich. Wir diskutierten seinen Text, die Grundlage, ohne den das Ganze nie zustande gekommen wäre.

Der Titel von Vergil »Sunt lacrimae rerum« war von Adolf Muschg ins Bewusstsein gebracht worden. Auch die Dinge, selbst das Atom als das »Geringste unter unsern Brüdern« kann leiden. Auch das, was wir als »res« von den Lebewesen unterscheiden, ist beseelt, wie der ganze »Planet des Lebens«, wie Marti die Erde nannte.

Die Aufführung, an der mehrere Chöre eines Berner Gymnasiums, ein Orchester und Solisten sowie die drei Autoren, ihre Texte sprechend, mitwirkten, war ein bemerkenswertes kulturelles Ereignis. Ein alter Berner schrieb dazu: »Seit 1421 (der Grundsteinlegung des Münsters) hat das Kirchenschiff noch nie so etwas vernommen. Dass die Dinge der Welt endlich eine wahre Sprache bekommen haben, das, dünkt mich, ist Grund zur Hoffnung und weckt Dankbarkeit und Zustimmung.« Meine alte Freundin, die Psychotherapeutin Ruth Cohn, schrieb von der »ungebrochenen Stille, die ich so noch nie in einem Konzert oder einem Gottesdienst erlebt hatte … Ausdruck konzentrierten Lauschens … keine unnötigen Geräusche, kein Husten, keine Zeichen der Ungeduld in diesem riesigen Raum« (Berner Zeitung, 13. Dezember 1989).

Was mich persönlich am meisten erstaunte, war die Integration der Texte von drei sehr verschiedenen Autoren in einen vor allem durch die Musik hergestellten Zusammenhang. An dieser Einbindung des Verschiedenen ins Ganze hatte auch Kurt Marti wesentlichen Anteil. Er überwand in diesem Oratorium den Zwiespalt liberaler Theologie zwischen entmythologisierender Kritik und bewahrtem Glauben und bot einen mythopoetischen neuen Schöpfungsbericht, der wesentliche Ergebnisse der Forschung integriert, ohne die biblischen Motive – wie Erwählung, Bewusstheit und Freude der Schöpfung – zu eliminieren. An diesem Text konnte man erfahren, was das unsäglich verhunzte Wort »Kreativität« in Wirklichkeit bedeutet.

»Voller Lust ging die Weisheit ans Werk. Das Erdfeuer packte sie ein in rundum verfestigte Kruste. Meere und Festland trennte sie voneinander. Und die große Sonne machte sie zum Kraftwerk der kleinen Erde.«

Die Freiheit, mit der Marti hier die Bibel neu erzählte, kann nicht genug gerühmt werden. Neu war die Zusammenarbeit der Weisheit und Gottes, des weiblichen und männlichen Prinzips. Neu die Integration des wissenschaftlichen und des biblischen Sprachgestus. Neu auch eine nicht mehr anthropozentrische Sicht, in der die Frage auftaucht, ob die Weisheit nicht besser beraten gewesen wäre, wenn sie andere als die grenzenlosen Menschen zu den Hütern der Lebensoase gemacht hätte, zum Beispiel die »sanften Delphine«.

Poesie, Religion, Politik nehmen Schaden, wenn sie voneinander abgetrennt, in einer geistigen Apartheid nebeneinanderher existieren. In diesem Sinn arbeitet auch Kurt Marti an einer Art Schadensbegrenzung, zumindest des Schadens, den die Poesielosigkeit der akademischen Theologie angetan hat. Die Schönheit der Theologie, ihr Ernst und ihr Spiel, wird in seinem Werk deutlich (übrigens ganz ähnlich wie in den Aufsätzen und Büchern meines Mannes). Und wie ich mich persönlich, wenn ich die Martis treffe, immer zur Bodenständigkeit aufgerufen fühle, so mag das auch im Allgemeinen zutreffen: Diese Art von Poesie ist kein Luxus, sondern Brot, sie macht es uns heimatlicher auf dem trotz allem überaus geliebten Planeten.

Die Trennung der Bereiche von Ästhetik, Politik und Religion ist ein Dogma der Moderne, mit dem ich mich nie ganz einverstanden fühlen konnte. Nicht nur, weil eine vermeintlich politikfreie Religion auf die Anbetung der Macht und ihrer Götzen hinausläuft, sondern auch, weil die Poesie eine grenzensprengende Freiheit herstellt, eine Art von ozeanischem Gefühl. Ich glaube tatsächlich nicht an das moderne Programm einer *poesie pure.* Richtiger gesagt: Gerade dort, wo es gelingt und die unvermischte Reinheit des Schönen Klang und Wort wird, ist es nicht mehr »rein« und »für sich«. Paul Celans Lyrik ist ein Beispiel dafür, wie gerade in der äußerst verknappten, oft hermetischen Sprache die Realität der Welt, der Lager eindringt und die Versprechen der Tradition aufleuchten.

Als ich Griechisch lernte, ist mir der Begriff des *kalonkagathon* sehr ans Herz gewachsen. Wieso konnten die Griechen, so wunderte ich mich in meinem 17-jährigen Unverstand, aus zwei Wörtern, die bei uns nichts miteinander zu tun haben, eins machen, das Schön-Gute? Wo gab es das denn, Ästhetik und Ethik in einem Topf? Das Staunen darüber wurde vertieft, als ich lernte, dass die mittelalterliche Theologie glaubte, dass Gott uns durch Schönheit anrührt, verändert und zu sich zieht. Dieser Gedanke taucht in vielen mystischen Traditionen, zum Beispiel auch des Islam, auf. Er hat sich immer tiefer in mir verwurzelt. Um wirklich Theologie zu treiben, brauchen wir eine andere Sprache. Poesie und Befreiung ist für mich ein Lebensthema. Immer wenn ich längere Zeit kein Gedicht geschrieben habe, fehlt mir etwas.

Ich versuche, in Gedichten zu sagen, was mich ärgert und was mich freut, worunter ich leide und was mich tröstet. Ein großer Teil der neueren Literatur ist ja Selbstmitleid, und es beunruhigt mich, weil ich finde, man muss Gott loben, um das so fromm zu sagen. Ohne zu loben, atmen wir nicht wirklich. Und zu nennen, was gut ist und befreiend, ist der einzige Weg, die Erfahrung der Befreiung zu verteilen. »Gott ist das Allermitteilsamste«, wie Meister Eckhart sagt. Warum ist es oft so unmöglich, Gott zu verteilen?

Die Titel meiner Gedichtbände »Fliegen lernen«, »Verrückt nach Licht« und »Spiel doch von Brot und Rosen« sprechen vom Glück. Es ist für mich wie Atemholen und zugleich eine zentrale Aufgabe, nicht nur über das Unglück reden zu müssen. Ich schreibe empfundenermaßen vom Hören aus und vom Gesprochenwerden. Und versuche, an sprachlicher Genauigkeit, an Ernsthaftigkeit zu arbeiten.

Es gibt einen schönen Gedanken bei Klopstock zum Thema Religion und Poesie: »Es giebt Gedanken, die beynahe nicht anders als poetisch ausgedrückt werden können; oder vielmehr, es ist der Natur gewisser Gegenstände so gemäß, sie poetisch zu denken, und zu sagen, dass sie zuviel verlieren würden, wenn es auf eine andere Art geschähe. Betrachtungen über die Allgegenwart Gottes gehören, wie mich deucht, vornähmlich hierher.« Ich denke, dass Klopstock hier ein Stück Pantheismus einklagt. Die Gegenwart Gottes ist weder in der Sprache des Alltags, der Trivialität, noch in der der Wissenschaft artikulierbar.

Wenn man versucht, Gott zu verteilen, also etwas zu sagen, was über die Alltagssprache hinausgeht, dann muss man auf die Suche gehen. Und meine Suche geht nicht in die Richtung der Wissenschaft, im Gegensatz zu vielen Theologen, die eigentlich Wissenschaft machen wollen. Ich meine nicht, dass es uns weiterführt. Ich glaube, dass Theologie eher eine Kunst ist als eine Wissenschaft und sich selbst als einen solchen Versuch verstehen muss, die Grenzen der Sprache des Alltags zu überwinden in Richtung auf Kunst hin und nicht in Richtung auf Abstraktion, Rationalität und Neutralität hin. Warum hat sich eigentlich in der abendländischen Welt keine Theopoesie, nur Theologie entwickelt?

Der Versuch, Gott zu verteilen, führt mich nicht von der Realität oder den Bildern weg auf ein Abstraktionsniveau. Ich versuche, in Bildern zu denken und noch viel mehr in Geschichten, narrativ, wie man das in der Fachsprache nennt. In dieser Hinsicht habe ich immer mehr vom Judentum gelernt. Ich habe oft erlebt, was es heißt, mit jüdischen Menschen zu diskutieren. Irgendwann kommt der Punkt, wo sie das Argumentieren unterbrechen und mit unnachahmlicher Geste erklären: »Nu, will ich dir erzählen eine Geschicht.« In ähnlicher Weise funktioniert auch die jüdische Auslegung der Schrift; sie ist nicht auf dogmatische Sätze hin angelegt, sondern auf die Anwendung, die Lebensweisheit.

Auch im Gedicht habe ich oft Begebenheiten erzählt, Nachrichten, die mir wichtig waren, eingerahmt und aufbewahrt. Das narrative Element hat für mich einen poetischen Zauber.

Und ich sah einen mann an der 126sten straße
einen besen in der hand
zweieinhalb meter straße kehren
sorgfältig beseitigte er abfall und schmutz
auf einer winzigen fläche

mitten in einer riesigen fläche
von abfall und schmutz

Und ich sah einen mann an der 126sten straße
und trauer saß ihm im rücken
zweieinhalb meter straße kehren
abnutzung war in den armen
in einer stadt
in der nur verrückte
etwas zu hoffen finden

Und ich sah einen mann an der 126sten straße
einen besen in der hand
es gibt viele arten zu beten
mit dem besen in der hand
hatte ich es bislang
noch nicht gesehen

Beten und Dichten, Gebet und Gedicht sind für mich keine Alternative. Die Botschaft, die ich überbringen möchte, soll dazu ermutigen, dass die Menschen selber sprechen lernen. Ich empfinde zum Beispiel den Gedanken, dass jeder Mensch beten kann, als eine ungeheure Betonung der humanen Kreativität. Das Christentum setzt voraus, dass alle Menschen Dichter sind, nämlich beten können. Das ist dasselbe wie: mit den Augen Gottes sehen. Wenn die Menschen mit der größten Wahrhaftigkeit, derer sie fähig sind, das zu sagen versuchen, was sie wirklich angeht, dann beten sie und sind zugleich Dichter. Das wieder auszugraben oder zu realisieren oder bekannt zu machen ist ein Ziel, das ich mit meinen Gedichten habe.

Ich habe oft das Bedürfnis, wenn ich mit jemand zusammen war und von bestimmten Punkten des Gesprächs betroffen war, dies dann aufzuschreiben und für mich selbst zu formen oder zu klären. Das ist dann so, als ob ich das Gespräch noch mal erlebte, in einer intensiveren Weise. Es hängt wohl damit zusammen, dass ich gern meine Beziehung zum Jetzt, zur Gegenwart, vertiefe, also dass ich wirklich *jetzt* leben will und nicht das Leben auf einen späteren freudvolleren Zustand verschieben möchte. Ich will das, was jetzt da ist, wahrnehmen lernen, sehen lernen, hören lernen – das heißt: aufmerksamer leben. Aufmerksamkeit ist für mich vor allem durch Simone Weils Aufsatz ein sehr wichtiger Begriff geworden. Aufmerksam sein auch im Alltag und im Gespräch so zuhören oder nachfragen oder interpretieren – daraus wird ein Gedicht gemacht.

Unsere Sprache empfinde ich als zerstört, als wahnsinnig korrumpiert. Wenn ein Wort wie »Liebe« aufs Auto angewandt wird oder ein Wort wie »Reinheit« auf Waschmittel, dann haben diese Wörter überhaupt keinen Sinn mehr, sie sind gestohlen. Alle Wörter, die Gefühle ausdrücken, sind in diesem Sinne bei uns ungeheuer beschädigt. Das gilt erst recht für die religiöse Sprache. »Jesus Christus ist unser Erlöser« – das ist zerstörte, tote Sprache. Das heißt überhaupt nichts, das versteht kein Mensch, es ist religiöses Geschwätz, es ist massenweise vorhanden, sagt aber nichts mehr. Das meine ich, wenn ich sage: Die Sprache ist kaputt.

Ich will ein Gegenbeispiel erzählen. Meine Enkelin Johanna, fünf Jahre alt, kam aus dem Kindergarten und sagte: »Mit dem Jesus, das war ganz schlimm, den haben sie totgemacht, mit Nägeln, durch die Hand. Aber dann, da war Ostern, da ist der – hihi! – wieder aufgestanden.« Für dieses fröhlich geprustete »hihi« kann ich einige Meter exegetischer Literatur weggeben.

Ich glaube, zum Schreiben gehört ein Stück Verzweiflung an der alten Sprache, also ein Stück Angeekeltsein. Das ist eine ganz natürliche Empfindung. Scham ist eine revolutionäre Empfindung, hat Marx gesagt; man muss sich schämen und darunter leiden, wie gequasselt wird, wie die Sprache zerstört wird, wie Menschen zerstört werden oder sich überhaupt nicht mehr wiederfinden in dem, was gesagt wird. In dieser Scham gehe ich auf etwas zu, um die Sprache, die ja vielleicht schon irgendwo da ist, zu finden. Ich finde zum Beispiel viel in biblischer Sprache, das ist Finden und nicht Herstellen. Ohne die Psalmen möchte ich nicht leben. Und ohne den eigenen Psalm zu finden – und wenn er auch nur so kurz ist wie Johannas »hihi« – erst recht nicht. Es ist wichtig, dass Menschen sich ihre eigenen Schmerzen klarmachen, ihre Fragen in größerer Tiefe artikulieren und genauer sagen, dass sie – fliegen lernen.

Der Tod meiner Mutter

Im September 1990 ist meine Mutter gestorben, sie war in jenem Sommer 87 Jahre alt geworden. Ich war die letzten neun Nächte und acht Tage an ihrem Sterbebett in meinem Elternhaus. Zunächst erkannte sie mich nicht, hielt aber meine beiden Hände mit ihren knochendürren fest. Sie gestikulierte und stöhnte tief oder rief laut, nach »Mama«, »Papa«, nach Straßburg, der Stadt ihrer Kindheit, manchmal auch nach ihren Enkeln, meinen Kindern. Als ich bei ihr stand, fing ich an zu reden, was mir in den Sinn kam. »Es dauert nicht mehr lange. Es ist ein dunkler Tunnel, da musst du durch, dahinter ist es hell. Fürchte dich nicht! Ich bleibe jetzt bei dir. Der Tunnel ist schrecklich, er ist zu eng, aber dann ist es weit und licht.«

Dabei dachte ich daran, wie oft meine Mutter, die fünf Kinder geboren hat, den Tod mit den Mühen und Schmerzen der Geburt verglichen hat. Es war ein Gedanke, der sie zu beruhigen schien, der Tod eine Arbeit, die man zu Ende bringen muss. Ich wusste nicht, ob sie irgendetwas von meinen Worten aufnahm; sicher beruhigten sie die Berührung und meine halblaute, aber feste Stimme.

Dann fiel mir ein zu singen, weil die Worte nicht mehr trugen. Ich sang »Befiehl du deine Wege«, ein Kirchenlied, das sie gern hatte und das eine meiner Töchter ihr zum 80. Geburtstag aufgesagt hatte. Ich sang die drei oder vier Strophen, die ich auswendig kannte, ich fügte dann andere Lieder an, auch liturgische Rufe wie das aus Taizé stammende »Laudate omnes gentes, laudate dominum«. Wenn ich nicht weiterwusste, summte ich die Melodie noch einmal, laut und deutlich. Meine Mutter wurde ruhiger und schlief ein.

In den folgenden Nächten und Tagen habe ich viele Stunden lang gesungen. Ich besorgte mir ein Gesangbuch und las die Strophen nach, die mir fehlten. Dabei entdeckte ich, dass viele Lieder das Sterben einbeziehen, auch wenn sie über den anbrechenden Morgen oder die ruhenden Wälder handeln. Bei dem Vers »Der Leib eilt nun zur Ruhe / legt ab das Kleid, die Schuhe / das Bild der Sterblichkeit« nickte meine Mutter und streckte ihre Füße; es hat sie oft erleichtert, die Schuhe loszuwerden. Ich wusste nicht, wieweit sie die Fortsetzung »die zieh ich aus dagegen / wird Christus mir anlegen / den Rock der Ehr und Herrlichkeit« mithörte oder gar glaubte.

Aber alles, was ich sang, schien mir in Beziehung zu stehen. Ihre Füße waren blau und geschwollen, aber Paul Gerhardt wusste mehr als das über die Füße meiner Mutter zu sagen. »Der Wolken, Luft und Winden / gibt Wege, Lauf und Bahn / der wird auch Wege finden / da dein Fuß gehen kann.« Das Wort »Luft« hörte sie, die oft nach Luft schrie, genau.

Viel deutlicher als meine Prosaworte war die Sprache der Lieder, die oft mit Erinnerungen an andere verbunden waren. So sang ich auch das sentimentale Lied »So nimm denn meine Hände« in Erinnerung an meine Patentante, die Diakonisse in Bethel war. Sie ist vor über fünfzig Jahren gestorben und war die erste Tote, die ich als Kind bewusst sah. Der Vers »In dein Erbarmen hülle / mich gänzlich ein« rief uns – oder nur mir, wer will das wissen – die große Decke des Abends, der Nacht und des Todes vor Augen.

Was tat ich da? Ich lud die Toten, die meine Mutter geliebt hat, ein, da zu sein; ich nannte den Namen meines in Kriegsgefangenschaft verstorbenen Bruders. Mit den Gestorbenen kam die Vergangenheit zurück. Ich sang auch »Guter Mond, du gehst so stille durch die Abendwolken hin«, ein Lied, das sie noch ihrem Urenkel sang wegen des zärtlichen Verses »Leuchte freundlich / den Betrübten / in das stille Kämmerlein«.

Meine Mutter war ein Kind des 19. Jahrhunderts, obwohl sie von Freunden manchmal als eine Dame des 18. Jahrhunderts tituliert worden ist. Ihr Verhältnis zu Kirche und Frömmigkeit war formal, in den letzten Jahren eher kühl. »Das weiß man nicht«, war eine Formel, mit der sie Religion und Glauben abwehrte. Es hat mich erstaunt, wie oft sie in ihrem fast vier Wochen währenden Todeskampf die Hände faltete. Als wäre das Schreien nicht genug.

Hin und wieder habe ich auch einen Psalm gesprochen, den 23. vom guten Hirten und den 126. Psalm. »Wenn der Herr die Gefangenen Zions erlösen wird, werden wir sein wie die Träumenden.« Aber es schien mir fast, als ob die Fremdsprache lateinischer Gebetsrufe näher an sie herankam. Während der Zeit des Singens hatte ich ein Gefühl der Verbundenheit, als sei sie's so zufrieden. Es war nicht so, als täte ich etwas »für sie«, sondern als wären wir zusammen und gingen miteinander auf etwas zu, das größer ist als wir. Meine alte theologische Überzeugung, dass Liebe ohne Gegenseitigkeit, ohne Geben und Nehmen von beiden Seiten, nicht möglich ist, dass auch Gott uns nichts »geben« kann, wenn wir nicht Träger und Geber eben der Kraft Gottes werden, hat sich in diesen Nächten am Sterbebett gefestigt.

Das Singen und Beten, wie es in der dörflich-katholischen Kultur noch lebendig ist, ist eine Hilfe im Übergang für die aktiv Sterbenden wie für die Begleitenden. »Swing low, sweet chariot«, habe ich für die Mutter wie für mich selber gesungen, »coming to carry me home«, als stünden wir alle vor dem Jordan, dort, wo Christus den alten finsteren Fährmann Charon abgelöst hat.

Der Arzt und die verschiedenen Familienangehörigen hatten den Tod schon oft vorausgesagt. Und wie sehr hatte sie ihn selber seit einem Jahr gewünscht! Oft hat sie eine Anekdote vom Sterben Hindenburgs erzählt, der den Arzt Sauerbruch fragte: »Herr Professor, ist Freund Hein schon im Zimmer?« und die Antwort erhielt: »Nein, Exzellenz, aber er steht vor der Tür.« Mit solchen Geschichten drückte sie die Gewöhnung an das Sterben aus, ja den erst spät zugegebenen, dann aber immer klarer artikulierten Wunsch.

Aber die Lebensenergie war stärker als ihr Bewusstsein. Sie wollte immer noch viel: sich aufrichten, mehr Luft haben, herumgedreht werden, trinken. Einen ganzen Tag lang rief sie »Drehen!« in klagendem, forderndem, beschwörendem Ton, als seien diese Wörter wie »Hilfe«, »Mama«, »Drehen«, »Raus« zwar auf verschiedene Tage verteilt, aber alle auf das gleiche

Ziel gerichtet. Oft ging sie noch weiter von der Sprache fort, antwortete nur mit Kopfnicken oder -schütteln. Die Bewegungen der Arme und Hände waren kleiner geworden.

Am ersten Abend hatte ich den Vers »Wenn ich einmal soll scheiden« kaum zu Ende bringen können, weil mir die Tränen kamen. Am letzten Abend sang ich es ruhig, und bei der folgenden Strophe »Erscheine mir zum Bilde / zum Trost in meinem Tod« dachte ich an die vielen verschiedenen Bilder, die beim Sterben auftauchen, aus der Kindheit, aus der Angst, verlassen zu werden.

Die Namen der Enkelinnen und Enkel kamen meiner Mutter öfter als die der eigenen Kinder. Sollen wir uns an Bildern – wie das vom Tunnel mit dem Licht dahinter – festhalten? Werden sie gebraucht – von uns, den passiv Sterbenden, oder von denen, die den Tod suchen? Wenn der Tod der bilderlose Zustand schlechthin ist, ist es dann möglich, ihn mit Bildern auszustatten und ihn so zu humanisieren? Kann der Tod als »Freund, und komme nicht zu strafen«, wie es bei Matthias Claudius – und Schubert – heißt, kommen?

Das letzte Lied, das ich sang, war »Herr, erbarme dich«. Meine Mutter atmete seit Längerem zum ersten Mal wieder stetig, wenn auch kurz. Ich hatte meine Hand auf ihre gelegt, ihr Gesicht war ganz entspannt. Der letzte Seufzer war leicht, wie ein erstauntes »Ach«. Einen Augenblick lang zweifelte ich an der Präsenz des lang Erwarteten. Aber er war schon ins Zimmer getreten.

Meine beste Freundin

Luise Schottroff ist »meine beste Freundin«, um es in der Kindersprache zu sagen. Wir hatten uns im Lauf der Sechzigerjahre bei den sogenannten »Alten Marburgern« flüchtig kennengelernt, dem Schüler- und Freundeskreis von Rudolf Bultmann, der jeden Herbst ein Treffen veranstaltete. Die wenigen Frauen, die dort auftauchten, hatten im Grunde nicht viel zu melden. Als ich – zusammen mit Marie Veit und Marianne Klingler – einmal in diesem erlauchten Kreis einen Vorstoß machte, die Einladungspolitik zu ändern, lief Ernst Fuchs, Neutestamentler aus Marburg, hoch beleidigt aus dem Versammlungsraum.

Gegen Ende der Sechzigerjahre gerieten Luise und ich, obwohl den Studentenjahren längst entwachsen, in die ersten massiven Konflikte mit den Institutionen Kirche und Universität. Luise, die sich im Wintersemester 1968/69 habilitiert hatte, bewarb sich – von der Mainzer Studentenschaft leidenschaftlich unterstützt – um die Nachfolge Herbert Brauns und scheiterte dann am Veto der professoralen Mehrheit; aus Protest besetzten die Mainzer Studenten das Dekanat. In diesem Konflikt spielte die angestrebte Hochschulreform mit ihrer studentischen Mitbestimmung, der Drittelparität, eine wichtige Rolle. In Köln, wo ich 1971 mit meinem ersten Habilitationsvortrag durchfiel, waren wir noch nicht einmal so weit: Die alte Philosophische Fakultät, bestehend aus etwa sechzig Männern, hatte allein das Sagen.

Unsere Freundschaft wuchs also mit unserem Konfliktbewusstsein. Von heute aus gesehen, erscheinen mir drei Punkte – Ablösung von der akademischen Theologie, ein neues Verständnis von Spiritualität und unser Hineinwachsen in die Frauenbewegung – besonders wichtig.

Unsere Hochachtung vor der universitären deutschen Theologie begann zu bröckeln. Sie war nicht nur praxisfern, sondern bildete sich auch noch etwas darauf ein, keine Praxis zu haben bzw. die falsche abzusegnen. Damit war sie in einen massiven

Gegensatz zur Ökumene geraten. Das wurde in Mainz für Luise klar, als das Antirassismus-Programm des Weltrats der Kirchen von 1969 im Fachbereich diskutiert wurde. Professoren, die zugleich Synodale waren, sprachen sich gegen dieses mutige und zukunftweisende *program to combat racism* aus. Und wir fragten uns, was für ein Bibelverständnis sie hätten. Woran sie überhaupt glaubten.

Es ist wohl nicht zu viel gesagt, wenn man die Geburtsstunde der sozialgeschichtlichen Bibelauslegung in diesen Kontext stellt. Es war – übrigens auch für uns Kölner im Politischen Nachtgebet – nicht so sehr die Studentenbewegung der 68er, als vielmehr eine innerchristliche Reflexion, die uns zur Kritik der etablierten Theologie nötigte.

Damit ist der zweite Punkt angesprochen. Ich erinnere mich an eine Szene in der von den Mainzer Professoren Braun, Mezger und Otto getragenen Sozietät, in der ich aus meinen Erfahrungen mit dem Nachtgebet heraus »eine neue Frömmigkeit« als notwendig darstellte. Die Mehrheit der linksliberalen Theologinnen und Theologen aus dem Kreis um Gert Otto sahen das als eine Art pietistischen Rückfall an, des aufgeklärten Geistes unwürdig. Analyse ja, Kritik des Bestehenden ja, strukturelle Veränderung ja, aber wozu denn Frommsein? Wer brauchte denn das – und wer profitierte davon?

Ich versuchte aus dem Verständnis meiner sich radikalisierenden katholischen Freundinnen und Freunde heraus zu argumentieren – vergeblich. Schließlich baute Bernd Päschke, der viel später in Lateinamerika gearbeitet hat, eine Brücke und bemerkte, was ich mit diesem unmöglichen Ausdruck »radikaler und frömmer werden« meine, sei wohl das, was man im Französischen *spiritualité* nenne. Dieser Begriff war damals noch nicht in meinem aktiven Wortschatz. Aber die Spannung zwischen einer säkularen, heute würde man sagen postchristlichen Kritik und der befreiungstheologischen *(avant la lettre)* Position trat klar zutage.

Ich erinnere mich ganz deutlich, dass ich Angst hatte, wohin sich Luise in dieser Grundsatzentscheidung schlagen würde. Sie hat es dann oft mit der Vokabel »Bekehrung« benannt, für die Macht des Erbes, für die Notwendigkeit einer *relecture* der Bibel, für die Hoffnung auch in den Zeiten, wo das empirische Bein der Hoffnung dünn zu sein scheint, also für Gottesdienst und Gebet.

Vielleicht fragen sich manche mit Ungeduld, wann denn der feministische Zug endlich losging. Mit einer historischen, bürgerlichen Verspätung! Wenn wir in diesen Jahren gefragt wurden, ob die Diskriminierung, die wir in Hochschule und Kirche fast täglich erlebten, etwas mit unserem Frausein zu tun habe, sagten wir meistens: »Eigentlich nicht«. Eigentlich hatte das mit unseren Aussagen zum Vietnamkrieg zu tun, vielleicht auch mit unserer Vorstellung, dass Gott nicht ganz von oben per himmlischem Knopfdruck handelt, sondern in und mit uns.

Wir nannten politische und theologische Gründe für das Faktum, dass wir – jede auf ihre Weise – unsichtbar gemacht wurden, nicht ins Curriculum gehörten oder als »unwissenschaftlich« verdächtigt wurden. Es dauerte eine Zeit und bedurfte vieler Schwestern, ehe wir den Sexismus als einen – oder *den* – Knackpunkt für die falsche Theologie, die falsche Universitätsstruktur, die falsche Einteilung des Lebens erkannten. Dieser Prozess der Feminisierung des Bewusstseins dauerte lange und war nicht weniger gefahrenreich als der andere, die Suche nach neuen Formen von Frömmigkeit, in denen sich unsere Ängste und unsere ungezähmten Erwartungen ausdrücken können und darin lebendig bleiben.

Die Neutestamentlerin und feministische Befreiungstheologin Luise Schottroff hat mir dann geholfen, die Bibel mit Genauigkeit und Begeisterung lesen zu lernen; sie den »Bibeldieben«, von denen schon Thomas Müntzer sprach, zu entwinden; und vor allem, sie zu brauchen. Sie lachte mit mir, wenn Männer gar zu arrogant einhergockelten; sie weinte mit mir, als die Fische im Rhein starben. Ihr preußischer Realismus blickt leicht indigniert auf meine spirituellen Ausflüge – und mein rheinischer Lebensmut kratzt an ihrem Misstrauen. Ihre

Beharrlichkeit hat mich immer von Neuem in diesem unserem Mutter-Land verwurzelt.

Mit den Jahren ist unsere Freundschaft weiter gewachsen. Argwohn und Leichtsinn haben sich angerempelt, Wandern und Schwimmen konkurrieren bei uns, Luises Augen für die bildenden Künste sind schärfer als meine, die sich gerne schließen, um ganz Ohr zu sein. Wir haben drei Bücher zusammen geschrieben (eines davon mit Bärbel von Wartenberg), und ich hoffe, das ist nicht alles. Vielleicht lässt sich Luises Nüchternheit noch mal mehr auf meine Mystik ein, und vielleicht lerne ich mit Lydias Schwestern die hässlichen Flecken auf unserem Erbschatz wegzuputzen.

Wir haben beide in den letzten Jahren unsere Erfahrungen mit Krankheit, Schwäche, Älterwerden und dem gemacht, der grinsend dahintersitzt und uns fressen möchte. Als ich einmal sehr schwer krank war, hat mich Luise zweimal im Krankenhaus besucht, einmal, ohne dass ich es wusste oder wahrnehmen konnte. Als ich das später erfuhr, dachte ich zuerst: Was wollte sie denn da, ich konnte doch nicht hören oder fühlen. Aber dann verstand ich plötzlich, dass es ein *acte gratuit* war, eines von den Geschenken des Lebens, die wie die Rose ohne Warum und Wozu blühen. Freundschaft ist, so denke ich, wenn wir fast selbstverständlich und manchmal, ohne es zu wissen, Gott loben.

Leichter werden

Wenn ich die Treppe so langsam hinaufgehe, merke ich, dass ich älter geworden bin; ich habe Angst vor Verlangsamung. Oder wenn ich nicht springen kann, werde ich ungeduldig mit mir selber, weil ich an sich rasch bin und eine gewisse Liebe zu allem, was flink ist, habe: die Bäche im Gebirge, die seilspringenden kleinen Mädchen.

Ich frage mich: Wie macht man das denn, langsamer zu leben, Zeit zu haben, leichter zu werden? Ich möchte da gern noch ein bisschen dazulernen, eine andere Beziehung zur Zeit zu gewinnen. Altwerden heißt zurzeit für mich, dass meine Ungeduld mit mir selber wächst. Ich hoffe, dass ich noch lernen kann, damit umzugehen, ohne mich ganz in dieses Sich-krank-Fühlen, Sich-schwach-Fühlen zu verlieren. Dass das ganze Leben nur noch daraus besteht, davor habe ich, glaube ich, die meiste Angst. Das ist ganz schrecklich, wenn man das manchmal sieht, diesen Selbstverlust. Ich kann mir sogar als Extremfall den Freitod vorstellen, halte es für denkbar, so weit zu gehen; das stört sich nicht mit meiner religiösen Überzeugung. Die technologische Lebensverlängerung, unter deren Diktat wir leben, geht gegen den Willen des Lebens selbst, gegen die Schöpfung. Es ist krankhaft und künstlich, sich an das Leben zu klammern oder ungefragt an es geklammert zu werden; man nimmt dann das Leben wie einen Besitz, nicht wie eine Leihgabe auf Zeit.

Den Technizismus auch des Sterbens zu überwinden, halte ich für eine Dokumentation der Freiheit. Ich meine das nicht so, als wenn ich mich dem Leben überlegen fühlte. Es gibt bei den kanadischen Indianern einen schönen Ausspruch: »Ich höre die Eule meinen Namen rufen.« Er bedeutet: Wenn du die Eule hörst, gehst du aus dem Dorf weg und allein in eine Hütte in der Wildnis. Dort stirbst du, das heißt, du verzichtest auf Pflege und Nahrung. Das ist sicherlich nicht sehr angenehm, aber ich finde darin eine größere Würde des Sterbens, als sie in unserer Kultur jetzt entwickelt ist.

Ich glaube an das Leben nach dem Tod, das Leben, das weitergeht nach meinem individuellen Tod, an den Frieden, der vielleicht irgendwann einmal sein wird, wenn ich schon lange tot bin, an die Gerechtigkeit und die Freude. Ich glaube nicht an eine individuelle Fortexistenz, und ich möchte auch nicht in die Lage kommen, daran glauben zu müssen. Ich empfinde das wie eine Krücke des Glaubens, aber eigentlich sollten wir ja gehen lernen, und ich möchte gehen lernen, ohne mich dieser bürgerlichen Krücke bedienen zu müssen.

Wenn ich so viel Glauben hätte wie Jesaja oder Jeremia, wär ich's zufrieden; den »Platonismus fürs Volk«, für den Nietzsche das Christentum hielt, brauche ich nicht, wohl aber den Glauben an den, der erwählt und befreit und mitgeht.

Eine junge Frau fragte mich einmal: »Ist für Sie mit dem Tod alles aus?« Ich antwortete: »Es kommt darauf an, was Sie unter ›alles‹ verstehen. Wenn Sie für sich ›alles‹ sind, dann ist für Sie alles aus. Wenn nicht, dann geht alles weiter, ›mer läbn ewig‹, wie ein schönes jiddisches Lied singt.«

Die individuelle geistige, seelische und körperliche Existenz endet mit dem Tod. Das ist kein Gedanke, der mir Schrecken einflößt, dass ich ein Teil der Natur bin, dass ich wie ein Blatt herunterfalle und vermodere, und dann wächst der Baum weiter, und das Gras wächst, und die Vögel singen, und ich bin ein Teil dieses Ganzen. Ich bin zu Hause in diesem Kosmos, ohne dass ich jetzt meine Teilhaftigkeit, die ich vielleicht siebzig Jahre lang gehabt habe, weiterleben müsste.

Ich finde, dass wir viel von den ostasiatischen Religionen lernen können, die das besonders deutlich gesehen haben: Das Vertrauen ins Ganze, und das Ganze ist größer als seine Teile, und ich bin ein Teil. Paul Tillich hat das mal sehr schön den »Mut, sich in seiner Endlichkeit zu bejahen«, genannt, also zu begreifen: Ich bin endlich, ich werde sterben, ohne darüber verzweifeln zu müssen.

Das Beste zu diesen Fragen habe ich aus einigen letzten Briefen von zum Tode Verurteilten gelernt. Viele dieser Menschen sind in Würde und Freiheit gestorben und nicht als der »homo incurvatus in se ipsum«, der in sich selber verkrümmte Mensch, wie Luther den Sünder bezeichnet. Der erlöste Sünder, der begnadigte Mensch ist von Selbsteinkreisung frei geworden.

In diesem Zusammenhang erinnere ich mich an Erich Fried, der im November 1988 gestorben ist. Meine Frankfurter Freunde Frieder und Sabine Stichler, in deren Haus Erich Fried blieb, wenn er in Frankfurt war, haben mich an diesem langen Sterben teilnehmen lassen. Katrin, die kleine Tochter, sagte: »Mama, in der Schule sag ich einfach, mein Opa liegt im Sterben, das ist einfacher so.« Sie scheute sich, von dem berühmten Schriftsteller zu reden, aber ein wenig ging es uns allen so. Er war aufgrund seiner Offenheit, seines absoluten Nichtrespektierens der Grenze zwischen dem Privaten und dem Öffentlichen für sehr viele Menschen ein Familienmitglied, einer, der dazugehört, sich für alles interessiert. Ein Mann zum Lachen und Weinen (auch das öffentlich), zum Flirten und Lieben, ein Mann für alle Jahreszeiten mit dieser unwahrscheinlichen Begabung zur Freundschaft, zur ungeteilten Aufmerksamkeit, zur Zuwendung.

Ich erinnere mich an die Autofahrt vom Düsseldorfer Kirchentag 1985 zu einer Veranstaltung der Stadtbücherei in Rüsselsheim. Ich fragte Erich nach seiner Begegnung mit dem jungen Neonazi Michael Kühnen, und er berichtete genau und mit großer Anteilnahme, fast als wundere er sich über sich selber, von diesem Treffen. In einer Fernsehsendung begann das Gespräch mit der Frage, wie denn ein Neonazi wohl sei, und er habe gesagt, der spielt vielleicht Fußball, der geht arbeiten, der verliebt sich. Er versuchte also nur das zu tun, was er wohl als Schriftsteller immer wieder versucht hat: die Erlösung aus dem Klischee, die Wiedervermenschlichung derer, die wir hassen müssen.

Kühnen bat Erich Fried daraufhin, ihn doch im Gefängnis zu besuchen. Das tut der damals schon todkranke Dichter, er bietet dem Jungen das Du an. Auf die Behauptung Kühnens, die Sache mit den sechs Millionen ermordeten Juden könne nicht stimmen, hat Fried nicht mit Empörung und nicht mit Statistik reagiert, sondern ganz anders: Er hat dem jungen Mann von seiner Großmutter erzählt, die in Wien lebte, nach Theresienstadt kam und nicht zurückkehrte. Ich vermute, Erich hat dem Michael Kühnen erklärt, dass er seine Großmutter liebte, so wie er das seinen Lesern in Prosa und Gedichten erklärt hat.

Diese Aufklärungsgeschichte zwischen einem alten Antifaschisten und einem jungen Neonazi hat seltsame Züge. Wie konnte ein so scharfsinniger Kopf wie Erich Fried idealistisch und blind auf die Vernunftfähigkeit, die Menschlichkeit eines Verblendeten setzen? Aber vielleicht ist »aufklären« das zu schwache Wort für Frieds Tätigkeit. Er hat mehr gewollt, es ging ihm darum, dem Menschen zum Erbarmen mit sich selber zu verhelfen, ihn zu bekehren. Theologisch ausgedrückt: Ich kenne kaum einen Menschen, der so klar zwischen dem Sünder und der Sünde unterschied; und sosehr er die Sünde hasste, war er doch fast unfähig, den Sünder zu hassen.

Vielleicht war dieser unverbesserliche Zug das Jüdischste an Erich Fried: Von der Teschuwa, der Umkehr, lehrt die jüdische Tradition, dass es keinen Tag und keine Stunde gebe, in der sie nicht möglich sei.

Im Dezember 1986 haben wir in Wandsbek zu Ehren von Pfarrer Wolfgang Grell ein öffentliches Gespräch über »Feindesliebe in der Klassengesellschaft« geführt. Fulbert Steffensky wurde gefragt: Wie kannst du Verzicht auf Macht wollen, ohne die Befreiung aufzugeben? Ich wurde gefragt: Wie kannst du nach dem Reich Gottes trachten, ohne seine Feinde zu hassen? Und Erich Fried wurde gefragt: Wessen Freund kannst du sein, ohne wessen Feind zu sein? Es war ein guter Abend gegen die »Moral der Drachen« und in der Einübung darein, sich der Gewalt zu schämen; nur waren wir uns alle drei vielleicht zu einig.

Am anschließenden Wochenende sprach ich eine Weile mit Erich und erwähnte Ingeborg Drewitz, die wenige Monate zuvor an Krebs gestorben war. Erich sackte in seinem Sessel zusammen und verbarg den Kopf; es war nicht ein Zusammenbruch, aber ein Wegtauchen. Er weinte. Er beneidete Ingeborg, wie sie mit ihrem Krebs umgegangen war. »Das möchte ich noch lernen«, sagte er, wieder auftauchend.

Sein Bewusstsein des Sterbens ist mir bei einer anderen Begegnung unter die Haut gegangen. Erich Fried hatte am 18. November 1987 eine Reihe von Schriftstellern, vor allem jüngere, unbekannte, zu einer Lesung in Wiesbaden eingeladen. Er moderierte, führte ein, diskutierte mit. Ich las ein Gedicht vor, das »Nachts um vier« überschrieben ist und mit den Worten »Komm doch zu mir, engel der schlaflosen« anfängt. Es endet mit den Zeilen

Engel der schlafenden ich ruf dich seit stunden
leg deine dunkle decke über meine verwachten augen
komm doch zu mir
und grüß den anderen engel
deinen dunkleren bruder

Es entstand eine Pause, weil die Leute, wie ich vermute, den Schluss nicht verstanden hatten – außer Erich Fried, der spontan und kräftig klatschte. Einen Augenblick lang waren wir beide ziemlich allein unter den Gästen mit dem anderen Engel.

Damals habe ich Erich Fried zum letzten Mal gesehen, aber es gab noch eine andere Begegnung, die mich sehr glücklich gemacht hat, ein spontaner Telefonanruf drei Monate später. »Hier ist Erich Fried in London, ich wollte dir nur sagen, dass du unbedingt weiter Gedichte schreiben sollst.« Ich hatte meine Zweifel an der Gattung des politischen Gedichts – für das viele von uns das meiste von Brecht gelernt haben – ausgesprochen: Wen erreiche ich, was ändert es, mehr zu wissen?, hatte ich gefragt. Wir sprachen eine Weile, über den Krebs, seinen kleinen und den großen der Weiterrüstung, über Nicaragua, wozu wir Gedichte brauchen.

Auch in diesem Gespräch kämpfte er mit dem Tod, unweinerlich, später auch öffentlich weinend, voller Angst und mit der täglich neuen Bereitschaft, gegen die Angst anderer und gegen die Angstmacher aufzustehen, ohne Resignation und doch am Ende »Jetzt kann ich sterben« sagend. Ein Lehrer, den sich manche junge Menschen aussuchen und zu dem sie sagen: Von dir will ich sehen, hören, schmecken, reden lernen. Was? Nun ja, diese ganz unzerstörbare Liebe zum Leben.

Vergesst das Beste nicht

Als ich vor acht Jahren zum ersten Mal Großmutter wurde, hatte ich das Gefühl, dass diese neue Rolle – und indessen habe ich drei Enkelkinder – mir das Älterwerden sicher leichter macht. Und mir ist wieder bewusst geworden, dass ich noch etwas von dem weitergeben will, was für meine Generation wichtig war.

Ich will nicht, dass mein Volk den Faschismus vergisst. Theodor W. Adorno hat gesagt, »die Forderung, dass Auschwitz nicht noch einmal sei, ist die allererste an Erziehung. Sie geht so sehr jeglicher anderen voran, dass ich weder glaube, sie begründen zu müssen noch zu sollen«.

Von diesem Grundgefühl kann und will ich mich nicht lösen. Ich wehre mich dagegen, dass dieses deutsche Ereignis – zum Beispiel im »Historikerstreit« – eingeebnet wird, dass jetzt so getan wird, als sei es durch Vergleich relativierbar, die anderen Völker hätten es ja nicht anders gemacht. Das ganze Gewäsch, das darüber verbreitet wird, finde ich unerträglich. In diesem Sinn sträube ich mich wirklich gegen das Älterwerden und sage: Es gibt Sachen, die lassen sich nicht vergessen! Erinnerung, kollektive Erinnerung, ist kein Luxus, sondern das Geheimnis der Befreiung.

Das ist für mich älteren Menschen etwas, das ich weitergeben möchte: Vergesst nicht! Nur wer Erinnerung hat, hat auch Zukunft und Hoffnung. Ich sehe mich als Glied in der Kette, als Welle in einer großen Wellenbewegung: Ich bin nicht alles, ich bin ein Teil. Nicht ich trage die Wurzel, die Wurzel trägt mich, wie es bei Paulus (Römer 11,18) heißt. Das macht mich ganz gelassen. Ein Spruch aus den deutschen Bauernkriegen heißt: »Geschlagen ziehen wir nach Haus, die Enkel fechten's besser aus.« Ernst Bloch hat das gern zitiert. Da wird ein Zusammenhang zwischen Erinnerung und Zukunft gedacht – und das Geschlagenwerden, die Niederlagen der Gerechtigkeit sind nicht umsonst.

Ich erinnere mich an ein irisches Märchen von den schrecklichen Prüfungen, denen Menschen unterworfen werden, wenn sie hinter einem Prinzen oder einer Prinzessin her sind. Der Königssohn, mit dem ich mich gerade angefreundet habe, muss einen Stall säubern, der seit 120 Jahren voller Mist steckt, und immer wenn er eine Schaufel hinauswirft, fliegen durch die vierzig offenen Fenster je drei Schaufeln stinkender Jauche wieder herein.

Wo entsteht denn Theologie, wie ich sie verstehe? Ich glaube, tatsächlich im Stall, der vom historischen Unrecht stinkt. Da stehen wir mit unseren viel zu kleinen Schaufeln und reden miteinander. Lebendige Theologie entsteht nie außerhalb der Situation, sie fällt nicht senkrecht als »Wort Gottes« vom Himmel herab. Sie konstituiert sich im Zusammenhalten der Betroffenen.

Ich sehe den Glauben nach wie vor in einer Mischung aus Vertrauen und Angst, Hoffnung und Zweifel – die der Jesus der Evangelien großen oder kleinen Glauben nannte –, als Lebensintensität, als Suche nach dem wahren Prinzen und als Trachten nach dem Reich Gottes. Ein Gespräch im vollen Sinn des Wortes entsteht dann, wenn Menschen miteinander den Hunger nach Geist in der bleiernen, der geistlosen Zeit teilen. Die Satten brauchen nicht miteinander zu reden.

Mein Leben ist also das einer theologischen Arbeiterin, die etwas vom Schmerz Gottes und von Gottes Freude mitzuteilen versucht. Vielleicht ist meine Sprache »frömmer« geworden, aber dahin hat nicht nur meine subjektive Entwicklung allein geführt, wie ich sie hier nachzuzeichnen versucht habe, sondern die Anteilhabe an der weltweiten christlichen Bewegung auf einen konziliaren Prozess hin, in dem Gerechtigkeit, Frieden und die Bewahrung der Schöpfung endlich wieder deutlich die Mitte des Glaubens darstellen. Ich denke, dass ich heute, theologisch gesprochen, weniger allein bin als vor Jahren, und das zu sagen, ist eine Art Glück: *Gracias a Dios!*

Es war 1990, als mich der Deutschlandfunk zu einem Beitrag für eine seiner Sendereihen einlud, in einem Brief an meine

Kinder zu formulieren, »was im Leben wirklich zählt«. Erwachsene sollten weitergeben, was ihnen tröstlich war, was nicht vergessen und verloren gehen sollte. Ich habe daraufhin folgenden kleinen Text geschrieben:

Liebe Kinder,
in Sagen und Märchen, wie ich sie Euch früher manchmal erzählt habe, gibt es ein Motiv vom armen Schäfer, der eines Tages von einem kleinen grauen Männchen weit fort an einen geheimnisvollen Berg geführt wird. Der springt auf und öffnet sich, innen glänzen die herrlichsten Schätze, aber während der Schäfer sich noch die Taschen vollstopft, spricht eine Stimme: »Vergiss das Beste nicht!« Und in der Sage schlägt die Tür hinter dem armen Schäfer donnernd zu, und die Schätze in seinen Taschen zerfallen zu Staub.

Ich habe nie ganz genau verstanden, was »das Beste« eigentlich sein soll. Vielleicht der Blumenbusch am Bergeingang? Vielleicht eine unscheinbare alte Lampe wie die von Aladin? Vielleicht der Schlüssel zum Wiederkommen? Vielleicht nur der Wunsch, wiederzukommen und nicht zu vergessen?

Vergiss das Beste nicht! Mich hat, das wisst Ihr ja alle vier, die Stimme des kleinen grauen Männchens weit weggelockt aus dem gewöhnlichen Leben in die Religion hinein, von den »Gebildeten unter ihren Verächtern« fort, immer näher zum – vielleicht eher jüdischen als dogmatisch-christlichen – Glauben.

Und von allem, was ich Euch gern mitgegeben hätte in die Feindschaft, mit der das Leben Euch beutelt und beuteln wird, ist dies am schwersten zu vermitteln. Meine Schätze kann ich Euch nicht einfach vermachen. Gott lieben von ganzem Herzen, mit aller Kraft, aus ganzem Gemüte – in einer Welt voller Traditionsbrüche –, das kann ich nicht wie ein Erbe weitergeben.

Meine Versuche, Euch christlich zu erziehen, hatten wenig Chancen; die Institution fiel mir immer wieder in den Rücken, die Kirche war und ist nur selten vertrauenswürdig. Aber auch der eigene Mangel, Bräuche und Symbole glaubwürdig zu leben, Lieder und Gebete einzubeziehen in den Alltag, ist mir sehr bewusst. Es ist, als hätten wir Eltern kein bewohnbares Haus der Religion anzubieten, nur ein verfallenes.

Dass Du, Mirjam, als Jüngste, Dich nicht hast konfirmieren lassen – obwohl Du doch nicht weniger nah am Berg mit den Schätzen wohnst und das graue Männchen vielleicht auch manchmal hörst –, ist nur der sichtbare Ausdruck dieser Schwierigkeit, die lebendige Kinder heute mit ihren christlichen Eltern haben. Vielleicht habe ich mich darum gescheut, Euch ins Christentum zu locken – das Wort »erziehen« ist doch wohl ganz falsch in diesem Zusammenhang.

Aber – organisierte Religion hin, organisierte Religion her – ich wünsche mir, dass Ihr alle ein bisschen fromm werdet. Vergesst das Beste nicht! Ich meine damit, dass Ihr Gott manchmal lobt, nicht immer – das tun nur Schwätzer und Höflinge Gottes –, aber doch manchmal, wenn Ihr sehr glücklich seid, sodass das Glück ganz von selbst in die Dankbarkeit fließt und Ihr »Halleluja« oder das große Om der indischen Religion singt.

Eins von Euch, ich glaube, es war Caroline, hat mal beim Besuch einer scheußlichen Kirche, in die wir Euch immer bei Reisen schleppten, trocken gesagt: »Ist kein Gott drin.« Genau das soll in Eurem Leben nicht so sein, es soll »Gott drin sein«, am Meer und in den Wolken, in der Kerze, in der Musik und, natürlich, in der Liebe.

Ohne Grund im Grund des Lebens ist diese wirkliche Freude nicht da, unser Freuen ist dann immer auf Anlässe und Sachen bezogen, aber die wirkliche Freude, die Lebensfreude, das Glück, am Leben zu sein, ist nicht eine Freude, weil es Erdbeeren oder schulfrei oder einen wunderbaren Besucher gibt. Die wirkliche Freude ist ohne Warum, »sunder warumbe«, wie mein bester Freund aus dem Mittelalter, der Meister Eckhart, sagt.

Wenn ich Euch nur – starke Mutter hin, starke Mutter her – ein wenig von dieser *sunder warumbe*-Freude mitgeben könnte, das wäre schon sehr viel. Dann würde ich auf meine unerlaubten Extraspezialwünsche, diese mütterlichen Zumutungen – dass Ihr zum Beispiel einmal im Leben Meister Eckhart lest –, getrost verzichten und mich lieber in das kleine graue Männchen zurückverwandeln und in der blauen Höhle sitzen unter lauter Funkelsteinen und sagen: »Vergesst das Beste nicht!«

Eure alte Mama

Nachwort zu einem Leben

Darf man Toten gegenüber das letzte Wort behalten? Kann es ein Nachwort, einen Epilog zu Dorothee Sölles Sätzen und Worten geben? Aber diese Frau ist mir zu wenig tot, als dass ich nicht weiter mit ihr redete, sie befragte und mit ihr stritte. Sie ist tot, und sie lebt. Sie ist verstummt, und viele hören ihre Stimme. Wer war sie? Wie haben Menschen sie wahrgenommen, und was hat man von ihr gesagt? Wie ein Mensch wahrgenommen wird, welche Spuren er bei anderen hinterlassen, welche Vermutungen er in ihnen geweckt hat, das sagt etwas aus über ihn selber. Was hat man von Dorothee Sölle gesagt und wie hat man sie vermutet?

Die einen sagen, sie habe das Glaubensbekenntnis zertrümmert und Menschen in ihrem Glauben irritiert. Die anderen sagen, ohne sie wären sie nicht in der Kirche geblieben und hätten ihre Kinder nicht taufen lassen. Die einen sagen, sie hätte die Kirche verachtet und die Trauerfeier für sie hätte nicht in einer Hamburger Hauptkirche stattfinden dürfen. Die anderen sagen, sie habe ihnen geholfen, im Pfarrberuf zu bleiben. Die einen sagen, sie hätte das Evangelium instrumentalisiert zu politischen Zwecken. Die anderen haben ihrer Mystik und ihrer Frömmigkeit misstraut und sie für zu unpolitisch gehalten. Dorothee Sölle war ein widersprüchlicher Mensch, und das war ihre Stärke. Sie konnte weder von den Frommen noch von den Politischen, weder von den Konservativen noch von den Aufklärern ganz eingefangen werden. Sie erlaubte sich, die jeweils andere zu sein – den Frommen die Politische, den Politischen die Fromme, den Bischöfen die Kirchenstörerin und den Entkirchlichten die Kirchenliebende. Das hat viele irritiert. Peter Bichsel hat einmal geschrieben: »Der Satz, der mich in meinem Leben am tiefsten betroffen gemacht hat, ist der Satz von Dorothee Sölle: Christ sein bedeutet das Recht, ein anderer zu werden.« Sie hat sich das Recht herausgenommen, eine andere zu sein als die Vermutete. Ich habe oft zu ihr gesagt: »Das Schönste an dir ist deine Widersprüchlichkeit.«

Widersprüchliche Menschen sind durstige Menschen. Es genügt ihnen nicht, der eine Benennbare und in seinen Grenzen Erkennbare zu sein. Es dürstet sie nach mehr, sie sind sich selber nicht genug in der einen Figur, sie beanspruchen das Recht, ein anderer zu sein und zu werden. Und so sind sie in sich selber nie ganz zu Hause. Sie sind schlechte Gesellen in den Vaterländern, in denen sie jeweils wohnen, vaterlandslose Gesellen in sich selber.

Ich versuche nun anders zu benennen, was ich Dorothee Sölles Widersprüchlichkeit nenne. Es ist die mystische Gleichzeitigkeit widersprüchlicher Sachverhalte. Von Franz von Assisi wird gesagt, dass er traurig und glücklich in einem war; es wird gesagt, dass ihm das Bittere süß und das Süße bitter war. Die eingeteilten Welten werden überwunden und in den Abgrund der Einheit Gottes gestürzt. Es gibt zwei Wächter gegen diese mystischen Vermischungen, der eine ist die Angst der Menschen, die aufs höchste irritiert ist, wenn die Sachverhalte nicht auseinandergehalten, kategorisiert und getrennt werden. Der andere Wächter sind die Machthaber, die kirchlichen oder die weltlichen. Beherrschen kann man, was eingeteilt, voneinander abgeteilt und nicht miteinander in Verbindung gebracht werden kann. Die beiden Wächter sind an Unterscheidungen interessiert. Männer sollen substanziell von Frauen unterschieden sein, Herr von Knecht, Heiliges von Unheiligem, Reines von Unreinem, Gott vom Menschen, Katholiken von Protestanten, Amor von Caritas. Der Glaube schleift Grenzen, er legt Schlagbäume nieder. Er vertraut auf Gott und nicht auf die künstlichen Horizonte der eingeteilten Welten.

Kürzlich wurde ich gefragt, ob es einen Punkt gäbe, von dem aus man solche gegensätzliche Dinge wie das politische Engagement und die Mystik von Dorothee Sölle verstehen könne. Ich vermute, es war ihre Gottesliebe, die ihr beides untrennbar werden ließ, Frömmigkeit und politisches Nachdenken und Handeln. Gott und Mensch waren in dieser mystischen Schau zwar nicht eins, aber sie waren nicht auseinanderzuhalten. Und so erkannte sie ihren Gott, zerstückelt in Arm und Reich, in

Oben und Unten, in Beherrschte und Herrscher. Sie vermisste ihn, wenn sie das Augenlicht der Blinden und den Gesang der Stummen vermisste. In Gott leben hieß für sie, sich an der weitergehenden Schöpfung zu beteiligen. In Gott leben, hieß, ihm helfen seine Welt zu heilen.

Sie war ein glücksfähiger Mensch. »Gott und das Glück« war das Thema ihres letzten Vortrags. Staunen, loben waren Grundworte ihrer Theologie. In dem Vortrag zwei Abende vor ihrem Tod sagte sie: »Staunen heißt, wie Gott die Welt nach dem 6. Tag wahrnehmen.« Also sagen können: Es ist gut! Die Musik stürzte sie in jubelndes Staunen, die Natur, das Erwachen des Frühlings. Ein Mensch, der so des Lobens und des Staunens fähig ist, ist zugleich des Schmerzes und des Zornes fähig, wo sie die Feinde des Lebens sah. Sie war kein Mensch matter Gefühle. Ihr Zorn und ihre Ungeduld waren die Gaben eines gebildeten Herzens, das fähig ist, das Unrecht zu sehen und das Recht herbeizuwünschen.

Weil sie eine aufgeklärte Frau war, war sie eine politische Frau. Es genügte ihr keine Kirche, die sich zwar der unter die Räuber Gefallenen annahm, die aber kein Wort gegen die Räuber und das Räuberunwesen fand. Sie konnte den politischeren Begriff Solidarität nicht trennen und in Konkurrenz sehen zu der Nächstenliebe. »Die Liebe denkt nicht nur interpersonal, sondern sie lebt in der strukturellen Beachtung von Wirklichkeit.« So hat sie es in diesem Buch formuliert. Beide, die Solidarität und die Nächstenliebe, sind gefährdet. Wenn kulturelle Welten ihre Selbstverständlichkeit verlieren, dann stürzen mit ihnen auch ihre Schlüsselworte und mit diesen die Inhalte, die sie ausdrücken. Das Wort Solidarität ist über die Französische Revolution und die Geschichte der Arbeiterbewegung das Erkennungswort des Sozialismus gewesen. Das Wort Liebe oder Nächstenliebe war die Parole des Christentums. Diese beiden Wörter waren nicht nur irgendeine technische Benennung, sie waren die Kurzformeln der Bewegungen, in denen sie hauptsächlich zu Hause waren. Wer das Wort Solidarität gebrauchte, vielleicht sogar in der Verbindung mit »international«, roch nach Sozialismus. Wer das Wort Nächstenliebe gebrauchte, roch religiös. Was aber, wenn die kulturellen Heimaten verschwinden oder verblassen, in denen diese Wörter zu Hause waren? Können programmatische Wörter und Bilder herrenlos umherirren? Werden sie nicht mit ihren Heimaten untergehen? Ist damit nicht auch die Sache gefährdet, die diese Wort-Bilder einmal meinten? Menschheitliche Absichten werden nicht nur von Einzelnen vertreten. Große Lebensoptionen wie die von Solidarität und Liebe halten sich nur, wenn sie in Kulturen eingebettet sind. Hier formuliere ich eine letzte politische und religiöse Angst von Dorothee Sölle. Sie hat es in ihrem letzten Vortrag formuliert: Sie hatte Angst, dass das nach sich selber »süchtig gemachte Ego« das »Berührtwerden vom Gott des Lebens nicht mehr vermisst«.

Man hat Dorothee Sölle nicht selten politischen Moralismus vorgeworfen. In einer Zeit schwindender Moral ist der Vorwurf eher ehrenvoll. Man hat ihr vorgeworfen, sie instrumentalisiere den Glauben und die biblischen Texte zu politischen Zwecken. In der Tat hat sie nie einen religiösen Satz gedacht oder gesagt, den sie nicht auch abgetastet hätte nach seinen politischen Konsequenzen. Aber es gab in ihrem Glauben eine Mitte, die nicht zu verzwecken war; die so wenig auf Nutzen bedacht war wie das Spielen der Engel im Angesichte Gottes. Kaum etwas liebte sie mehr als das »sunder warumbe« des Meister Eckhart, und in ihrem Mystikbuch (Werkausgabe Band 6, S. 88) schreibt sie dazu: »Was bedeutet dieses ›ohne Warum‹, in dem wir leben sollen und in dem das Leben selber lebt? Es ist die Abwesenheit von allem Zweck, aller Berechnung, allem quid pro quo, allem etwas für etwas Anderes, aller Herrschaft, die sich das Leben zu Dienste macht … Das ›sunder warumbe‹ ist das, was aller mystischen Gottesliebe zugrunde liegt.« Auch in ihrem letzten Vortrag zwei Tage vor ihrem Tod zitiert sie, wie so oft vorher, den Vers von Meister Eckhart:

Die Ros' ist ohn' Warum,
sie blühet, weil sie blühet,
sie acht' nicht ihrer selbst,
fragt nicht, ob man sie siehet.

Dorothee Sölle hat gekämpft, gearbeitet, diskutiert, demonstriert, sich eingemischt, den Mund nicht gehalten. Und doch hat sie nicht gelebt, um zu kämpfen und zu arbeiten. Sie war zu Hause im Spiel; in dem also, was sich nicht durch seine Zwecke rechtfertigt. Sie hat Klavier gespielt bis zum letzten Tag. Sie hat im Kirchenchor gesungen bis zur letzten Woche. Sie hat mit ihren Enkeln gespielt. Sie hat Gedichte gelesen und geschrieben. Sie hat gebetet und die Gottesdienste besucht. Zu Hause war sie in jenen nutzlosen Köstlichkeiten.

Ihre Gelassenheit in allem Zorn hatte einen Grund, den sie in ihrem letzten Vortrag so formulierte: »Wir beginnen den Weg zum Glück nicht als Suchende, sondern als schon Gefundene.« Das ist die kostbare Formulierung dessen, was wir Gnade nennen.

Fulbert Steffensky

Curriculum vitae

30.9.1929	Dorothee Nipperdey wird nach den Brüdern Carl, Otto und Thomas und vor der Schwester Sabine in Köln geboren. Schulzeit, von der Evakuierung unterbrochen, in Köln.
ab 1949	Studium der Philosophie und alten Sprachen in Köln und Freiburg.
1951	Wechsel zur Evangelischen Theologie und Germanistik in Göttingen.
1954	Staatsexamen. Heirat mit dem Maler Dietrich Sölle. Die Ehe wird 1964 geschieden. Literaturwissenschaftliche Dissertationen »Untersuchungen zur Struktur der Nachtwachen von Bonaventura«.
1954–1960	Religions- und Deutschlehrerin am Mädchen-Gymnasium in Köln-Mülheim.
1956	Sohn Martin geboren.
1957	Tochter Michaela geboren.
ab 1960	Arbeit für Rundfunk und Zeitschriften zu theologischen und literarischen Themen.
1961	Tochter Caroline geboren.
1962–1964	Assistentin am Philosophischen Institut der Technischen Hochschule Aachen.
1964–1967	Studienrätin im Hochschuldienst am Germanistischen Institut der Universität Köln.
1968–1972	Politische Nachtgebete in Köln.
1969	Heirat mit dem ehemaligen Benediktinerpater Fulbert Steffensky.

seit 1970	Mitglied des P.E.N.-Zentrums der Bundesrepublik Deutschland.
1970	Tochter Mirjam geboren.
1971	Habilitation an der Philosophischen Fakultät der Universität Köln.
1972–1975	Lehrauftrag an der Evangelisch-Theologischen Fakultät der Universität Mainz.
1974	Verleihung der Theodor-Heuss-Medaille.
1975–1987	Professorin für Systematische Theologie am Union Theological Seminary in New York.
1977	Theologischer Ehrendoktor der Faculté Protestante, Paris.
1981	Stipendium des Lessing-Preises, Hamburg.
1982	Droste-Preis für Lyrik der Stadt Meersburg.
6.8.1985	(Hiroshima-Tag) Ziviler Ungehorsam vor dem Pershing-II-Raketendepot in Mutlangen. Wegen »Nötigung« verurteilt.
1987–1988	Gastprofessorin an der Gesamthochschule Kassel.
1988	»Sitzenbleiben für den Frieden« vor den Toren des US-Giftgasdepots Fischbach. Wegen »versuchter Nötigung« verurteilt.
1990	Ridder van Sint Joris, Brüssel.
1991–1992	Gastprofessorin an der Evangelisch-Theologischen Fakultät der Universität Basel.

1994	Ehrenprofessorin der Universität Hamburg. Theologische, politische und literarische Arbeiten als freie Schriftstellerin und Gastdozentin an der Universität Hamburg, weltweite Vortragsreisen.
27.4.2003	Tod Dorothee Sölles auf einer Vortragsreise in Göppingen. Ihr letzter Vortrag trug den Titel »Über das Glück«.

Quellenverzeichnis Band 12

Gegenwind. Erinnerungen, erstmals veröffentlicht bei Hoffmann & Campe, Hamburg 1995

S. 69 f.: »Credo«, zit. aus: Werkausgabe, Bd. 8, S. 34, in: meditationen & gebrauchstexte, © Wolfgang Fietkau Verlag, Kleinmachnow

S. 103 f.: »Freie zeit«, zit. aus Werkausgabe, Bd. 8, S. 73 f., in: zivil und ungehorsam, © Wolfgang Fietkau Verlag, Kleinmachnow

S. 119 f.: »Sieben paradoxe für Beverley«, in: spiel doch von brot und rosen, 1981, S. 82, © Wolfgang Fietkau Verlag, Kleinmachnow

S. 152 f.: »Mitten in deiner trauer«, in: spiel doch von brot und rosen, S. 50, © Wolfgang Fietkau Verlag, Kleinmachnow

S. 166: »Eine asylantin«, zit. aus: Werkausgabe, Bd. 8, S. 265, in: loben ohne lügen, © Wolfgang Fietkau Verlag, Kleinmachnow

S. 183 f.: »La casa de ernesto cardenal«, zit. aus: Werkausgabe, Bd. 8, S. 72, in: zivil und ungehorsam, © Wolfgang Fietkau Verlag, Kleinmachnow

S. 185: Ernesto Cardenal, »Wie lange, Herr, wirst du noch neutral sein?«, Psalm 34 (35), in: ders., Psalmen, © Peter Hammer Verlag Wuppertal, Neuausgabe 2008

S. 188: »Ein gebet für nicaragua«, in: verrückt nach licht, 1984, S. 114, © Wolfgang Fietkau Verlag, Kleinmachnow

S. 218: »Nkosi sikelei i afrika«, zit. aus: Werkausgabe, Bd. 8, S. 115, in: zivil und ungehorsam, © Wolfgang Fietkau Verlag, Kleinmachnow

S. 241: »Als heinrich böll starb«, zit. aus: Werkausgabe, Bd. 8, S. 69, in: zivil und ungehorsam, © Wolfgang Fietkau Verlag, Kleinmachnow

S. 254: Kurt Marti, »Ich wurde nicht gefragt«, in: ders., geduld und revolte, die gedichte am rand, © 2002 by Radius-Verlag, Alexanderstraße 162, 70180 Stuttgart

S. 255: ders., »Das könnt den Herren dieser Welt ja so passen«, in: ders., Leichenreden. Mit einem Vorwort von Peter Bichsel. © 2001 Nagel & Kimche im Carl Hanser Verlag, München.

S. 259 f.: »Und ich sah einen mann an der 126sten straße«, in: spiel doch von brot und rosen, S. 118, © Wolfgang Fietkau Verlag, Kleinmachnow

S. 275: Auszug aus »Nachts um vier«, in: verrückt nach licht, 1984, S. 157 (5 von 17 Zeilen) © Wolfgang Fietkau Verlag, Kleinmachnow

S. 283 ff.: Fulbert Steffensky, Nachwort zu einem Leben, in: Dorothee Sölle, Wo Liebe ist, da ist Gott, Freiburg 2004

Übersicht der Werkausgabe von Dorothee Sölle

Band 1:
SPRACHE DER FREIHEIT

»Ich soll mich nicht gewöhnen«
Eine Einführung in Dorothee Sölles Denken

Politische Theologie

Aufrüstung tötet auch ohne Krieg
Wenn ein Fluss umkippt
Aufrüstung tötet auch ohne Krieg
Auschwitz und kein Ende
Einseitig für den Frieden
Zehn Jahre Gefängnis für Daniel Berrigan
Hoffnung für das Jahr 2000?

Das Recht, ein anderer zu werden. Theologische Texte
Schuld – ein sinnloses Wort?
Gibt es ein atheistisches Christentum?
Das entprivatisierte Gebet
Vergebung der Sünden
Umgang mit sich selbst
Theologie ohne Gott
Macht von unten

Im Haus des Menschenfressers. Texte zum Frieden
»Alles ist möglich«, sagt Jesus
Ohne Rüstung leben oder Sicherung des Friedens?
Wir sagen NEIN
Gott lebt ohne Schutz
Lieben heißt, sich nicht verstecken
Christus in El Salvador
Ihren Mund auftun für die Stummgemachten
Ita Ford, eine Nonne aus Brooklyn

Christen für den Sozialismus

Band 2:
UND IST NOCH NICHT ERSCHIENEN, WAS WIR SEIN WERDEN

Die Hinreise. Zur religiösen Erfahrung. Texte und Überlegungen

Sympathie. Theologisch-politische Traktate
Einleitung
Der Aufstand gegen die Banalität. Zum Problem der Religion
Existenz ohne Leiden – eine Utopie?
Liebe deinen Nächsten wie dich
Aufstand und Auferstehung
Gott ist Gerechtigkeit

Und ist noch nicht erschienen, was wir sein werden. Stationen feministischer Theologie
Und ist noch nicht erschienen. Ein Gebet nach
1. Johannesbrief 3,2
Vorwort
Die neue Sprache suchen
Die Emanzipation fand nicht statt
Maria ist eine Sympathisantin
Frauenbewegung in Amerika
Alternative Lebensformen

Das Fenster der Verwundbarkeit. Theologisch-politische Texte
Das Fenster der Verwundbarkeit
Die Ros ist ohn Warum
Gott und ihre Freunde
Hoffnung wächst von unten
Maria und Martha
Gott, Mutter von uns allen
Gott ist das Allermitteilsamste
Wir haben euch nie einen Rosengarten versprochen
Leicht und lächerlich
Lob der Tränen
Gnade oder Die Zärtlichkeit Gottes im Märchen

Erinnerung an einen Freund
Wozu wir die Bibel brauchen

Band 3:
STELLVERTRETUNG

Stellvertretung. Ein Kapitel Theologie nach dem »Tode Gottes«

Phantasie und Gehorsam. Überlegungen zu einer künftigen christlichen Ethik

Atheistisch an Gott glauben. Beiträge zur Theologie
Zur Dialektik der Liebe. Zwei literarische Texte, theologisch interpretiert
Theologie nach dem Tode Gottes
Atheistisch an Gott glauben?
Auferstehung – nach dem »Tode Gottes«
Gebet
Antigone ist fortgegangen

Mutanfälle. Texte zum Umdenken
Der Vogel Wunschlos fliegt nicht weit. Ein Plädoyer für das utopische Denken
Eine Erinnerung um der Zukunft willen. Zur politischen Theologie
Mittelfristige Hoffnungszeichen. Ein Traum von der Kirche
Zu Hause war noch niemand. Heimat in der multikulturellen Gesellschaft
Zur Freiheit befreit – zum Schweigen verdammt. Das Bild der Frau im Christentum
Aus der Zeit der Verzweiflung. Ursprünge und Tendenzen feministischer Theologie
Die mit Tränen säen, werden mit Freuden ernten. Dorothy Day, Anarchistin und Pazifistin
Die Zukunft der Armen. Anmerkungen zum Aufbau einer solidarischen Kultur
Das Schweigen brechen. Über Rigoberta Menchú

Band 4:
DIE WAHRHEIT MACHT EUCH FREI

Leiden

Gewalt. Ich soll mich nicht gewöhnen
Von unten, von oben und von innen
»Es kann nicht nur Störche, es muss auch Frösche geben«
Die Deutung der Gewalt aus der nationalen Geschichte
Eine Mystik der Gewalt
Ich bin nicht gewaltfrei
Ich will mich nicht gewöhnen
Eine andere Spiritualität
Die Verhaftung Jesu: eine Gewaltunterbrechung

Den Himmel erden. Eine ökofeministische Annäherung an die Bibel
Den Himmel erden
Spuren Gottes – Psalm 104
Ein Haus für alle Menschen: die Zehn Gebote
Ich glaube an die Heilige Geistin. Der dritte Glaubensartikel ökumenisch gedeutet

Träume mich Gott. Geistliche Texte mit lästigen politischen Fragen
Hör nicht auf, mich zu träumen, Gott
Lehre uns, eine Minderheit zu werden
Theologie der Befreiung für uns in Europa
Wie Fremde Heimat finden
Gott bleibt nahe – ich bleibe fremd
In der Welt habt ihr Angst, aber seid mutig
Warum der Dornbusch nicht verbrennt
Die Kirche und der Hunger nach Gerechtigkeit
Zum christlichen Judaismus

Band 5:
WÄHLT DAS LEBEN

lieben und arbeiten. Eine Theologie der Schöpfung

Wählt das Leben

Band 6:
»DU STILLES GESCHREI«. WEGE DER MYSTIK

Mystik und Widerstand

Mystik des Todes

Band 7:
DAS EIS DER SEELE SPALTEN

Zum Verhältnis von Theologie und Literatur
Einleitung: Thesen über die Kriterien des theologischen Interesses an Literatur
Das theologische Interesse an Literatur
1 Die Frage nach den theologischen Implikationen in der Literatur
2 Die Bedeutung biblischer Sprache, dargestellt an Büchners »Woyzeck«
3 Zum Begriff Realisation
4 Ein Beispiel für Realisation: Wilhelm Faulkner, A Fable
Zum Verhältnis von Theologie und Literatur
1 Die figurale Methode
2 Der Säkularisierungsbegriff
3 Die Übernahme des Säkularisierungsbegriffs in die Literaturwissenschaft
4 Ansätze zur theologischen Realisation
Das Eis der Seele spalten. Theologie und Literatur auf der Suche nach einer neuen Sprache
Zeitvergessen und Zeitbewusstsein. Über Märchen

Zur Deutung von Schriftstellern des 20. Jahrhunderts
Alfred Döblin
Bertolt Brecht
Für eine Zeit ohne Angst – Johannes Bobrowski
Mit Lippen am Stein des Gebets. Über Nelly Sachs
Es sind noch Lieder zu singen. Über Paul Celan
Vom Durst leben die Wurzeln der Welt. Über Jannis Ritsos
Heinrich Böll
Die Psalmen Cardenals
Gebet für Marilyn Monroe (zusammen mit Ernesto Cardenal)

Band 8:
DAS BROT DER ERMUTIGUNG. GEDICHTE

meditationen & gebrauchstexte

fliegen lernen
Gib mir die gabe der tränen
Genauer wünschen lernen

zivil und ungehorsam

loben ohne lügen

Band 9:
GOTT DENKEN

Gott denken. Einführung in die Theologie

Es muss doch mehr als alles geben. Nachdenken über Gott

New Yorker Tagebuch

Band 10:
EIN VOLK OHNE VISION GEHT ZUGRUNDE

Ein Volk ohne Vision geht zugrunde

Und ist noch nicht erschienen
Die vermauerte Gnade
Gibt es einen schöpferischen Hass?
Ohnmacht und Macht
Wer bin ich? Texte und Meditationen zur Frage der Identität
Den Zuschauerstandpunkt verlassen

Aufrüstung tötet auch ohne Krieg
Trost und Wahrheit – die Gaben des Geistes
Neid – eine Todsünde wider die Menschlichkeit
Es gibt ein anderes Amerika
Wenn das Leben gefriert
Neues Fragen nach Gott

Gott im Müll

Die Sowohl-als-auch-Falle

Band 11:
LÖSE DIE FESSELN DES UNRECHTS

Predigten
Bibelarbeiten auf den Evangelischen Kirchentagen
Reden
Gespräche

Band 12:
GEGENWIND. ERINNERUNGEN

Gegenwind. Erinnerungen
Nachwort zu einem Leben
Curriculum vitae